DORIS HUMPHREY

■ UND ■ IHRE ■

TANZTECHNIK

ERNESTINE STODELLE

DORIS HUMPHREY
■ UND ■ IHRE ■
TANZTECHNIK
■ EIN ARBEITSBUCH ■

FRICKE VERLAG

Fotonachweis:
Jennifer Lester *116, 156, 157, 179, 181, 189, 223.*
James Meehan *94, 111, 148, 249, 269, 271.*
Barbara Morgan *37, 281.*
Susan Perry *258, 260, 261, 272, 273.*
Soichi Sunami *2.*

Übersetzung aus dem Amerikanischen:
Ebba D. Drolshagen, Ursula Mühlberger.

Zeichnungen: Teri Loren.

ISBN 3-88184-080-X.

Für die anderen aus der Little Group
— Eleanor King, Letitia Ide und José Limón —
die die ersten waren, mit denen ich das reiche
kreative Potential der Doris Humphrey Technik
entdeckte.

E.S.

Anmerkung der Übersetzerinnen:
Bezeichnungen wie *dancer, student* und *teacher* sind hinsichtlich ihres Geschlechtes unspezifisch, für sie gibt es im Deutschen keine unspezifischen Entsprechungen. Die einzig mögliche Lösung dieses sprachlichen Problems bestünde in Übersetzungen wie *der Tänzer/die Tänzerin, der Schüler/die Schülerin* usw., wodurch u. E. der Lesefluß des Textes beeinträchtigt würde. Wir haben uns daher entschlossen, einheitlich die maskulinen Formen zu verwenden, da dies dem üblichen Sprachgebrauch entspricht. Wir bitten die Leser — und vor allem die Leserinnen — um Verständnis.

VORWORT

Auf den ersten Blick mag die Tanztechnik von Doris Humphrey, die in diesem Buch vorgestellt und beschrieben wird, verblüffend einfach wirken. Denn ihre Theorie basiert auf Erfahrungen, die wir alle täglich, ja stündlich machen. Was ist für einen Gesunden am Atmen so schwierig? Was ist für einen Nichtbehinderten an der »Gewichtsverlagerung« beim Gehen oder Laufen Ungewöhnliches? Und was bedeutet für einen Tänzer »Fallen und Wiederaufrichten«? Es ist allgemein bekannt, daß Schwerkraft unseren Erdball regiert, daß nichts ohne die Koordination von Geist und Körper zustande kommen kann, daß selbst unsere Alltagsgesten, ob bewußt oder unbewußt, bedeutungsvoll sind. Selbst das reibungslose Funktionieren des eigenen Körpers gilt als selbstverständlich — es sei denn, man ist ein Tänzer, ein Poet, ein Philosoph oder ein Wissenschaftler.

Da Doris Humphrey nicht nur Tänzerin war, sondern auch eine Poetin, Philosophin und Wissenschaftlerin in ihr steckte, drängte es sie, die Grundbedingungen menschlicher Existenz zu erfassen und diese zur Grundlage eines Trainingssystems zu machen. Es würde das Mittel sein, eine gänzlich andere Art von Realität auszudrücken: Visionen einer kreativen Imagination. Doris Humphrey, niemals unbeteiligt, sondern von ihren Beobachtungen und Erfahrungen emotional und intellektuell stimuliert, entwickelte eine Technik, die ihren kreativen Vorstellungen entsprach. Diese Technik war jedoch nicht starr, sondern flexibel; sie wurde denen, die sie anwandten, zur Quelle der Inspiration. »Ich war immer der Ansicht, daß Schüler die

Grundlagen von Bewegungen studieren und dazu ermutigt werden sollten, sie auf eine ihnen gemäße Weise auszuweiten und zu gestalten.«[1] Darum ist Doris Humphreys Tanztechnik nicht von ihrem Gesamtkonzept zu trennen.

Wer dieses Buch als Lehrer oder Schüler mit Erfolg benutzen möchte, sollte sich stets vor Augen halten, daß jede Übung und jede Studie Bewegungsprinzipien beinhalten, die die Grundlagen für Doris Humphreys Theorie bilden. Ist der Körper einmal in den Ausdrucksmöglichkeiten des Humphrey-Stils trainiert, wird sich bald Gewandtheit im Interpretieren einstellen. Beim Lehren oder Ausführen der Übungen muß darauf geachtet werden, wie der Körper während der Bewegungen am besten funktioniert, damit das Bewußtsein der Linien und Formen von *innen* entsteht, und nicht von der Bestätigung durch das Spiegelbild abhängig bleibt, daß eine Übung korrekt ausgeführt wurde.

Das Material dieses Buches ist — mit Ausnahme der letzten drei Sequenzen im Raum, die auf Tanzkompositionen von Humphrey beruhen — für Anfänger und Fortgeschrittene gedacht. In der Darstellung folge ich meiner eigenen Umsetzung von Doris Humphreys Technik: Übungen im Stand zum ersten, vollständigen Aufwärmen des Körpers; Übungen am Boden zum gezielten Strecken und Stärken der Beine, des Rückens und der Körpermitte; Übungen an der Stange zum speziellen Training nicht nur der Dehnungen und »Auswärtsdrehungen«, sondern auch der anspruchsvolleren sukzessiven Bewegungen des Falls, der Drehungen, usw.; und schließlich Sequenzen im Raum zur komplexeren Koordination der großräumigen Fortbewegung. In jedem Abschnitt gibt es eine Fülle von Material, das nach den jeweiligen Bedürfnissen und Fortschritten des Schülers ausgewählt und zusammengestellt werden muß. Ziel dieses Buch ist es, aufgeschlossenen Tänzern den Reichtum einer Technik zugänglich zu machen, die selbst schon ein originäres und einzigartiges Bewegungsvokabular darstellt. Der Lohn für das Erlernen dieses Vokabulars ist die durch den eigenen Körper, den Intellekt und die Gefühle gemachte Erfahrung der unwiderlegbaren Logik, die der Kern von Humphreys Technik ist.

DANKSAGUNGEN

Obwohl ich mein ganzes Leben lang nach den Theorien von Doris Humphrey unterrichtet habe, kam mir die Idee, ihre Grundlagen für

Tanzschüler zu analysieren und zu formulieren, erst, als ich 1975 für die José Limón Dance Company ihre Tanzkompositionen *Air for the G String* und *Two Ecstatic Themes* rekonstruierte. Während dieser Rekonstruktionen, die in Labanotation[2] aufgezeichnet wurden, wurde ich mir der Notwendigkeit bewußt, künftige Interpreten der Humphrey-Kompositionen auch in dem Stil der Tänze zu schulen, die sie aufführen würden. Darüber hinaus spürte ich an den Reaktionen der Limón-Tänzer während einer Meisterklasse, die ich damals leitete, daß die große Spannbreite der Humphrey-Technik heutigen Tänzern des Modern Dance geradezu erleuchtende Erkenntnis bringen kann: nämlich die Kraft ihres Körpers aufs höchste zu entwickeln und gleichzeitig seine gestalterischen Fähigkeiten in einzigartige Bahnen zu lenken. Und so bin ich vor allem Ruth Carrier, der ehemaligen Künstlerischen Leiterin der José Limón Dance Company, für ihren Wunsch zu Dank verpflichtet, zwei von Doris Humphreys frühen Werken in das Repertoire aufzunehmen.

Die engagierte Mitarbeit meines gegenwärtigen Ensembles — Gail Corbin, Estelle Gibbons, Penelope Hill, Margo Knis, Elizabeth Nimrod, Mira Pospisil — beim »Erweitern« von Humphreys Ideen half mir, viele der Studien und Variationen zu konzipieren, die als Beispiele für das kreative Potential dieser Technik angeführt werden. Den ungeteilten Enthusiasmus, den sie und die früheren Ensemble-Angehörigen Carlotta Crissey, Rochelle Davis, Michelle Henthorn, Laura Wilson sowie meine Freundin Eleanor Powers an den Tag legten, wußte — und weiß — ich zu schätzen.

Eleanor King, Gründungsmitglied der Doris Humphrey Concert Group, erinnerte mich kurz vor Manuskriptabgabe an die Vorbereitungen für den Fall nach vorne (Übung 40). Ihr außergewöhnliches Erinnerungsvermögen ermöglichte mir eine Rekonstruktion der ursprünglichen *Water Study,* die ich mit Teilnehmern meines Humphrey Workshops von 1976 in der New York University aufführen konnte. Für beides danke ich ihr.

Beim Schreiben war mir Edith White eine große Hilfe, die mit literarischem Spürsinn immer wieder unklare und möglicherweise verwirrende Anleitungen im zweiten Teil, der *Technik in der praktischen Umsetzung,* ausmachte. Meiner ältesten Tochter Tanya K. Metaksa und meinen beiden ältesten Söhnen, Christopher Komisarjevsky und Benedict Komisarjevsky, danke ich für hilfreiche Anmerkungen zum Prolog sowie zur Darstellung von Doris Humphreys Philosophie und Theorie. Danken möchte ich auch Gloria und Marshall Litsky, die großzügig die Verantwortung für das wiederholte Abschreiben und Kopieren des Manuskripts übernahmen.

Da es mir nicht vergönnt war, selbst in Doris Humphreys großartiger *Passacaglia* zu tanzen, war es für mich ein besonderes Erlebnis, Anne MacNauthon — die an der Premiere im Jahre 1938 teilgenommen hatte — einige der ursprünglich konzipierten Bewegungen tanzen zu sehen. Ohne ihre und Jennifer Mullers Hilfe, ohne Lucy Venables Erinnerung an Einzelheiten der Aufführung hätte ich niemals den Versuch unternehmen können, im Kapitel *Sequenzen im Raum* die beiden Phrasen aus *Passacaglia* zu beschreiben.

Ich bin Genevieve Oswald, Kuratorin der *Dance Collection* der *New York Public Library,* ihrer Mitarbeiter und Mitarbeiterinnen aufs höchste verpflichtet für die unschätzbare Möglichkeit, Doris Humphreys umfangreiche Notizen und Briefe in Ruhe und ohne Zeitdruck lesen zu können. Mein besonderer Dank gilt Andrew T. Wentink, dessen hervorragende Zusammenstellung und Dokumentation der Doris Humphrey Collection es uns ermöglicht, aus zeitlicher Distanz noch den Intellekt und Geist einer Tänzerin, die gleichermaßen Choreographin und Theoretikerin war, zu erfassen.

Und es ist undenkbar, daß das Material zu diesem Buch ohne die Zusammenarbeit mit Charles H. Woodford, Doris Humphreys Sohn, diese Form erreicht hätte. Seine Vorstellungskraft bereicherte die meine und befähigte mich, die detaillierten Anleitungen für Bewegungen zu schreiben, die mir so vertraut sind, daß ich sie fast unbewußt erlebe. Ihm verdanke ich den Versuch, sie mir bewußt zu machen und durch das geschriebene Wort zu definieren.

Ob ohne die beständige Ermutigung meines Mannes, John Chamberlain, dieses Buch hätte entstehen können, bezweifle ich. Sein festes Vertrauen in meine Fähigkeiten, über meine Lebensaufgabe zu schreiben, hat mich stets gestärkt.

Cheshire/Connecticut **Ernestine Stodelle**

[1] Doris Humphrey, *The Art of Making Dances.* New York 1959, S. 19.

[2] Zeichenschriftsystem zum Aufzeichnen von Choreographien (engl. Bezeichnung); entwickelt von Rudolf von Laban (1879—1958) [Anm. d. Ü.]

INHALT

Nun ist es für mich an der Zeit,
von der Würde zu sprechen, deren
der menschliche Geist fähig ist,
die uns innewohnende Anmut zu
betonen, den jungen Tänzern eine
Möglichkeit zu geben, sich
miteinander in Harmonie zu
bewegen.

Doris Humphrey, *1943.*

PROLOG
ERINNERUNGEN

Die Atmosphäre in der East 59th Street war auf dramatische Weise einfach. Der Neuling betrat zunächst den winzigen, dunklen Vorraum des im fünften Stock gelegenen Studios von Doris Humphrey und Charles Weidman; fast ohne jeden Übergang aber gelangte er in einen großen, gänzlich unmöblierten, rechteckigen Raum, in den das Licht durch die nach Süden auf die 59. Straße gehenden großen Fenster flutete. Dieser völlig leere Raum hatte etwas von Erhabenheit.

Vielleicht war das Studio nicht so groß, wie ich es mir heute vorstelle, vielleicht war der Vorraum nicht so klein oder so düster wie in meiner Erinnerung. Gefühle machen reale Gegebenheiten oft größer oder kleiner — entsprechend der Bedeutung, die sie für jemanden haben. Mit Sicherheit weiß ich jetzt nur noch, daß ich, ein Mädchen von gerade siebzehn Jahren, mit achtzehn Dollar, die ich zum Schulabschluß geschenkt bekommen hatte, dem stärksten Impuls meines jungen Lebens gehorchte. Ich wollte bei den beiden Künstlern studieren, die für mich zu den bedeutendsten Amerikas gehörten: Doris Humphrey und Charles Weidman.

In diesem Juni des Jahres 1929 reichten achtzehn Dollar aus, um neun Unterrichtsstunden zu bezahlen, neun wundervolle Unterrichtsstunden, in die ich eintauchen konnte, bevor ich den Sommer in einem Feriencamp verbringen würde, wo ich als Tanzlehrerin engagiert war. Der Campleiter befand mich für diese Arbeit als geeignet aufgrund meiner bisherigen Ausbildung in klassischem Ballett und wegen meiner Kenntnisse der Denishawn-Technik, mit der ich mich im Jahr zuvor bei der Denishawn-Schülerin Ruth Jentzer in Brooklyn vertraut gemacht hatte. Aber mein Blick war auf die Zeit nach diesem Sommer gerichtet. Ich hatte Doris Humphrey, Charles Weidman und ihre Concert Group im Oktober des Vorjahres im »Civic Repertory Theatre« in der West 14th Street tanzen sehen. Seither gab es für mich keinen Zweifel, wohin ich mich wenden mußte, um mich auf die große Aufgabe vorzubereiten, zu tanzen wie sie.

Die hohen Decken, die perlgrauen Wände des Studios — ohne Spiegel oder Bilder — und der glänzende Parkettfußboden gaben dem Raum eine ruhige Eleganz. Grau war auch die Farbe von Doris Humphreys Unterrichtskleidung: ein kurzärmeliges Kleid aus einem crêpeartigen Material, eng am Oberkörper anliegend, mit einem gefälteten, in der Mitte geschlitzten Rock, der an ihren schmalen Hüften herabfiel. Der Schnitt dieses Kleides enthüllte die Formen des Körpers, ließ den Armen Freiheit, zeigte die sich ständig verändernden Bewegungen der Beine. So wie Humphrey vor mir stand, ihr üppiges hellbraunes Haar mit einem diademartigen Band lose zurückgebunden, ihre Gesichtszüge wie gemeißelt, stellte sie das Idealbild einer Tänzerin dar: vollendet proportioniert, schlank, romantisch schön. Dann begann dieses Idol zu sprechen.

Ich kann noch immer diese ausdrucksvolle Stimme mit dem warmen, klangvollen Timbre in mir hören. Wie ätherisch sie auch wirken mochte, diese junge Frau von dreiunddreißig Jahren war sich der Realität als konkreter Erfahrung bewußt. Hierauf hoffte sie komplette Bewegungstheorien aufbauen zu können. Sie gab sich keinen selbstgefälligen Gefühlsausbrüchen und ausschließlich impulsiven Gesten hin. Ihr Hauptinteresse galt dem Warum und dem Wie menschlichen Handelns [1], dem Verhältnis des Menschen zu seiner Umwelt (das hieß in jenen Jahren seiner stofflichen, nicht seiner gesellschaftlich bedingten Umwelt). Ich erinnere mich gut an das Gefühl des plötzlichen Erkennens fundamentaler Wahrheiten, als Doris von Gleichgewicht als »entgegengesetzter« Bewegung sprach, von Rhythmus als einem verbundenen Pulsieren in Zeit, von Raum mit drei Bewegungssphären: Luft, Wasser, Erde, und von sechs Grundrichtungen: vorne, hinten, seitlich, oben, unten und im Kreis.

Ich ergab mich gern diesen Worten, die mir so absolut wahr schienen. Seit meiner Kindheit stand der Liebe zu Poesie und Märchen eine tiefe Neugier nach realen Erfahrungen gegenüber. Ich füllte Tagebücher mit Fragen, deren Antworten ich kühn ersann. Mit vierzehn faszinierte mich Einsteins Relativitätstheorie. Nicht, daß ich irgend etwas von dem verstanden hätte, was ich las; diese Bücher jedoch, zusammen mit Schallplattenaufnahmen symphonischer Musik, ermöglichten mir die Flucht in eine Welt, in der Imagination und »wissenschaftliche« Ergebnisse miteinander vereinbar waren. Als Doris Humphrey vor mir stand und menschliche Bewegung analysierte, verschmolzen Schönheit und Logik. Sie waren nicht länger getrennte, sich bekämpfende Wahrheiten, sondern wurden zu einem lebendigen Ganzen, die einander wie Herz und Kopf nährten.

Neun Unterrichtsstunden reichten natürlich nicht aus, um mich wie ein Mitglied der Concert Group tanzen zu lassen. Diese neun Stunden jedoch — einige davon unter Leitung von Charles Weidman, dessen Persönlichkeit und Talent uns alle gefangennahm — stärkten meinen Entschluß, den Tanz im Sinne von Humphrey zu meinem Lebensziel zu machen. Ende September würde ich wieder in der East 59th Street Nr. 9 sein, um mich dem ohne Unterlaß zu widmen. Schon war ich mir schmerzlich der Fehler bewußt, auf die meine Lehrer mich hingewiesen hatten. Humphrey machte in meinen ungelenken Versuchen, den Anweisungen zu folgen, sofort rhythmische Ungenauigkeiten aus; und Weidmans wiederholter Tadel: »Zuviel Ernestine, zuviel!« zwang mich, einiges von der Energie einzubehalten, die mich zu beherrschen schien, sobald ich zu tanzen begann. Doch um mich nicht zu entmutigen, fügte er einfühlsam hinzu: »Nun, zuviel ist besser als nicht genug.«

Drei Monate später kehrte ich mit noch größerem Enthusiasmus zurück. Meine Freundin Sylvia Manning[2] (ein führendes Mitglied der Group, die ich in Ruth Jentzers Studio kennengelernt hatte) steckte tief in den abendlichen Proben, aber ich sah sie häufig, wenn ich zum Unterricht kam. In diesem Herbst nahm auch ein anderes Mädchen meines Alters ihre ersten Unterrichtsstunden. Ihr Name war Letitia Ide.

Anfang November bekamen Letitia und ich von Doris einen langen, handgeschriebenen Brief »an ein zukünftiges Mitglied« der Gruppe. Mit großem Eifer übertrug ich diesen Brief in mein Tagebuch. Jedes Wort schien auf Klarheit hin abgewogen, um nicht Fakten falsch darzustellen oder im Leser irrige Vorstellungen hervorzurufen. Zugleich machte der Text die Empfängerinnen unumwunden mit den Wünschen der Verfasserin bekannt:

». . . und so können meine Ziele wie folgt zusammengefaßt werden: ich bin zunächst eine schöpferisch tätige Künstlerin, die es brennend danach verlangt, ihre Visionen verwirklicht zu sehen. Des weiteren

bin ich daran interessiert, das individuelle Talent anderer zu entwickeln, das Publikum zu erziehen, vor Publikum aufzutreten, die Sache des Tanzes zu fördern, Geld zu verdienen und in Amerika ein Tanztheater zu etablieren . . . Es gibt noch sehr viel mehr zu sagen, doch damit sind, glaube ich, die wichtigsten Punkte angesprochen. Ich hoffe, Sie werden aus dieser kurzgefaßten Erklärung verstehen, welche Ideen und Ambitionen für die Gruppe ich habe, und nun ernsthaft und lange abwägen, ob Sie sich uns anschließen wollen.«

Damals erschien es mir nicht außergewöhnlich, daß Doris uns schrieb, statt mit uns zu sprechen, und ich erkannte erst später, wie angemessen sie handelte. Es hatte mit einem oder zwei Mitgliedern der Gruppe Enttäuschungen gegeben, und Humphrey, realistisch denkend, war nicht gewillt, sich weiteren Mißverständnissen auszusetzen. Ziel ihres Briefes war es, uns die Verantwortung für unser Handeln zu verdeutlichen, falls wir beschließen sollten, diesen beiden mit Hingabe arbeitenden Künstlern in ihrer Suche zu folgen.

Wer in diesem Herbst 1929 regelmäßig in das Studio kam, erkannte bald, daß es eine dritte Person gab, die sich den in Humphreys Brief geäußerten Idealen in gleichem Maße verschrieben hatte. Pauline Lawrence übte auf alles, was im Studio vorging, einen unverkennbaren Einfluß aus, ob sie nun im Vorraum an ihrem kleinen, von einer Lampe beleuchteten Tisch mit zukünftigen Schülern sprach und Kursgebühren entgegennahm, oder ob sie an dem großen Klavier saß, um die Übungsstunden zu begleiten. Diese kleine, dunkelhaarige, wachsame Frau hatte einen scharfen Blick für Talente.[3]

Pauline, Musikerin (sie sang, spielte Klavier und Akkordeon), Kostüm- und Beleuchtungsdesignerin, erstklassige Schneiderin, hervorragende Geschäftsmanagerin, besaß noch eine weitere Begabung: die erstaunliche Fähigkeit, eine Situation, ob es sich nun um ein ästhetisches oder ein praktisches Problem handelte, richtig einzuschätzen. In ihrer realistischen, mütterlichen Art führte sie die Karrieren von Doris Humphrey und Charles Weidman durch eine der unsichersten Phasen ihres gemeinsamen Berufslebens. Wir alle spürten Paulines Führung und respektierten sie sehr.

Auch nachdem wir Ende 1930 von der 59. Straße in eine Fabriketage im dritten Stock des Hauses West 18th Street Nr. 151 umgezogen waren, galt Humphreys größte Aufmerksamkeit der Choreographie ihres Ensembles, nicht der Entwicklung einer grundlegenden Technik. Natürlich bewegten sich in ihrem Kopf ständig vage Theorien einer Technik; die Wahrheit aber ist, daß sie auf ihre eigenen

Überlegungen noch keine zufriedenstellenden Antworten gefunden hatte. Nur kurze Zeit später zwangen sie aber die Umstände dazu, sich dieses Problems anzunehmen. Im Januar 1931 sollte eine Vorlesungsreihe ins Leben gerufen werden, mit Darbietungen, die die Öffentlichkeit mit dem geistigen Hintergrund und den Hervorbringungen führender Vertreter des im Entstehen befindlichen Modern Dance vertraut machen sollten. Der Tanzkritiker der *New York Times,* John Martin, führte durch die Veranstaltungen, an denen Doris Humphrey und Martha Graham teilnehmen würden. (In den folgenden Jahren wurde diese Reihe um weitere hervorragende Exponenten des Modern Dance erweitert.) Der Ort dafür war das Auditorium der New School for Social Research, die in der West 12th Street gerade ihre Pforten geöffnet hatte.

Die Form dieser Vorlesungsreihe führte dazu, daß Doris ihre bisherigen Untersuchungen kritisch auswerten und, ebenso wichtig, ihre Ergebnisse in tänzerisches Handeln umsetzen mußte. Sie begegnete der Herausforderung mit dem für sie typischen Wagemut, gestand aber (in einem Brief an ihre Eltern vom 17. Januar 1931[4], der Woche ihrer ersten Vorlesung) einige Zweifel ein:

»Nach zwanzig Jahren Arbeit und Nachdenken bin ich mir über die meisten Dinge immer noch nicht sicher . . . Ihr wißt, daß sich meine Vorstellungen von Tanz in den Jahren, seit ich Denishawn verlassen habe, völlig verändert haben . . . Ich suche nach einem neuen Ansatz . . . Ich unterrichte in diesem Jahr nur eine Klasse, und selbst das ist vor allem deswegen verdrießlich, weil ich mir niemals darüber klar geworden bin, wie ich das machen soll. Ist das nicht albern? Ich bin zu dem Schluß gekommen, daß ich kein besonderes Talent für Analyse habe — sonst fiele es nicht so schwer [!]. Auf jeden Fall plage ich mich damit, meine Arbeit nicht nur schlüssig, klar, sondern auch attraktiv zu präsentieren.«

Der Zeitdruck wirkte Wunder. Unsere Unterrichtsvorgaben, die auf den ersten Überlegungen unserer Leiterin basierten, wie natürliche Bewegung zum möglichen Fundament einer Theorie zu machen seien, wurden von unwesentlichem Experimentieren befreit. Sie wurden umformuliert und mit neuen Schwerpunkten versehen, um grundlegende Aussagen über Gleichgewicht, Schwungkraft, Richtung und so weiter zu belegen. Zugleich setzte, fast unmerklich, eine Transformation ein. Es entstand eine Tanzform, die im Studio nur angedeutet worden war: die Studie. Mit grenzenlos scheinender choreographischer Erfindungskraft schuf Doris Studien zu Rhythmus, zu entgegengesetzter und sukzessiver Bewegung, Studien zur unterschiedlichen Dynamik des Fallens, Studien zum Gehen, Laufen und Springen. Alle Studien waren reine Bewegungskompositionen, hervorragend gestaltete Belege ihrer ausgeprägten Begabung für Analyse und Kreativität.

Als Doris Jahre später ihre Auffassung von natürlicher Bewegung als Grundlage tänzerischer Technik erläuterte, schrieb sie bezeichnenderweise folgendes über ihren Gebrauch der Studie: *»Da sie [natürliche Bewegungen] so wahrhaft und psychologisch dem physischen Leben entstammen, waren sie auch ohne Programm emotional erregend. Dieses Charakteristikum regte mich zu einer ganzen Anzahl von Tanzstudien an, selbst zu kompletten Tanzkompositionen, denen jede handlungstragende Idee fehlte.«* [5]

Die Vorlesungen und Darbietungen fanden in einem Raum statt, der sich unter dem im Parterre gelegenen Auditorium der Schule befand. Die Tanzfläche war rund und lag vertieft in der Mitte des Raumes. Da das Publikum in einem weiten Halbkreis vor und neben uns saß, traten wir quasi »im Ring« auf. Nach John Martins Einführung erläuterte Doris Humphrey ihre Philosophie und deren Theorien, während wir in Übungskleidung ungezwungen hinter ihr auf den geschwungenen Stufen saßen. Nach unserer Darbietung bat John Martin das Publikum, Fragen zu stellen. Während dieser Zeit nahmen wir unsere Plätze auf den Stufen wieder ein und hörten gespannt zu, wie Doris, noch immer stehend, ihre Philosophie »verteidigte«. Da ich selbst zu unterrichten begonnen hatte, war auch ich von dem missionarischen Geist beseelt, das Publikum an die Ästhetik der neuen Tanzformen heranzuführen.

Ein oder zwei Mädchen der Gruppe mußten auch unterrichten, um sich ihren Lebensunterhalt zu verdienen. Vorstellungen waren sehr selten und wurden mit nur zehn Dollar bezahlt. Doch während der Weltwirtschaftskrise war selbst eine Stelle zum Unterrichten schwer zu bekommen — es sei denn, man eröffnete ein eigenes Studio, was ich dann in New Haven, Connecticut, tat. Einige Mitglieder der Gruppe arbeiteten als Modelle bei Malern und Bildhauern (für einen Dollar pro Stunde), einige als Kellnerinnen in kleinen Restaurants der Innenstadt. Wir mußten uns mit Halbtagsjobs zufriedengeben; die Proben fanden abends, Kostümproben und außerplanmäßige Treffen mitunter tagsüber statt. Und es gab subtilere Pflichten, denen wir uns freiwillig unterzogen: philosophische Bücher, Lyrik und zeitgenössische Literatur lesen, Konzerte und Museen besuchen. Die

Entwicklung der eigenen Persönlichkeit war Teil der Ausbildung zum vollkommenen Modern Dance-Tänzer; das galt von Anfang an als selbstverständlich.

Doch was immer tagsüber unsere Aufgabe auch sein mochte, an den Probeabenden stiegen wir Punkt sieben Uhr unverzagt die zahlreichen Holzstufen zur Etage mit den weißgekalkten Backsteinwänden hinauf und freuten uns auf die bevorstehenden dreistündigen Proben. Nun, da die Schuh- und die Maschinenfabriken in den beiden unteren Stockwerken geschlossen hatten, war es erstaunlich ruhig im Studio. In den vier Oberlichtern in der Mitte des Raumes wähnten wir geheimnisvolles Lichterspiel, wenn wir unter ihnen tanzten. Der eigentliche Übungsraum war rechteckig, nahe am Eingang standen auf einem schrägen Podest Stühle für Besucher.[6] In der anderen Ecke war das große Klavier, die einzige Erinnerung an das Studio in der 59. Straße. In dieser Fabriketage gab es keine Stangen, bei Ballettübungen dienten die Wände als Halt, Doris gab von vorne Anweisungen.[7]

Ein einzelner, schmaler Spiegel hing hinter den Besucherstühlen. Er wurde äußerst selten benutzt, und dann auch nur, um Körperhaltungen im Rahmen einer kompositorischen Gestaltung zu überprüfen. Ich erinnere mich, daß José Limón ihn benutzte, als er sein *Danza* entwarf, ein brillantes Solo, das bei einer der Aufführungen unserer »Kleinen Gruppe« Premiere hatte. (Die Kleine Gruppe war von ursprünglich sechs Mitgliedern gegründet worden, die unabhängig, aber im Kontext der Humphrey-Weidman Group arbeiten wollten. Die Gruppe verkleinerte sich bald auf vier: Eleanor King, Letitia Ide, José Limón und ich. Doris und Charles ermutigten uns, unsere eigenen Arbeiten aufzuführen und äußerten natürlich ihre Ansichten. Pauline entwarf oft unsere Kostüme. Mit vagen Hoffnungen und zittrigen Knien führten wir unseren verehrten Lehrern unsere gerade ersonnenen Tänze vor, und ihre Kommentare hatten stets zur Folge, daß wir noch stärker zitterten.)[8]

Die großen Augenblicke im Studio waren die, wenn Humphrey eine neue Arbeit begann; am besten ist mir in Erinnerung, wie sie uns von ihren Ideen zu *Dionysiaques* erzählte. Es war am Nachmittag oder frühen Abend, und das Licht war für die schlichte Arbeitsatmosphäre der Fabriketage besonders vorteilhaft. Doris trug Straßenkleidung und hielt ein großformatiges, dünnes Buch mit dem Titel *Der Palast von Knossos* in der Hand. Das Buch enthielt bemerkenswerte Photographien, viele davon in Farbe, über die Reste der antiken Kultur auf Kreta. Wir scharten uns in der Besucherecke um Doris und betrachteten das Buch, während sie die Seiten umblätterte. Dann begann sie, den Tanz zu beschreiben, den sie im Sinn hatte. Sein Thema sollte die Neuinszenierung eines frühen kretischen Rituals sein: wie der Stiergott durch die Opferung des bedeutendsten Mitglieds der Gemeinschaft, der Hohepriesterin, jedes Jahr besänftigt werden mußte. Diese Opferung sollte auf der Bühne als Fall aus großer Höhe in einen tiefen See dargestellt werden. Alle Frauen der Group sowie zwei Männer, José Limón und Gene Martel, würden an dem Ballett teilnehmen, Doris selbst den Hauptpart tanzen.

Doris beschrieb ihre Vorstellungen klar und lebendig, denn sie hatte lange Zeit darüber nachgedacht und konnte eine Szene mit plastischen Worten heraufbeschwören. Selbst die Choreographie wurde bis zu einem gewissen Grad vorstellbar. Als sie die Musik vorspielte, die sie ausgewählt hatte, Florent Schmitts Komposition *Dionysiaques,* schien der Tanz vor unseren Augen zu entstehen. Die Musik war rhythmisch erregend, wild manchmal, dann zart und klagend, und unmittelbar vor dem Schluß ungezügelt dissonant.

Die Aufführung von *Dionysiaques* erwies sich als aufregende Erfahrung; doch ich glaube nicht, daß damals irgend jemand von uns erfaßte, welch unermeßliche Bedeutung diesem Ballett als Stimulans für Doris' Kreativität zukam. *Dionysiaques* versinnbildlichte den ewigen Konflikt und die Auflösung der apollinisch-dionysischen Elemente des Menschen, ein psychologischer Kontrapunkt, den Friedrich Nietzsche in der *Geburt der Tragödie* beschrieb. Technisch bediente sich *Dionysiaques* des Gleichgewichts und des Ungleichgewichts, der Elemente von Doris' Prinzip von Fall und Wiederaufrichten, wie sie später von ihr in »The Arc Between Two Deaths« formuliert wurden.[9] *Dionysiaques* führte auf die »neue Perspektive« hin, nach der Humphrey suchte; eine, die ihr Streben nach Philosophie befriedigen und gleichzeitig der Technik gerecht werden würde. Sie war sich ihrer Festlegung auf das apollinisch-dionysische Konzept als Bewegungsantrieb bereits bewußt — das wird aus einem Brief deutlich, den sie im April 1932, kurz nach der Premiere des Balletts, an ihre Eltern schrieb: *»›Dionysiaques‹, es wird Euch vielleicht interessieren, wurde im letzten Sommer durch die Lektüre von Nietzsches ›Geburt der Tragödie‹ inspiriert . . . die meine gesamte ganze Perspektive auf das Tanzen nachhaltig beeinflußt hat.«*[10]

Spätere Äußerungen, Experimente und Beispiele — in der Theaterarbeit wie der Theoriebildung — bezeugen die Intensität, mit der sie

Nietzsches Philosophie als Bestätigung ihrer eigenen Überlegungen zu den Eigenheiten natürlicher Bewegung nutzte. Wenn sich spätere Choreographien [11] auch vielfältiger Themen annahmen, so basierten doch die rhythmischen und dynamischen Aspekte der Bewegungsabläufe aller von Doris' geschaffenen Kompositionen eindeutig auf dem Prinzip von Fall und Wiederaufrichten, das in den Jahren 1931 und 1932 entwickelt wurde.

Es war für mich ein großes Glück, während dieser, für die Konzeption entscheidenden Jahre, Mitglied der Doris Humphrey and Charles Weidman Concert Group gewesen zu sein, die später zur Humphrey-Weidman Company wurde. Als ich die Gruppe im Mai 1935 verließ, hatte sich eine neue Ära der Choreographie abzuzeichnen begonnen. Die wesentlichen Grundlagen jedoch waren erarbeitet, die Humphrey-Technik zu dem Bewegungsstil geworden, als der sie heute berühmt ist.

Dieses Buch unternimmt es darzustellen, wie Doris Humphrey Nietzsches apollinisch-dionysisches Konzept auf die Technik ihrer tänzerischen Prinzipien angewandt hat — sie werden in Übungen und Studien analysiert und umgesetzt, die das Grundtraining im Humphrey-Stil bilden; sie werden auch der Inspiration als Ausgangspunkt für die kreative Umsetzung einer Auffassung von Tanz dienen, die universale Bedeutung hat.

Im »Epilog« werden die frühen Werke beschrieben, die meiner Ansicht nach die Ideen meiner einstigen Tanzlehrerin am lebhaftesten verdeutlichen, und ich bin sicher, daß sie die Leistungen einer großen Künstlerin weiter erhellen werden, einer Künstlerin, deren choreographische und erzieherische Verdienste um den Tanz von unschätzbarem historischen und praktischen Wert sind.

[1] »Eine Bewegung ist ohne eine Motivation undenkbar.« Doris Humphrey, *The Art of Making Dances.* New York 1959, S. 110.

[2] Sylvia Manning tanzte bei der Premiere und den folgenden Aufführungen die Hauptrolle in *Air for the G String.* Doris Humphrey tanzte diese Rolle nur einmal, und zwar bei der Verfilmung des Werkes im Jahre 1934.

[3] Ohne Frage war Pauline die erste, die den großen, athletischen mexikanischen Jungen richtig einschätzte, der eines Tages in die Klasse eintrat. Sein Name war José Limón. Mit seinem herzerwärmenden Lächeln und seinem überschäumenden Enthusiasmus war er viel zu lebhaft, viel zu unberechenbar für die Gelassenheit derer, die neben ihm tanzen mochten. Wenn man durchblicken ließ, daß er einen zu arg herumzerrte, wurde José von Gewissensbissen geradezu

gepeinigt und nahm all seine »spanische Ritterlichkeit« zu Hilfe, den Schaden wieder gutzumachen.

[4] Humphrey, Doris. Doris Humphrey Collection. 1811—1958. Akte C-283. (New York Public Library. Research Library of the Performing Arts. The Dance Collection.) Im folgenden genannt als »Doris Humphrey Collection«.

[5] Doris Humphrey, *»My Approach to Modern Dance«,* In: Frederick Rand Rogers (Hrsg.), Dance, A Basic Educational Technique, New York 1941, S. 190.

[6] Ich erinnere mich, wie Doris Humphreys Ehemann »Leo« (der eigentlich Charles hieß, von ihr jedoch so genannt wurde, wodurch er sich von Charles Weidman, ihrem Partner in der Group, unterschied) in der Besucherecke saß und uns während vieler langer Proben zusah.

[7] Die einzige Gelegenheit, bei der wir Ballettübungen machten bestand, soweit ich noch weiß, während der Vorbereitungen zur »Schule der Ehemänner«, einer Aufführung von Molières Komödie, die von der Theatre Guild produziert wurde. Doris und Charles waren beauftragt, Ballett einlagen und einen Tanz mit dem Titel »Sganarelles Traum« choreographisch zu gestalten. Das war 1933, ein Jahr, nachdem wir mit großem Erfolg *Shakers* und *Water Study* in der Broadway-Revue *Americana* aufgeführt hatten.

[8] Charles' Urteil über Eleanors höchst originäre Umsetzung dreier Tänze aus Peter Warlocks Adaption der *Capriol Suite* aus dem sechzehnten Jahrhundert war bestürzend direkt. Unsere beschwingte Komödie in *Dances for Saturday, Sunday and Monday* nannte er »unausgegoren«, eine Kritik, die uns nicht daran hinderte, dieses Trio ausgiebig aufzuführen. Doris war nach der Aufführung des von José und mir entworfenen Duetts *Tango,* das von Schlaginstrumenten begleitet wurde, ermutigender, wenn auch unverbindlicher. Sie bemerkte mit einem schwachen Lächeln »Also ich kann nur sagen, das ist ein primitiver Sextanz.«

[9] Humphrey, *The Art of Making Dances,* a.a.O., S. 106.

[10] Doris Humphrey Collection, Akte C—300.

[11] Die für die Humphrey-Weidman Company ebenso wie die für die José Limón Company und das Juilliard Dance Theatre bis zu Humphreys Tod im Jahre 1958.

Erster Abschnitt

DIE ERFAHRUNG DER TECHNIK

»Die Wissenschaft unter der Optik des Künstlers zu sehen, die Kunst aber unter der des Lebens . . .«

Friedrich Nietzsche,
Die Geburt der Tragödie.

1. KAPITEL
DIE TECHNIK ALS PHILOSOPHIE

Nietzsches Philosophie wurde für Doris Humphrey zum Katalysator, der ihre ersten Überlegungen zur natürlichen Bewegung als Grundlage einer Tanztechnik bestätigte und klären half. Nietzsche war bewegendes Stimulans für noch unformulierte Ideen, die bereits in ihr schlummerten. Ihre Erkenntnisse beruhten auf intensiven Studien. Sie schätzte Lernen nicht um seiner selbst willen, sondern wegen seiner sich dadurch eröffnenden Erkenntnisse über den Menschen.

Nur auf persönliche Erfahrungen basierende Erklärungsversuche der Bewegung hätten diese ungewöhnliche Frau mit dem forschenden Geist nicht zu befriedigen vermocht. Man braucht nur die umfangreichen Aufzeichnungen zu lesen, die sie als Vorbereitungen für Vorlesungen, Unterrichtsstunden, Interviews und zahlreiche Veröffentlichungen machte, um zu sehen, daß ihre Suche nach Motivation und Art menschlichen Verhaltens über persönliche Erfahrungen weit hinausging. Sie war Philosophin in ihren deduktiven, Wissenschaftlerin in ihren analytischen, Poetin in ihren expressiven Fähigkeiten. Immer wieder untersuchte sie den Lebensprozeß der Natur und des Menschen:

»Wenn wir die verschiedenen Arten und Sequenzen des Energieflusses in unserem Körper verstehen, dann wissen wir etwas über uns selbst, denn als Organismen gehorchen wir alle denselben Gesetzen.« [1]

Kraft (Energie) wird als eigenständiges kreatives Element untersucht:

»Der Wunsch nach Bewegung bringt organische Materie dazu, das Zentrum des Gleichgewichts zu verlassen. Der Wunsch jedoch, das Leben zu erhalten, führt zur Wiederherstellung des Gleichgewichts oder zu einer weiteren Bewegung der Materie, die als Ausgleich der ersten Bewegung ausreicht, um den Organismus vor Zerstörung zu bewahren.«[2]

Gleichgewicht — Zerstörung. Gegensätzliche Zustände, die, so Doris Humphrey weiter, durch die pulsierenden Eigenschaften des Rhythmus erhalten werden:

»Rhythmus resultiert folglich aus dem Oszillieren organischer Materie, die sich aus dem Zentrum ihres Gleichgewichts heraus und dann zu diesem zurück bewegt.«[3]

In logischer Fortführung dieser wissenschaftlichen Grundsätze eröffnet sich ihr die letzte Konsequenz:

»Am Ende jeder Bewegung ist Tod — der statische Tod oder das beständige Gleichgewicht, oder der dynamische Tod in einer Bewegung, die zu weit aus vom Gleichgewicht herausführt.«[4]

Statischer Tod — dynamischer Tod. Wir brauchen nur den Begriff »organische Materie« durch »Mensch« zu ersetzen, um die zwingende Schlußfolgerung vorwegzunehmen: Bewegung zwischen diesen beiden »Toden« bedeutet nicht mehr und nicht weniger als Überlebenskampf.

Es erstaunt nicht, daß Nietzsches kühner Versuch in seiner *Geburt der Tragödie,* »die Wissenschaft unter der Optik des Künstlers zu sehen, die Kunst aber unter der des Lebens«[5], Doris Humphrey so stark berührte. Auch sie war Beobachterin der Natur. Auch sie betrachtete die Naturwissenschaft durch den Filter ihrer Sensibilität; auch sie verstand Kunst als Offenbarung des Lebens. Es erstaunt auch nicht, daß Nietzsches Analyse der vorchristlichen griechischen Kultur, die sich in seiner apollinisch-dionysischen These der Extreme niederschlägt, für Doris Humphrey während der Konzeption von »The Arc Between Two Deaths« zum Auslöser ihrer eigenen Philosophie der Bewegung wurde. Diese Duplizität kam ihr sehr entgegen.

Laut Nietzsche verkörperten die Kunstgottheiten Apollo und Dionysos zwei widersprüchliche, jedoch miteinander verwobene Triebe des Menschen: Der erste das Streben nach Vollendung und Stabilität, der zweite den Wunsch nach dem Erleben ekstatischer Selbstvergessenheit. Apollo, Gott der Weisheit und des Lichts, »beherrscht den schönen Schein der inneren Phantasie-Welt« mit »maßvoller Begrenzung . . . Freiheit von den wilderen Regungen . . . weisheitsvoller Ruhe«.[6] Dionysos, Gott des Weines, des Gesanges, des Tanzes und Theaters weckt das menschliche Begehren nach Abenteuern, ja, nach Gefahr: »Unter dem Einfluß des narkotischen Getränkes erwachen jene dionysischen Regungen . . ., [wobei] das Subjektive zu völliger Selbstvergessenheit hinschwindet.«[7] Nicht länger von seinem moralischen Gewissen geplagt, ist der Mensch »auf dem Wege, tanzend in die Lüfte emporzufliegen . . . als Gott fühlt er sich«.[8]

Wenn wir dionysische Zügellosigkeit mit dem gefahrvollen Zustand der aus dem Gleichgewicht geratenen Bewegung gleichsetzen, treffen wir auf die lauernde Gefahr des »dynamischen Todes«. Setzen wir die apollinische Heiterkeit mit der Sicherheit der symmetrischen Balance gleich, gelangen wir zu der in sich geschlossenen Perfektion des »statischen Todes«. Und übersetzen wir schließlich rhythmische »Oszillation der organischen Materie« mit dem lebenden Bogen zwischen diesen beiden Toden, dann haben wir Humphreys Prinzip von »Fallen und Wiederaufrichten«.

»Dionysisch und apollinisch . . . sind andere Bezeichnungen für den Wunsch nach Wachstum und den Wunsch nach dem Verharren im Gleichgewicht«[9], schrieb Doris Humphrey. Der psychologische Kontrapunkt wird sichtbar. Wachstum ist Erweiterung, eine Versuchung des Schicksals, ein wagemutiger Akt des Erforschens, der zu Selbsterkenntnis oder Zerstörung führt. Gleichgewicht impliziert rationales Verhalten, klares Urteilsvermögen, birgt jedoch die Gefahr des Abstumpfens. Die Psyche schwankt, da sie unwiderstehlich in entgegengesetzte Richtungen gelockt wird.

»Fallen und Wiederaufrichten sind die eigentlichen Bestandteile der Bewegung, der ständige Wechsel, der in jedem Lebewesen, noch in dessen winzigsten Teilen, in jeder Sekunde stattfindet. Doch dies ist nicht alles, denn dieser Prozeß ist auch von psychologischer Bedeutung. Ich habe diese emotionalen Überlagerungen sehr früh erkannt und instinktiv sehr stark auf die erregende Gefahr des Fallens, auf die Ruhe und den Frieden des Wiederaufrichtens reagiert.«[10]

Erregung — Ruhe. Gefahr — Frieden. Die Dichotomie erweitert sich. In dem Winkel von neunzig Grad, der zwischen dem im Gleichgewicht aufrecht stehenden und dem leblos hingestreckten Körper liegt, eröffnet sich — emotional wie physisch — eine endlose Variationsbreite an Handlungen. In der Gefahr ist Genuß, ebenso jedoch Schrecken; in der Ruhe ist Frieden, ebenso jedoch die tödliche Regungslosigkeit eines in dieser Ruhe verharrenden Geistes. Fallen heißt nachgeben, Wiederaufrichten heißt, die eigene Gewalt über die Schwerkraft und über sich selbst erneut zu bestätigen.

»(. . .) sowohl in jedem Einzelnen als auch in jeder Gruppe von Menschen als Gegensätze vorhanden, symbolisieren das Apollinische und das Dionysische einerseits den Kampf des Menschen um Fortschritt, andererseits sein Verlangen nach Stabilität. Sie sind nicht nur, wie Nietzsche sagte, das Fundament der griechischen Tragödie, sondern das jeder schauspielerischen Bewegung, vor allem des Tanzes.« [11]

Von Perfektion träumen und die Gefahr hofieren. Hierin liegt die Doppelnatur des Menschen und das reiche schöpferische Potential der Humphrey-Technik.

[1] Doris Humphrey Collection, Akte M—66.
[2] Doris Humphrey Collection, Akte M—65.
[3] ebenda.
[4] ebenda.
[5] Friedrich Nietzsche, *Die Geburt der Tragödie.* In: Nietzsches Werke in vier Bänden, hrsg. von Gerhard Stenzel, Salzburg 1983, Bd. 2, S. 585.
[6] Nietzsche, a.a.O., S. 595.
[7] Nietzsche, a.a.O., S. 595 u. S. 596.
[8] Nietzsche, a.a.O., S. 596 u. S. 597.
[9] Doris Humphrey Collection, Akte M—65.
[10] Humphrey, *My Approach to the Modern Dance,* a.a.O., S. 189.
[11] ebenda.

2. KAPITEL
DIE TECHNIK ALS LEHRE

Da sich mein Tanz mit unmittelbar menschlichen Werten befaßt, liegt meine Grundtechnik in den natürlichen Bewegungen des menschlichen Körpers begründet.
Doris Humphrey,
My Approach to the Modern Dance.

Elementare Tätigkeiten wie Atmen, Stehen, Gehen, Laufen, Springen, Aufstehen und Fallen waren Doris Humphreys Inspiration für ihre Bewegungstheorie. Wenn diese fundamentalen menschlichen Bewegungen auch mühelos scheinen, so liegt in ihnen doch der allgegenwärtige, dramatische Kampf des Menschen, über sich und seine materielle Umwelt Herrschaft zu erlangen.

Wenn Doris Humphrey von natürlichen Bewegungen spricht, dann meint sie Kräfte, die der Natur wie dem Menschen eigen sind. Bei ihren Studien über elementare Bewegung erkannte sie, daß der Aktion die Reaktion folgt, daß Kraft Gegenkraft hervorruft. Die »natürlichen Bewegungen des menschlichen Körpers« sind sichtbarer Beweis für die Fähigkeit des Menschen, in einer von Schwerkraft beherrschten Welt zu überleben. Diese Schwerkraft, mitunter sein Freund, mitunter sein Gegner, macht sich bei der geringsten Bewegung bemerkbar. »Alles Leben fluktuiert zwischen Widerstand gegen und Kapitulieren vor der Schwerkraft.«[1]

In diesem Sinne ist die Humphrey-Technik ein andauerndes Erforschen von Bewegung als körperlich-seelischer Erfahrung. Humphreys Einstellung zur natürlichen Bewegung akzeptiert nicht nur die dramatische Realität der menschlichen Koexistenz mit der Schwerkraft, vielmehr basiert ihre gesamte Ästhetik auf Bewegungselementen, die dieser Koexistenz zugrunde liegen. Folgende Elemente bilden die Bewegungsprinzipien, auf denen die Theorie beruht: Fall und Wiederaufrichten, sukzessiver Fluß, Atemrhythmus, entgegengesetzte Bewegung und Gewichtsverlagerung. Eingewoben in diese Prinzipien — und im Unterricht bewußt als Arbeitsbestandteile der Technik eingesetzt — sind Humphreys umfassende Analysen von Rhythmus, Dynamik (Qualität der Bewegung) und Gestaltung. Der so entstehende Tanzstil ist vor allem lyrisch. Er verkörpert das dem menschlichen Geist innewohnende Vermögen, über widrige Kräfte zu triumphieren.

Während andere etablierte Tanztechniken den Körper mit einem festgelegten Schema trainieren, dessen Übungen vom Einfachen zum Schwierigen führen, konzentriert sich die Humphrey-Technik während des gesamten Entwicklungsprozesses auf *Bewegungserfahrung.* »Da Tanz kinetisch, nicht in erster Linie literarisch, dramatisch oder musikalisch ist . . . sollte das Training zunächst ein Gefühl für die Bewegung in der Gestaltung, für Rhythmus und für die Qualität von Bewegung anstreben.«[2] So werden zum Beispiel Streckübungen, Rumpfbeugen, Beinschwünge, Oberschenkel- und Fußübungen, Sprünge, Läufe, Fallen und so weiter in rhythmischer und dynamischer Phrasierung ausgeführt. Zusätzlich wird auf das Empfinden der Formen als einer durch diese Bewegung erzeugten Gestalt Gewicht gelegt. Eine weitere Unterscheidung liegt in dem oftmals »choreographischen« Arrangement der Übungen. Anstelle von festgelegten, immer wieder ausgeführten Positionen werden, vergleichbar der Arbeit an einer Tanzkomposition, ganze Bewegungssequenzen thematisch entwickelt. Der kinetische Impuls wird durch Umgestaltung und zeitliche Koordinierung des natürlichen Rhythmus und der der Bewegungsidee eigenen Dynamik erforscht. Tanzt der Schüler diese kleinen »Studien«, wird er Einblick in das *kreative Potential* der Humphrey-Technik gewinnen, ein für den Anfänger beflügelndes Erlebnis.

Wir können also sagen, daß die Humphrey-Technik, bestehend aus Doris Humphreys Tanzphilosophie und deren einzigartigem Bewegungsstil, vorrangig zwei Ziele hat:

Erstens, Kraft, Flexibilität, Körperbeherrschung und Ausdauer — kurz, die zum Tanzen erforderlichen Fähigkeiten — auszubilden; und zweitens, den Schüler zu ermutigen, von den Bewegungsprinzipien kreativen Gebrauch zu machen, indem er deren Rhythmik, Dynamik und gestalterisches Potential in der praktischen Arbeit umsetzt. Ein solcher, zweigleisiger Ansatz stimmt die Unterrichtserfahrung direkt auf die Bühne ab, der Bühne in der Imagination des Tänzers, wo Tänze entstehen. »Wenn man weiß, welche Bewegungen den nachhaltigsten Effekt haben werden, kann der Tanz die erhoffte Form erlangen, die des Gefühls der Dynamik in der Bewegung.« [3]

Welche größere Dynamik könnte es geben als die des Fallens? Aus der Sicherheit des vollkommenen Gleichgewichts fallen, in Ungnade fallen, jemandem verfallen sein? Im Fall aus der apollinischen Symmetrie erfährt der Mensch den Rausch der Selbstvergessenheit; er kostet die Freuden der *Gefahrenzone,* in der die dionysische Ekstase sich dem Tode nähert. Fallen und Wiederaufrichten — in ursächlichem Zusammenhang mit dem Verhältnis des Körpers zu den universal gültigen Gesetzen der Physik —, sind in der Humphrey-Technik stets gegenwärtig. Sie verbinden auf subtile Weise physische Koordination mit psychologischer Reaktion, sie schaffen verschiedene Intensitätsgrade, die Doris Humphrey »Qualität der Bewegung« nannte. Dynamische Bewegung, wie zum Beispiel die sich ständig verändernden Körperreaktionen auf die Schwerkraft, läßt Eigenschaften des Nervensystems erkennen. »Bewegung entsteht aus dem Zusammenspiel von Nerven, Muskeln und Knochen. Das Nervensystem bringt Bewegung hervor und kontrolliert ihren Ablauf.« [4]

Wir werden die Bewegungen, auf denen die Prinzipien der Humphrey-Technik basieren, untersuchen und dabei mit der allumfassenden Theorie von Fall und Wiederaufrichten beginnen. Atmen, Stehen, Gewichtsverlagerung, Gehen, Laufen und Springen werden jeweils zunächst im Zusammenhang mit ihren natürlichen Funktionen, dann mit ihren Möglichkeiten als Tanzerfahrung analysiert werden.

FALLEN UND WIEDERAUFRICHTEN ALS FUNDAMENTALE ERFAHRUNG

In Doris Humphreys unveröffentlichtem Nachlaß [5] findet sich ihre eigene Analyse dieses fruchtbaren Prinzips:

»Die Geschichte meiner Technik ist sehr einfach. Ich bin zum Körper und zu dessen Bewegungstendenzen zurückgekehrt, und habe versucht, diese von allen emotionalen Reaktionen zu trennen — was tut der Körper von allein? Welche Veranlagung hat er zur Balance? Was geschieht, wenn er sich bewegt? Wie verändert er sich, um das Gleichgewicht zu halten? Zunächst fand ich heraus, daß die natürliche, unmittelbare Bewegungstendenz des Körpers — die erste

Bewegung überhaupt — eine Fallbewegung ist. Wenn Sie völlig ruhig stehen und nicht versuchen, die Bewegung zu kontrollieren, werden Sie bemerken, daß Sie in eine Richtung zu fallen beginnen. Sie werden vielleicht nach vorne, vermutlich jedoch nach hinten fallen, weil Sie da weniger Stütze haben. Dies schien eine sehr simple Entdeckung zu sein, und doch ist es eine über alle Maßen bedeutsame, wenn Sie, von Körperbewegung ausgehend, eine neue Technik entwickeln wollen.«

FALLEN UND WIEDERAUFRICHTEN ALS TÄNZERISCHE ERFAHRUNG

Als Bewegungsablauf *in drei Phasen* kann Fallen und Wiederaufrichten »vertikal« erfahren werden, wenn der Tänzer an einer Stelle zu Boden sinkt, nach unten fällt und sich nach oben wieder aufrichtet; oder »radial«, wenn der Tänzer sich durch den Raum bewegt. Das Motiv des Fallens/Wiederaufrichtens ist beide Male das wesentliche Handlungselement. Wenn der Tänzer die rhythmische Koordination der Bewegungen von Fall/Wiederaufrichten übt, sollte er atmen wie im folgenden beschrieben.

Fall — Rückfedern — Schwebehaltung

1. Teil: *Fall.* Aus der Statik des ruhenden Gleichgewichts beginnt der Körper zu fallen, zunächst langsam, dann, in dem Maße, in dem er sich der Schwerkraft unterwirft, mit zunehmender Geschwindigkeit. Dies kann nach vorne, nach hinten, spiralförmig oder seitlich geschehen. Während des Falls wird langsam ausgeatmet.

2. Teil: *Rückfedern.* Unmittelbar vor dem Auftreffen auf dem Boden setzt ein Selbstschutzmechanismus ein (vorausgesetzt, der Fall soll nicht zu Ende geführt werden und ist nicht die Folge eines Unfalls), und eine Gegenbewegung beginnt, in der der Körper wie durch neu erwachtes Leben zurückfedert. Dieses Rückfedern, in der Bewegung einem an einer harten Oberfläche abprallenden Ball vergleichbar, ist zunächst schnell und verlangsamt sich dann. Im Moment des Rückfederns wird der Atem abrupt eingezogen, der Atem füllt die Lungen, während der Körper zum Gleichgewicht zurückfindet.

3. Teil: Schwebehaltung. Hier nun erreicht das Rückfedern die Phase der Schwebehaltung, ein Durchgangsstadium, in dem sich der Körper, der nicht im Gleichgewicht ist, einen Augenblick lang selbst trägt, bevor er zum Gleichgewicht zurückfindet. Physikalisch gesprochen, hat die Energie den »Punkt Null« erreicht (da es keine Schwingungen, keine Oszillation gibt); tänzerisch gesprochen bedeutet dies, daß der Körper triumphierend in der Luft schwebt, nachdem er den Gefahren des Falls erfolgreich entronnen ist.

ATMEN ALS FUNDAMENTALE ERFAHRUNG

Das Einatmen nährt den gesamten Körper. »Atmen heißt leben. Ohne Atmen sterben wir. Rhythmisches Atmen ist Gesundheit.«[6] Das Atmen, als Handlung teilweise unbewußt, hat seine ihm eigene dynamische Phrasierung, die durch die Bewegung des Zwerchfells mit organischen und skeletalen Rhythmen des Körpers verbunden ist.

ATMEN ALS TÄNZERISCHE ERFAHRUNG

Wenn wir Atmen unter dem Aspekt des Tanzes betrachten, können wir uns vorstellen, wie sich der Atem allmählich vom Rumpf in die Extremitäten bewegt. Einatmen ist Schöpfen von Energie; der Atemfluß geht, nach dem Gesetz sich ausbreitender Energie, von der Körpermitte hinauf in den Hals und den Kopf, hinunter in die Beine, nach außen in Arme und Hände. Beim Ausatmen wird die sukzessive Richtung des Atemflusses (als Tanz) umgekehrt: der Rumpf gibt seine Energie frei und sinkt nach unten in sich zusammen, die ausgebreiteten Arme, die sich sukzessiv über Ellbogen, Handgelenke, Hände und Finger zu voller Länge gedehnt haben, ziehen sich nun in gleicher Reihenfolge, jedoch zum Körper hin, zusammen.

Sukzessives Fließen, eines der Prinzipien von Humphreys Theorie der natürlichen Bewegung, kann als Beschreibung dessen gelten, welchen Weg der Atemfluß nimmt. Der Tänzer kann, im Bewußtsein der energiespendenden Kraft des Atems, durch sukzessive Bewegung die Illusion von Ein- und Ausatmen vermitteln. Zu beachten ist dabei, daß der Tänzer beim Tanzen den Atem nicht bewußt mit den Bewegungen koordiniert, auch wenn ein solches Koordinieren während des Unterrichts geübt wird. Atmen und Bewegen sind gleichzeitige, nicht jedoch zwangsläufig synchrone tänzerische Handlungen.

Dem Atmen ist ein »Phrasenrhythmus« eigen, der die Bewegungen beeinflußt, indem er ihnen verschiedene Intensität und Form verleiht:

»Beim Tanzen können wir das einfache Ansteigen und Fallen des Atems an seinem ursprünglichen Ort, dem Brustkorb, nutzen, doch dies ist keinesfalls alles. Das Konzept des Atemrhythmus — Einatmen, Atem anhalten, Ausatmen — kann auf andere Körperteile übertragen werden. Man kann mit den Knien, oder den Armen, oder dem ganzen Körper ›atmen‹. . . . Diese Atemrhythmen können, je nach Körperteil, kürzerem oder längerem Zeitablauf und unterschiedlicher Nutzung des Raumes, fast unendlich variiert werden. . . . Allein in diesem Teil des Rhythmus liegt eine ganze Welt der Bewegung.« [7]

Ein anschauliches choreographisches Beispiel für die Anwendung des Atemmotivs in einer Vielfalt von Rhythmen und Formen ist Doris Humphreys *Water Study* (siehe Übung 58). Ohne begleitende Musik aufgeführt, beginnt diese Komposition mit den wellenförmig aufeinanderfolgenden Bewegungen von vierzehn Tänzern, die an verschiedenen Stellen auf der Bühne kniend kauern. Zunächst erinnert der wellenförmige Bewegungsfluß, der sich über die Bühne hinweg durch ihre Körper fortpflanzt, an die fast glatte Oberfläche des ruhigen Meeres. Langsam werden die Bewegungen intensiver, und die Tänzer gleiten mit gewölbten Rücken auf den Händen nach vorne, um sich wie Wellen am Ufer zu »brechen«. Dann richten sie sich auf und formieren sich an den Seiten der Bühne in zwei einander gegenüberstehende Reihen, laufen und springen aufeinander zu, stoßen in der Luft aneinander, fallen wie die windgepeitschten Wellen einer stürmischen See zu Seite. Das Atemmotiv wird während der sich verändernden Bewegungen beibehalten und gewinnt gegen Ende an Wirksamkeit, wenn die »Wellen« sich beruhigen, die Tänzer ihre kauernde Position am Boden wieder einnehmen, und die sukzessive Bewegung erneut durch ihre Körper fließt.

STEHEN ALS FUNDAMENTALE ERFAHRUNG

»Schwerkraft, Schwungkraft und Trägheit . . . beeinflussen alle Dinge, seien sie in Ruhe oder in Bewegung . . . Wenn inmitten widerstreitender Kräfte eine ausbalancierte Haltung beibehalten wird, dann schafft

Doris Humphrey in *Passacaglia.*
Stehen: Die Gestalt ist symmetrisch; das Körpergefühl eines von innewohnender Kraft.

das innerhalb einer Struktur Betonungen, deren Ausprägung mit der Haltung, dem Gewicht, und der Widerstandskraft der verschiedenen Teile variiert.« [8]

Der aufrecht stehende Körper sucht seinen eigenen Schwerpunkt, in dem sich alle Körperteile in einem ausbalancierten Verhältnis zueinander befinden. Fest, doch stets flexibel, widersetzt er sich allen Kräften, die ihn zu verschieben suchen.

STEHEN ALS TÄNZERISCHE ERFAHRUNG

Das Stehen als tänzerische Erfahrung scheint reglos zu sein, doch in dieser Reglosigkeit liegt ein unbegrenztes Bewegungspotential. Stehen am Anfang oder während eines Tanzes kann ein Sammeln von Kräften sein, die Augenblicke später kühn genutzt werden. Stehen am Ende eines Tanzes kann die choreographischen Intentionen der Komposition zusammenfassen. Die Symmetrie des Stehens ist nicht zwingend leblos; in ihr kann sich auch ein Potential großer Energiereserven ausdrücken. Apollinisch in der perfekten Balance, kann Stehen zum Ausgangspunkt des dionysischen Falls werden.

GEWICHTSVERLAGERUNG ALS FUNDAMENTALE ERFAHRUNG

Sobald wir das statische Stehen verlassen, verlagern wir das Gewicht von einem Fuß auf den anderen. Dies geschieht üblicherweise automatisch, sogar von uns selbst kaum wahrgenommen. Geschmeidigkeit der Muskelkoordination vereinfacht die Bewegung. Fehlt sie, dann bereiten Bewegungen jeglicher Art Schwierigkeiten.

GEWICHTSVERLAGERUNG ALS TÄNZERISCHE ERFAHRUNG

Bei den Bewegungen nach Humphrey ist das Gefühl der Verlagerung des Körpergewichts ein intensives Erlebnis. Die Bodenberührung ist eine bewußte Bewegung, in ihrer akzentuierten Wirkung nicht unbedingt schwer, doch entschieden. Wenn auch der Körper deutlich dem Boden zuneigt, tut er dies doch mit einem klaren Gefühl für seine Beziehung zur Erde. Die Handlung wird zu einer körperlichen und emotionalen Aussage, zu einer Art, einfach und unwiderruflich zu sagen: »Ich bin«. Das Anerkennen der realen Gegebenheiten war eine Grundvoraussetzung des frühen Modern Dance. Verwurzelt sein bedeutete Kraft haben; verwurzelt sein bedeutete, eine Identität haben. »Der Tänzer des Modern Dance«, schrieb Doris Humphrey, »muß als Mensch seine Beziehung zu Schwerkraft und Realität herstellen.«[9]

GEHEN ALS FUNDAMENTALE ERFAHRUNG

»Das Gehen beginnt mit einem Fall, dann wird das fallende Gewicht aufgefangen; in der Folge werden Fall und Auffangen rhythmisch abwechselnd fortgesetzt, bis eine Entscheidung zur Neuorganisation des Bewegungsmusters getroffen wird.«[10]

Dies sind die Grundelemente des Gehens, die Arthur Schopenhauer in dramatischere Gedanken gefaßt hat — so wie Gehen ein permanent aufgehaltenes Fallen sei, so sei unsere physische Existenz ein permanent aufgehaltenes Sterben.

Gehen ist, mit seinem positiven rhythmischen Pulsieren, gleich der Dynamik in dem »Bogen zwischen den beiden Toden«, ein affirmativer Akt. Für Doris Humphrey ist sein Ablauf »eine bewußte Freude am Rhythmus, die bei der Gewichtsverlagerung empfunden wird«.[11]

Beim Gehen werden Gleichgewicht und Bewegungsfluß koordiniert: die Arme schwingen gegengleich zu den Beinen, nicht nur, um die sich bewegende Gestalt vor dem Fall zu bewahren, sondern auch, um ein ungehindertes Fortkommen durch den Raum zu ermöglichen. Ein weiteres Zeichen von Kontrolle ist die Sukzession der Körperbewegungen: von der Ferse des sich ausstreckenden Fußes, über den Spann durch die kleinen Muskeln der Fußsohle und der Zehen des Fußes. Als Ergebnis dieses beständigen Rhythmus ist dem Gehen ein recht gleichmäßiger, sich wiederholender, »vorwärtsstrebender« Taktschlag eigen.

GEHEN ALS TÄNZERISCHE ERFAHRUNG

Wenn wir uns daran erinnern, daß die Humphrey-Technik eine Erforschung von Bewegung als physiologisch-psychologischer Erfahrung ist, dann erkennen wir als Impuls für das Gehen den Wunsch, sich in eine bestimmte Richtung zu bewegen. Daher ist Motivation der Schlüssel zum Gehen als potentieller tänzerischer Bewegung. Vor diesem Hintergrund sollte der Tanzschüler das Erlernen des Gehens als ideale rhythmische Koordination begreifen. Das gegengleiche Schwingen der Arme und Beine und der sukzessive Fluß der Körperteile haben ein unmittelbares Verstehen von Humphreys Prinzipien der entgegengesetzten Bewegung und des sukzessiven Flusses zur Folge. Frei von allen unwesentlichen Bewegungen, funktioniert der Körper in balancierter Einheit.

Wie der Atem verfügt das Gehen über unendliche rhythmische Ressourcen. Eine Veränderung des Tempos von gemäßigt zu schnell wirkt belebend und stimmungsverändernd. Synkopierung sorgt für eigene Erregung. Tempohalbierung verleiht dem Gang Gewicht und Würde. Unregelmäßige Schritte haben oftmals eine komödiantische oder groteske Wirkung. Das Gehen, kräftiger Beweis des »Lebenswillens«, ist mit seinem Heben, Fallen, Rückfedern und seinem gleichmäßigen Bewegungsfluß die Basis fast jeder tänzerischen Bewegung.

Die erste Sequenz von Doris Humphreys *Drama of Motion* (1930), eine dreiteilige Arbeit ohne Musikbegleitung, war ein hervorragendes Beispiel dafür, wie die Choreographin die rhythmischen, dynamischen und gestalterischen Elemente einsetzte, die dem Gehen eigen sind. Als Prozession konzipiert, begann der Tanz mit dem Erscheinen dreier Frauen, die wie Statuen nebeneinander auf einem seitlich errichteten Podest standen. Mit aufgerichteten Körpern und weichen Gesten begannen sie, langsam von der Bühne herunter und auf das Publikum zuzuschreiten. Während sie die Bühne mit stilisierten Bewegungen, die an Figuren auf antiken Friesen erinnerten, seitlich überquerten, erschienen auf dem Podest wiederum drei Tänzerinnen. Auch sie stiegen herab. In gleichmäßigen Abständen folgten den ersten Tänzerinnen, die sich zu diesem Zeitpunkt auf einen dem Podest gegenüberliegenden Ausgang hin bewegten, wie in einem Ritual zwei weitere Gruppen. In seiner klaren und strengen Formgebung glich *Drama of Motion* der großartigen Architektur des Erechtheions, dem Tempel der Athena auf der Akropolis, in dem sechs Göttinnen gleichende Gewandstatuen, die Karyatiden, als Säulen das Dach der Vorhalle tragen.

LAUFEN UND SPRINGEN ALS FUNDAMENTALE ERFAHRUNG

Laufen ist eine stärker akzentuierte Form des Gehens. Die ursprüngliche Absicht, das Erreichen eines bestimmten Punktes im Raum, ist noch stärker betont. Es kann auch lediglich Ausdruck eines Energieausbruchs sein, der den Läufer zu keinem vorgegebener Ziel führt. Dann ist die Handlung selbst ein Vergnügen, dem man »freien Lauf läßt«.

Als stärker akzentuierte Form des Gehens macht das Laufen den Körper »stromlinienförmiger«. Der nach vorn gebeugte Körper und die fliehenden Füße scheinen die Schwerkraft zu bezwingen. Ebenso wie beim Gehen jedoch ist sie noch immer wirksam, und gleicht mit dem nach unten gerichteten Ziehen den nach oben gerichteten Druck aus. Heftige Armbewegungen bei jedem Schritt nach vorn wären für das Weiterkommen hinderlich. Statt dessen durchmißt der Läufer, die Arme locker am Körper haltend, den Raum wie der Wind. Die Dynamik, die er dabei gewinnt, schafft ideale Voraussetzungen für den Sprung.

Die Beugung der Fußgelenke und der Knie vergrößert sich beim Absprung. Das gleichzeitige »plié« beider Gelenke wirkt wie eine Feder, die den Läufer in die Luft katapultiert. Die Arme bewegen sich nun freier, um das Abheben vom Boden zu erleichtern. Der Sprung ist ein Ausrufezeichen, ein Schrei des gesamten Körpers.

LAUFEN UND SPRINGEN ALS TÄNZERISCHE ERFAHRUNG

Der Lauf, den Beschränkungen des Studios oder des Bühnenraumes unterworfen, wird zu einem modifizierten, jedoch nicht zwangsläufig weniger intensiven Ausdruck tänzerischen Willens. Der Tänzer ist gezwungen, die im »normalen« Lauf enthaltene Energie zu komprimieren. Als kompositorisches Mittel kommt dies einer »Verzerrung« gleich, deren sich der Choreograph bedient, um die angestrebte Aussage zu verdeutlichen (Verzerrung ist in der Humphrey-Technik ein Gestaltungselement).

Der natürliche Überschwang des Laufs kann durch einen Spurt betont werden, der den Körper durch fallende Bewegungen aus der Bahn wirft und so das Vorwärtskommen rhythmisch unterbricht.

Eine große Anzahl von Variationen ist möglich, falls räumliche Beengung eine Richtungsänderung oder eine ungleichmäßige Zeiteinteilung erforderlich machen. Der Lauf, der in hohem Maße ursprüngliche Energien freisetzt, bietet eine Fülle rhythmischer Nuancen und räumlicher Entdeckungsmöglichkeiten, von denen die Belebendste der Sprung ist.

Im Sprung, als höchstem Ausdruck des sich bewegenden Organismus, werden alle Körperkräfte mit dem Ziel gebündelt, die Schwerkraft mitten in der Luft zu besiegen. Der im Stehen oder Laufen angesammelte Schwung verleiht dem Tänzer die Sprungkraft, in der Luft Pirouetten zu drehen oder andere Figuren zu bilden. Der Kampf gegen die Schwerkraft jedoch bedarf einer rhythmischen Koordination, denn die Landung muß »weich« sein. Wird der Sprung im choreographischen Fluß eines Tanzes ausgeführt, dann muß der Körper geschmeidig zur nächsten Bewegung übergehen.

Der Sprung bedarf, wie der Fall, nach dem Überschreiten des höchsten Punktes einer Rückfederung aus eigener Kraft. Folgt auf den Sprung ein Fall, wie in *Water Study,* wird das Rückfedern beim Aufkommen auf den Boden übergangen; die Energie fließt unmittelbar in den zu Erde geführten Fall. Danach erhebt sich der Körper mit zeitlicher Verzögerung: sein ursprünglicher Schwerpunkt wird über den gesamten Organismus neu verteilt, und dem entspannten Sinken im Fall muß eine Sammlung der Spannung entgegengesetzt werden, um ein Wiederaufrichten zu ermöglichen.

In seiner Brillanz und Erregung ist der Sprung, wenn er gekonnt ausgeführt wird, die kühnste Äußerung, deren der menschliche Körper fähig ist. Springen gleicht der Schrift, die ein Kunstflieger in den Himmel malt: vergänglich, doch bis ins letzte Detail ihrer Luftgestalt in der Erinnerung verhaftet.

ZUSAMMENFASSUNG

Das Schwergewicht der Humphrey-Technik auf diese unterschiedlichen natürlichen Abläufe und deren Elemente zeugt von den ästhetischen Intentionen ihrer Begründerin: »Das höchste Ziel ist die Offenbarung des Lebens in der Kunst.«[12] Daß diese fundamentalen Erfahrungen und die ihnen entsprechenden tänzerischen Elemente — Rhythmus, Dynamik und Gestaltung — mit einer Philosophie übereinstimmen, deren Ziel die Verbindung von Körper und Seele ist, wird umso deutlicher, je weiter das Studium der Technik voranschreitet. Die *tänzerische Erfahrung,* das Herz der Humphrey-Technik, umfaßt daher mehr als nur eine rein mechanische Ausbildung oder Erhaltung von Körpertechniken. In ihr zeigt sich am deutlichsten Doris Humphreys humanistisches Verständnis von Bewegung, das sie selbst so beschreibt:

»Ich möchte, daß mein Tanz einiges an eigener Erfahrung mit der Umwelt reflektiert; er soll auf der von Vorstellungskraft erhellten Realität basieren; mehr organisch als synthetisch sein; in meinem Publikum eine spürbare Reaktion hervorrufen; und Beitrag zum Drama des Lebens sein.« [13]

[1] Humphrey, *The Art of Making Dances,* a.a.O., S. 106.
[2] Doris Humphrey Collection, Akte M—37.
[3] ebenda.
[4] Lulu E. Sweigard, *Human Movement Potential.* New York 1975, S. 3.
[5] Sammlung Charles H. Woodford.
[6] Mabel Elsworth Todd, *The Thinking Body.* 1937. Reprint: Brooklyn, N.Y. 1972, S. 217.
[7] Humphrey, *The Art of Making Dances,* a.a.O., S. 197f.
[8] Todd, *The Thinking Body,* a.a.O., S. 55f.
[9] Humphrey, *My Approach to the Modern Dance,* a.a.O., S. 188.
[10] Todd, *The Thinking Body,* a.a.O., S. 207.
[11] Humphrey, *The Art of Making Dances,* a.a.O., S. 105.
[12] Doris Humphrey Collection, Akte M—56.
[13] Humphrey, *My Approach to the Modern Dance,* a.a.O., S. 188f.

Zweiter Abschnitt

DIE TECHNIK IN DER PRAKTISCHEN UMSETZUNG

Die erste Voraussetzung,
um gut tanzen zu können, ist
eine hohe Körperbeherrschung.
Doris Humphrey,
My Approach to the Modern Dance.

EINLEITUNG

Alle Übungen und Studien im zweiten Teil basieren in Impetus und Form — räumlich, rhythmisch und dynamisch — auf den im ersten Teil erläuterten Prinzipien. Daher sollte Lehrern und Schülern, wenn sie sich mit der »Technik in der praktischen Umsetzung« beschäftigen, der philosophische und theoretische Hintergrund der Humphrey-Technik stets präsent sein.

Ein großer Teil des Materials in jedem der nun folgenden Kapitel behandelt grundlegende Aspekte des Bewegungsvokabulars. Das ermöglicht es dem Lehrer, die Übungen auszuwählen, die den jeweiligen Bedürfnissen der Schüler angemessen sind. Ausdauerndes Training wird Vertrautheit mit dem Bewegungsstil und dessen Beherrschung mit sich bringen; die technischen Fähigkeiten sollten sich ständig erweitern.

Die vier Kapitel des zweiten Teils bilden den Ablauf jeder einzelnen Unterrichtsstunde, und zwar in der Abfolge: Übungen im Stand, am Boden, an der Stange sowie Sequenzen im Raum. In jedem Abschnitt folgen auf die elementaren Übungen komplexere Studien; dieses abgestufte Material ist den wachsenden Fähigkeiten des Schülers angemessen, die charakteristischen Eigenheiten der Technik zu verstehen und auszudrücken.

Humphreys authentische Bewegungsreihen, geschaffen für den Unterricht im Studio und zur Demonstration bei ihren Vorlesungen, werden hier analysiert und detailliert beschrieben. Vermischt mit diesen sind Übungen und Studien, die ich während meiner Lehrtätigkeit entwickelt habe.

Das Studium und die tänzerische Umsetzung der in den Kapiteln 3-6 beschriebenen Übungen werden sowohl dem Leser als auch dem Tänzer, so hoffe ich, die erregende Erfahrung eines Bewegungsstils näherbringen, der von seiner Begründerin mit »Licht, Leuchten, Ganzheitlichkeit (Klarheit, Intensität, Einheit des Handelns)« [1] beschrieben worden ist.

TERMINOLOGIE

In den Anleitungen werden hin und wieder einige der von Doris Humphrey geprägten Begriffe benutzt: (hier in alphabetischer Reihenfolge)

Dynamik
Ganzheitlichkeit
Gestaltung
Isolation
Phrasierung
Rhythmus
Rückfedern
Spannung und Abspannung
sukzessiv

Dynamik: Bewegung beim Tanzen, die »Variationen in Tempo und Spannung« [2] ausdrückt. Das Geschehen unterliegt den sich verändernden Kräften der Schwungkraft, bzw. dem Gegenteil dazu, der Trägheit.

Ganzheitlichkeit: Vollständig synchronisierte rhythmische Koordination während der jeweiligen Aufgabe. An einer Drehung sind zum Beispiel neben den Armen, die die Bewegung hauptsächlich auszuführen scheinen, noch Rumpf, Kopf, Beine und Füße beteiligt. Ganzheitlichkeit ist, als integrierter Bewegungsablauf, das typischste Charakteristikum des Humphrey-Stils.

Gestaltung: »Jede von einem Menschen ausgeführte Bewegung ... hat eine räumliche Gestalt.« [3] Der häufige Verweis bei den Übungen auf abstrakte Formen wie Kreise, die Zahl Acht, Winkel, konvexe und konkave Bögen, als zwei- und dreidimensionale Bewegung gesehen und erfahren, betont den bewußten Einsatz von Gestalt als choreographischem Mittel im Humphrey-Stil.

Isolation: Isolierte Arbeit an einzelnen (oder verbundenen) Gliedern des Körpers, um bei ihnen eine größere Bewegungsautonomie und Stärke zu erlangen. Zum Beispiel: Arbeit mit jeweils einem Fuß (oder beiden gleichzeitig), um Geschmeidigkeit der Spann-, Zehen- und Fußgelenkmuskulatur zu erreichen.

Phrasierung: Die Zusammenfassung von Bewegungsabfolgen, die den Bewegungsfluß hinsichtlich Rhythmus, Gestaltung und Qualität betonen (Zeit, Raum und Dynamik). Doris Humphrey entwarf ihre Tanzbewegungen — ob sie ihre Tänze mit Musikbegleitung oder in völliger Stille aufführte — in rhythmisch-dynamisch gegliederten Sequenzen. Zitat der Choreographin: »Jede Bewegungsphrase dieses Repertoirs [Aufführung der Limón Dance Company, London, 1957] ist bewußt durch dynamische Wechsel gefärbt, die dem Thema angemessen sind.«[4]

Rhythmus: Wurde von Doris Humphrey »der große Organisator«[5] genannt. In der Humphrey-Tradition zielt rhythmisches Training auf eine Bewußtseinsentwicklung, indem auf einfache und komplexe Rhythmen, die unabhängig von musikalischen Bezügen sind, kinetische Reaktionen erfolgen. Dieses rhythmische Training wird auch angewandt in Verbindung mit der Analyse von Musik und der der Reaktion auf Musik.

Rückfedern: Eine vollständige Analyse im 2. Kapitel,

Spannung und Abspannung: In allen Bewegungen vorhandene Elemente, denn »natürliche Bewegung heißt, den Körper so einzusetzen, wie sich alles Organische bewegt: nach oben oder außen *mit,* nach unten oder innen *ohne* Anstrengung. Das Fehlen von Anstrengung oder Spannung ist Abspannung — die negative Opposition zu Spannung.«[6] Spannung und Abspannung sind wesentliche Bestandteile der Bewegungen im Humphrey-Stil. Spannung hält den Körper im Gleichgewicht. Abspannung birgt die Gefahr des Falls. Das Rückfedern (Wiederaufrichten) erneuert die Spannung, indem das Gleichgewicht wiederhergestellt wird. Die Übergangsphase bei der Wiedererlangung des Gleichgewichts ist die Schwebehaltung.

sukzessiv: Das Wort hat in Humphreys Vokabular der Bewegungsanalyse zwei ähnliche, jedoch nicht identische Bedeutungen. Die erste, Teil dreier »Natürlicher Körperfiguren«[7] mit Bewegung in Opposition und Unisono, bezieht sich auf sich räumlich entfaltende Bewegungen wie Gehen und Laufen, oder choreographische Akzentverschiebung von einem Tänzer zum anderen. Die zweite bezieht sich auf den sukzessiven Energiefluß in bestimmten Richtungen *innerhalb* eines Körpers (vgl. Beschreibung: Atmen als tänzerische Erfahrung, 2. Kapitel, S. 35.) Um welche der beiden Bedeutungen es sich jeweils handelt, geht aus dem Text hervor.

Weitere Unterrichtsbegriffe

parallel: Stehende Haltung mit den frontal ausgerichteten Beinen direkt unter den Hüftgelenken. Der Abstand zwischen den Füßen beträgt, abhängig von den Körperproportionen, etwa vier bis sechs Zentimeter.

Auswärtsdrehung: Drehung der Beine aus dem Hüftgelenk nach außen. Das »Auswärtsdrehen« im Modern Dance ist, verglichen mit dem klassischen Ballett, gemäßigt.

seitrückwärts: Drehbewegung des Rumpfes aus der Taille, etwa eine $\frac{1}{8}$ Drehung zur Seite, mit gleichzeitigem Ziehen und Neigen nach hinten.

konkav, konvex: Zwei Aspekte der gleichen Bewegung. Heißt es zum Beispiel »Rücken konvex«, dann beschreibt dies einen nach vorne gerichteten Bogen als räumliches Hauptcharakteristikum dieser Körperhaltung (und Gestaltung). Eine solche Beschreibung soll den Schüler dazu anhalten, ein Gefühl für das »Volumen« innerhalb des von der Bewegung umspannten Raums zu entwickeln.

Ausfallschritt: Ein ganzer Schritt vor- oder seitwärts mit einem Bein, das Knie gebeugt, die Ferse fest auf dem Boden. Das Standbein bleibt gerade (Knie gestreckt oder leicht gebeugt), Fuß oder Zehen verlassen den Boden nicht.

aus dem Gleichgewicht: Beschreibt den Akt des Fallens. Im Humphrey-Stil ist ein extremes Herausbewegen aus dem Gleichgewicht durch Balance-Kontrollen möglich, die mithilfe der Technik ausgebildet werden.

BEWEGUNGEN DER ARME, DES KOPFES UND DER HÄNDE

Beim Humphrey-Stil bewegen sich die Arme aus dem ganzen Oberkörper, nicht nur aus den Schultergelenken heraus. Der Oberkörper hat teil an der Bewegung. Eine aufwärts gerichtete Streckung des Armes bedeutet Ziehen oder Heben aus der Taille heraus. Bei einer nach hinten gerichteten Armstreckung bewegen sich Rücken, Brustkorb und Bauchmuskeln. Entsprechend bewegen sich auch Hüfte und Beine; bei der Erläuterung des Begriffs *Ganzheitlichkeit* sahen wir bereits, daß die meisten Bewegungen im Humphrey-Stil durch eine rhythmische Koordination verschiedener Körperteile erreicht werden. Eine Ausnahme bilden die Isolationsübungen und Sequenzen, die aus choreographischen Gründen »stilisiert« sind: sei es, um die Atmosphäre einer Zeit zu vermitteln, etwas als Satire zu kennzeichnen oder einen Handlungsablauf zu akzentuieren. In solchen Fällen wird die Bewegung des Körpers formalisiert, oder, wie Doris Humphrey sagen würde, das Natürliche wird »intensiviert und verzerrt«, um zu überzeichnen.

AUFBAU DER ANLEITUNGEN

Beim Unterricht oder bei den Proben machte Doris Humphrey ihre Schüler und Tänzer zunächst mit dem ästhetischen Konzept einer Bewegungsfolge vertraut, bevor sie diese detailliert beschrieb. Dadurch entstand zwischen der Choreographin und den Interpreten ihrer choreographischen Ideen unmittelbar eine kreative Arbeitsbeziehung.

Ich folge dieser Präsentationsweise, indem ich die choreographischen Intentionen der meisten Übungen, Studien und Tanzsequenzen des zweiten Teils beschreibe, bevor ich die eigentliche Übung erkläre. Dies geschieht in der Hoffnung, daß Lehrer, Choreographen und Schüler auch heute die die Inspiration beflügelnden Impulse erleben, die die kreative Zusammenarbeit bei der Entwicklung eines choreographischen Konzepts mit sich bringen.

Da sich Arme und Rückgrat in Abhängigkeit voneinander bewegen, ist auch der Kopf daran beteiligt, und jedes Heben der Arme findet notwendigerweise seine Entsprechung in Bewegungen von Hals und Kopf. Ebenso muß der Kopf Teil einer nach unten gerichteten oder fallenden Bewegung sein. Bei einem rückwärtigen oder seitlichen Fall »kippt« der Kopf nicht, indem er vom Hals abknickt, sondern biegt sich mit dem Körper in einer bestimmten, der Armhaltung entsprechenden Richtung. Kippt der Tänzer zur Seite (siehe Übungen 18-19), dann fällt der Kopf mit dem Oberkörper in einer natürlichen, mit der Armöffnung einhergehenden Neigung zur Seite. Gesicht und Blick sind nach oben gerichtet. Der Hals sollte nicht angespannt sein.

Auch die Hände sind Teil des gesamten Bewegungsablaufs. Ihre Haltung ist niemals bedeutungslos. Sie spiegeln selbst die kleinsten Gefühlsregungen des Tänzers wider. Beim Humphrey Stil ist eine der typischsten Ausdrucksvariationen der Hände eine mit erhobenen Armen ausgeführte Geste, bei der die Handflächen nach außen gerichtet sind, indem man die Handgelenke leicht herausdrückt und die Finger ohne Anspannung nach oben streckt. Eine solche Geste richtet sich an die ganze Welt. In Doris Humphreys monumentalem Werk *Passacaglia* nach Johann Sebastian Bachs *Passacaglia und Fuge in c-moll* wird diese Geste zur Manifestation des Glaubens an das menschliche Vermögen, alle Hindernisse zu überwinden.

MUSIKBEGLEITUNG UND KONTINUITÄT

Da aufeinander folgende Übungen vermutlich durch Musik begleitet werden, sollten Bewegungen, die auf gleichen dynamischen Prinzipien (sukzessive Bewegung, Isolation, Schwünge usw.) basieren, »gebündelt« ausgeführt werden; die Musik gewährleistet dabei eine gewisse Kontinuität. Eine solche Begleitung hilft dem Tänzer, Tempo und Art der Bewegung beizubehalten, während die jeweilige Technik trainiert wird. Beherrscht man die fraglichen Aufgaben rhythmisch und technisch, ergeben sich aus der »Bündelung« weitere Vorteile: Improvisation wird als Methode eingeführt, Bewegungen miteinander zu verknüpfen; Entdeckung der Kontinuität von Bewegungsabläufen.

Es empfiehlt sich, einige der Bewegungen ohne Musik zu üben. Dies ermöglicht es dem Schüler, sich zunächst auf die sich verändernde Geschwindigkeit der Bewegungen von Fall/Wiederaufrichten zu konzentrieren, ohne sich dem Taktschlag oder der Phrase der Musik anpassen zu müssen. Entsprechend wird der Schüler sich der Abstufungen in der Dynamik der Bewegung bewußt werden.

Bitte beachten Sie, daß alle Tempoangaben metronomisch angezeigt werden. Das soll dem Lehrer und dem musikalischen Begleiter Hinweise auf die Tempowahl geben. Gibt es keine Musikbegleitung, sollte sich der Lehrer von seinem eigenen Gefühl für Bewegungsphrasierung leiten lassen. Tempo ist eine Sache des Temperaments; geringfügige Abweichungen von den vorgeschlagenen Angaben sind möglich. Das Metronom selbst sollte niemals als Begleitung gewählt werden, da sein Ticken mechanisch ist und daher allen natürlichen Körperimpulsen widerspricht.

ZÄHLMUSTER

Zu Anfang des zweiten Teils werden zum Zählen eher konventionelle Musikstrukturen wie $^2/_4$, $^3/_4$, $^4/_4$ und $^6/_8$ Takte benutzt, um das Erlernen der Bewegungssequenzen zu erleichtern. In dem Maße, in dem die Phrasen komplexer und die Übungen länger werden, werden auch Zählmuster und Rhythmen unkonventioneller.

AUSRICHTEN DES KÖRPERS

Durch die technischen Fortschritte, die der Modern Dance seit seinen Pioniertagen gemacht hat, weiß der Lehrende, daß das korrekte Ausrichten des Körpers Voraussetzung ist, das tänzerische Potential des Lernenden auszuschöpfen. Daher ist die genaue Ausrichtung im Kontext einer jeden Übung von allergrößter Bedeutung.

Da die Humphrey-Technik vor allem kinetisch ist, wird die korrekte Ausrichtung am besten durch Bewegung und nicht als statisches Erleben erlernt. Von der ersten Stunde an muß dem Schüler die Notwendigkeit bewußt sein, den Körper auszubalancieren. Sobald er beginnt, die Prinzipien von Fall und Wiederaufrichten anzuwenden und der Schwerkraft entgegenzuwirken, wird er gezwungen sein, aus seinen körperlichen Reserven zu schöpfen; daher muß er beim Training lernen, zu fühlen (oder, falls ein Spiegel benutzt wird, zu sehen), ob er *während der Bewegung* korrekt ausgerichtet ist. Letzte Instanz ist das geübte Auge des Lehrers, denn er muß erkennen, daß »der Mensch ein Gefüge aus balancierten Kräften ist«.[8]

GLOSSAR

Bitte denken Sie bei der Ausführung der Übungen immer daran, daß Termini wie »Schwebe*haltung*« an sich irreführend sind, da in der Humphrey Technik keine statischen »Haltungen« eingenommen werden, sondern der Bewegungsablauf zu jedem Zeitpunkt — mit offensichtlichen Ausnahmen wie dem Anfang bzw. dem Ende der Übungen und Choreographien — fließend ist und nicht anhält.

In diesem Glossar finden Sie die englischen, von Doris Humphrey geprägten Termini und ihre deutschen Übersetzungen.

balance	Gleichgewicht, im Gleichgewicht
bounce	Federn
fall	Fall
momentum	Schwungkraft. Bezieht sich nicht nur auf Schwünge, sondern auf die Dynamik aller Sequenzen, deren Bewegungsqualität durch das Beschleunigen/Verlangsamen der Fall/Wiederaufrichten-Bewegungen bestimmt ist.
off-balance	aus dem Gleichgewicht
rebound	Rückfedern
recovery	Wiederaufrichten
relaxation	Abspannung
successional	sukzessiv, in Sukzession
suspension	Schwebehaltung
twist	Drehen. Drehbewegung nicht des ganzen Körpers, sondern eines Teils des Körpers, bei dem eine Gegenkraft vorhanden ist. Z.B. Drehung des Oberkörpers bei Verankerung des Beckens.

[1] Doris Humphrey Collection, Akte M—91.
[2] Humphrey, *The Art of Making Dances,* a.a.O., S. 47.
[3] Humphrey, *The Art of Making Dances,* a.a.O., S. 46.
[4] »Doris Humphrey Answers the Critics«. In: *Dance and Dancers,* Heft März 1959.
[5] Humphrey, *The Art of Making Dances,* a.a.O., S. 104.
[6] Doris Humphrey Collection, Akte M—58.
[7] Doris Humphrey Collection, Akte M—85.
[8] Todd, *The Thinking Body,* a.a.O., S. 7.

3. KAPITEL
ÜBUNGEN IM STAND

EINLEITUNG

Die Technik beginnt mit einfachen Übungen und entwickelt zunehmend komplexe Bewegungskombinationen. Die folgenden Übungen zum Aufwärmen sollen durch rhythmisches Bewegen und Atmen eine beschleunigte Blutzirkulation in allen Gliedern und Zonen des Körpers erreichen, und zugleich sollen sie in die verschiedenen Möglichkeiten der sukzessiven Bewegung einführen. Basis dieser Übungen ist das Prinzip von Fall/Wiederaufrichten.

Anmerkung: Für die federnden Bewegungen der folgenden Übungen gilt, daß sie sich nach unten fallend ein wenig beschleunigen, beim Rückfedern jedoch verlangsamen.

SUKZESSIONEN

1. SUKZESSIVE BEWEGUNG: Senkrecht

Eine Übung, die ein Gefühl des durch den Körper senkrecht aufsteigenden und abfallenden Bewegungsflusses vermitteln soll. In der ersten, vorbereitenden Phrase wird ausgeatmet und der Körper entspannt; mit erneutem Einatmen sammelt sich die Energie, und der Körper streckt sich sukzessiv.

Zählweise: 4 Phrasen mit jeweils 4 Zählzeiten. Alle sukzessiven Bewegungen werden durch den Atem eingeleitet.

Tempo: 48 (mäßig langsam) ***Musik:*** Getragen, fließend

Ausgangsstellung: Füße parallel, leicht gegrätscht, Körper nach vorne gerichtet, Arme hängen locker, Knie gerade. Kopf aufrecht, Blick nach vorne.

1. Phrase: (1-4) Beim langsamen Ausatmen sinkt der Oberkörper mit zunehmender Schnelligkeit vornüber, die Finger berühren leicht den Boden, die Knie sind tief gebeugt. Die Wirbelsäule ist gerundet; das Ausatmen beendet.

2. Phrase: (1-4) Viermaliges leichtes Federn in der nach vorne gekippten Haltung, die Arme fallen noch immer natürlich, der rhythmische Impuls geht von den Knien aus. Atmung normal.

3. Phrase: Mit langsamem Einatmen beginnt sukzessiv das Wiederaufrichten. Die Knie werden nach unten gebeugt, das Becken verlagert sich nach vorne, der Rücken ist immer noch gerundet (1-2). Die sukzessive Bewegung fließt durch den Rumpf und erreicht ihren Endpunkt in einer Stellung mit leicht gewölbtem Oberkörper (3). Der Kopf fällt zurück, Blick nach oben (4).

4. Phrase: In dieser Stellung viermaliges leichtes Federn in den Knien. (1-4) Atmung normal.

Übungen mindestens viermal wiederholen.

Anmerkung: Achten Sie darauf, daß die nach oben gerichtete sukzessive Bewegung im Becken gut akzentuiert ist, d. h., die Oberschenkelmuskulatur bewegt das Bekken nach vorne, es bleibt während der Bewegungen des Oberkörpers und beim anschließenden Federn in einer Linie mit den Schultern.

1. SUKZESSIVE BEWEGUNG: Senkrecht

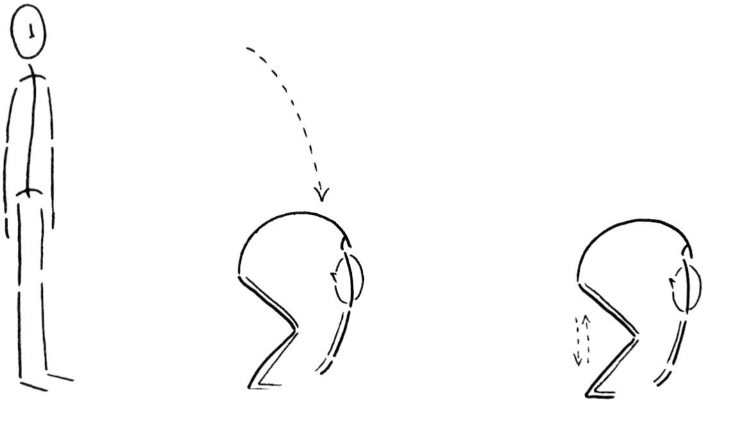

Anfang *1. Phrase / 1, 2, 3, 4.* *2. Phrase / Federn 1, 2, 3, 4.*

3. Phrase / 1, 2 . . . . 3, 4. *4. Phrase / Federn 1, 2, 3, 4.*

Variation: Bewegung im doppelten Tempo.

Zählweise: 2 Phrasen mit jeweils 4 Zählzeiten.

Tempo und ***Musik:*** Wie oben.

Ausgangsstellung: Die am Ende der 4. Phrase erreichte Stellung mit gewölbtem Oberkörper.

1. Phrase: Einatmen (1), dann ausatmen (2), während der Körper mit zunehmender Schnelligkeit fällt. Das Federn nun auf 3-4.

2. Phrase: Das Wiederaufrichten beginnt, wenn beim Heben des Körpers eingeatmet wird (1-2). Ausatmen beim Federn in der Stellung mit leicht gewölbtem Oberkörper (3-4).

2. SUKZESSIVE BEWEGUNG: Seitlich

Seitlicher Bewegungsfluß durch Körper und Arm, konvex ansteigend und konkav abfallend.

Zählweise: 4 Phrasen mit jeweils 3 Zählzeiten (rechts und links).

Tempo: 48 (mäßig, langsam) ***Musik:*** Getragen, fließend.

Ausgangsstellung: Füße parallel, leicht gegrätscht, Körper nach vorne gerichtet, Arme hängen locker, Knie locker.

1. Phrase: *Aufwärtsbewegung.* Mit dem Einatmen beginnt die sukzessive Bewegung durch die gesamte rechte Körperhälfte: leichter Impuls in den Knien, der rechte

Arm beginnt sich am Ellbogen zu heben (1), und streckt sich in weitem Bogen nach oben (2), wobei der Atem durch den Oberkörper seitlich in den Arm »fließt«. Der Oberkörper ist nun nach links gebeugt, Handgelenk und Hände dehnen sich nach oben, die Finger sind bei 3 gestreckt. Der Kopf ist nach links gefallen, das Gesicht nach rechts oben gewandt; der linke Arm, wenn auch inaktiv, ist an Ellbogen und Handgelenk leicht nach außen gerundet. Am Ende von 3 ist der rechte Arm völlig gestreckt, und die rechte Körperseite hat sich langsam nach oben gezogen, ohne völlig gedehnt zu sein.

2. Phrase: *Abwärtsbewegung.* Die Bewegungsrichtung des Armes kehrt sich durch Herabziehen des Ellbogens um, Handfläche nach außen (1). Druck vom Handgelenk aus, während der Rumpf sich nach rechts beugt (2), die Bewegung endet, indem die Finger leicht nach unten drücken. Kopf und Augen folgen der Bewegung seitlich-abwärts. Die Knie haben sich entsprechend gebeugt, wodurch die Bewegung den ganzen Körper erfaßt, dabei langsam ausatmen. Auch hier bleibt der linke Arm inaktiv, rundet sich jedoch an Ellbogen und Handgelenk leicht nach außen.

3. und ***4. Phrase:*** Wiederholung auf der linken Seite.

Übung dreimal wiederholen.

2. SUKZESSIVE BEWEGUNG: Seitlich

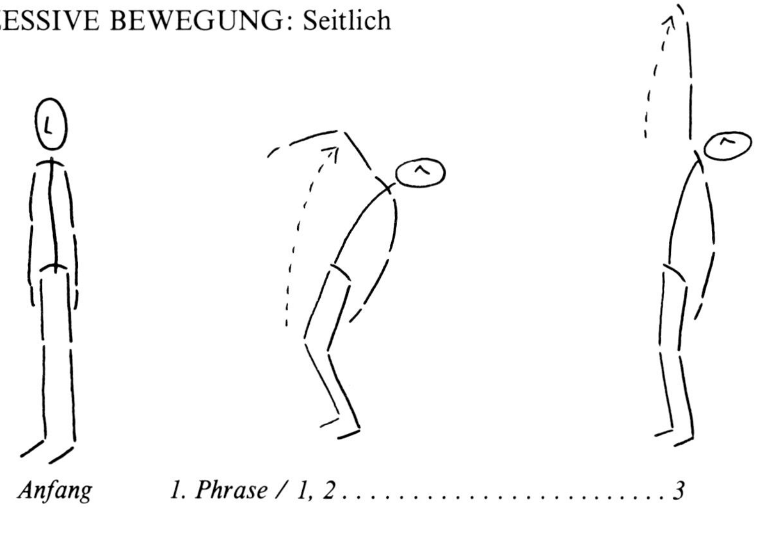

Anfang *1. Phrase / 1, 2 . . . . 3*

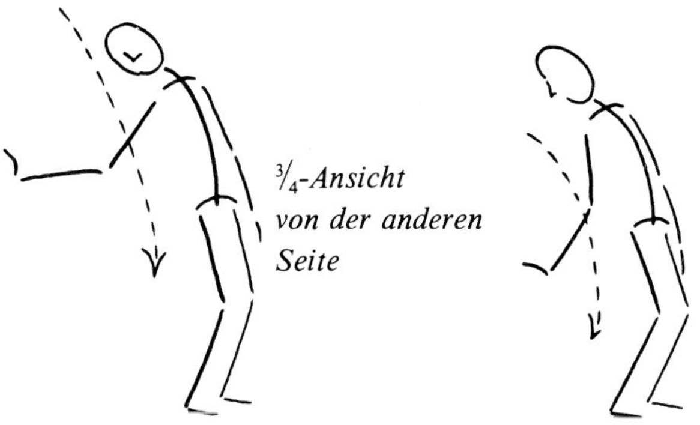

2. Phrase / 3

Variation: Unterbrochene Abwärtsbewegung. Bei der Abwärtsbewegung nach rechts fällt der Arm nicht in einer weichen Bewegung des nach seitlich-außen gewinkelten Ellbogens nach unten, sondern der Ellbogen wird in einer plötzlichen Fallbewegung vor dem Oberkörper scharf nach innen angewinkelt (4). Handgelenk und Hand bleiben in einer geraden, nach außen gerichteten Linie, Rumpf und Kopf jedoch neigen sich seitlich dem Arm entgegen. Bei 5-6 fällt die Hand vor den Oberkörper, und der Unterarm schwingt nach hinten-unten in die Ausgangsposition an der Körperseite zurück. Oberkörper und Kopf neigen sich kurz in die entgegengesetzte Richtung und richten sich dann wieder auf. Mit einem erneuten Impuls in den Knien nach rechts wird die seitliche Sukzession auf derselben Seite wiederholt. (Zählzeiten 1-2-3).

Wiederholung links. Dann wechseln — dabei Becken und Oberkörper locker im rhythmischen Bewegungsablauf schwingen lassen.

Variation: Unterbrochene Abwärtsbewegung

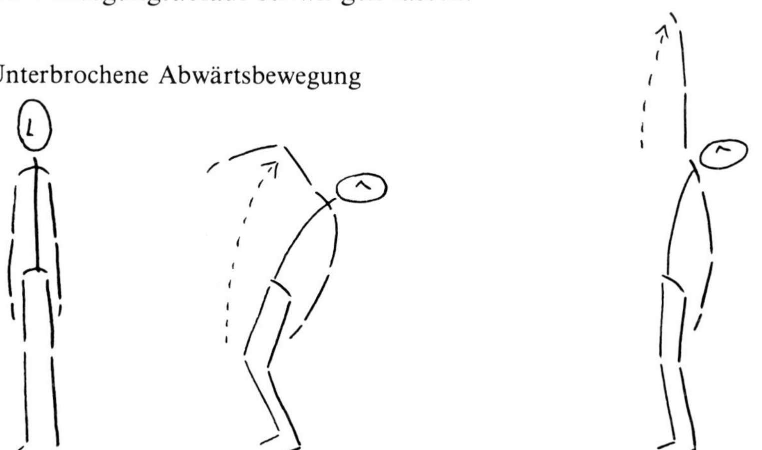

Anfang *1. Phrase / 1, 2 . . . . 3*

3. SEITLICHE SUKZESSION MIT AUSFALLSCHRITT UND EMPFINDEN DER SCHWERKRAFT

Wenn der Tänzer die seitliche Sukzession sehr stark intensiviert, erreicht er eine Streckung, die unausweichlich zum Fall führt. Der Fall geschieht in Form eines seitlichen Ausfallschrittes, aus dem der Körper in die Mitte zurückgezogen wird, von wo aus die Übung mit dem anderen Arm wieder beginnt.

Zählweise: 2 Phrasen mit jeweils 8 Zählzeiten (rechts und links).

Tempo: 50 (mäßig langsam) ***Musik:*** Deutliche Impulse (Akzente) zu Beginn der Phrase.

Ausgangsstellung: Füße parallel, leicht gegrätscht.

1. Phrase: Seitliche Sukzession (wie oben), der rechte Arm zieht den Körper bis zur Schwebehaltung straff nach oben (4). Bei 5 wird ausgeatmet und der Körper fällt abrupt nach rechts, das Gewicht wird mit dem rechten Fuß durch einen weiten Ausfallschritt aufgefangen, Knie gebeugt, Ferse auf dem Boden. Auch der rechte Arm ist zur Seite gefallen. Bei 6-8 wird das rechte Bein, mit einem starken Empfinden für die Schwerkraft, langsam in die parallele Stellung zurückgezogen, der Oberkörper (noch immer tief, die Finger berühren fast den Boden) zieht in gleicher Richtung mit, wodurch sich die Seitbeuge des Rumpfes in eine tiefe Beugung nach vorne (8) verändert.

2. Phrase: Seitliche Sukzession (wie oben) mit dem linken Arm. Ausfallschritt mit dem linken Bein, dabei ausatmen, usw. (1-8).

3. SEITLICHE SUKZESSION MIT AUSFALLSCHRITT UND EMPFINDEN DER SCHWERKRAFT.

Anmerkung: In der Schwebehaltung (4) ist der Körper so stark gestreckt, daß die Knie völlig durchgedrückt und die Füße im Relevé sind (im Ballenstand, das Gewicht wird auf den Ballen balanciert).

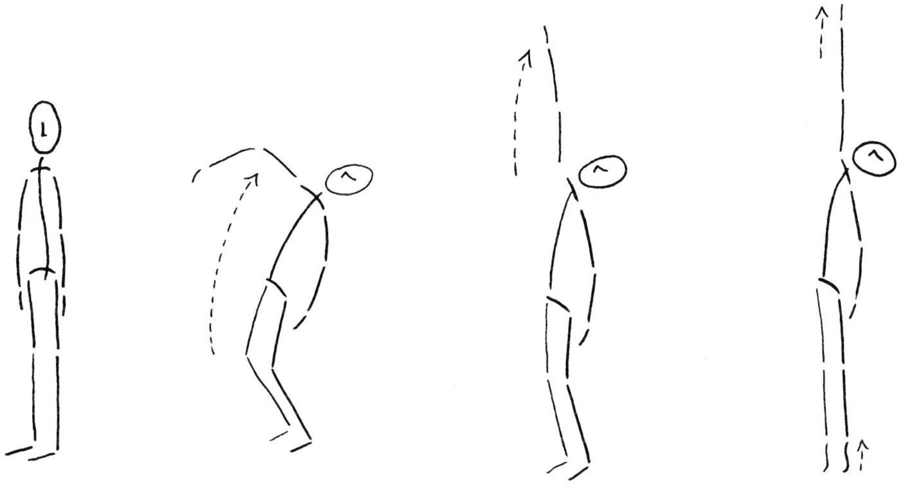

Anfang *1. Phrase / 1, 2,* . . . . *3* . . . . *4* . . . .

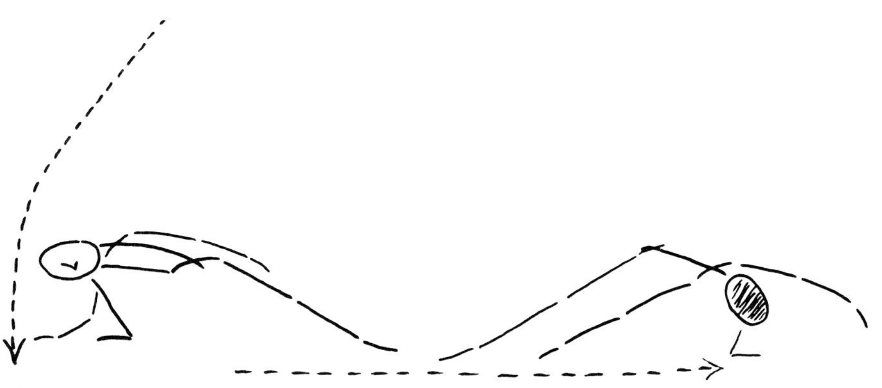

. . . . *5* . . . . *6* . . . .

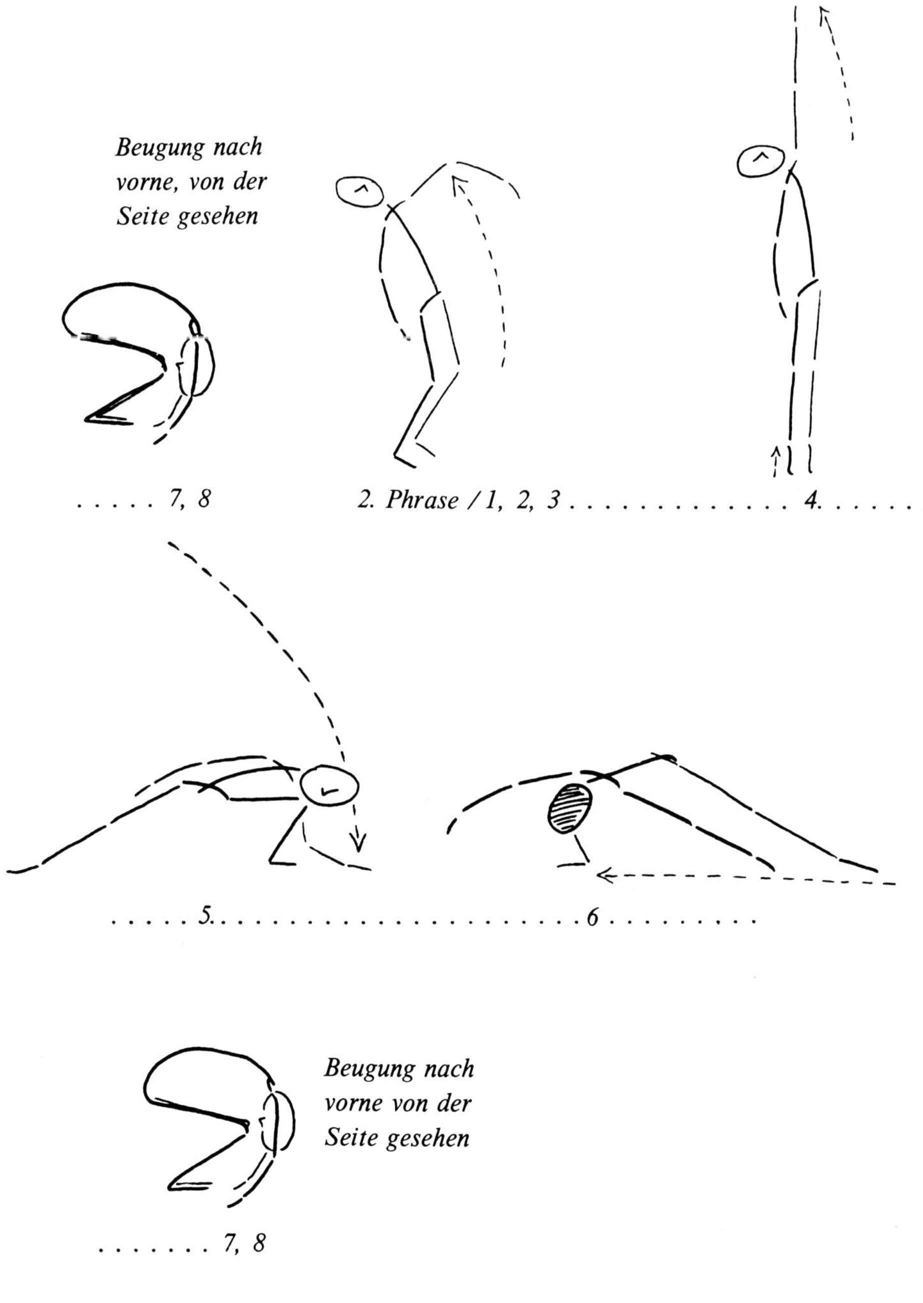

Übung mindestens dreimal wiederholen.

GEWICHTSVERLAGERUNGEN

4. GEWICHTSVERLAGERUNG MIT FALLBEWEGUNG: Im Gehen

Wenn wir bedenken, daß Gehen Fortbewegung in eine bestimmte Richtung ist, dann ist es wichtig, ein von Entschlossenheit und Antizipation geprägtes Körpergefühl zu haben. Schon beim ersten Schritt des Tänzers lassen Heben von Oberkörper und Kopf Zielstrebigkeit erkennen. Der Fall ist Folge des »verlorenen Gleichgewichts« und des Ausatmens.

Zählweise: 2 Phrasen mit jeweils 4 Zählzciten. Mit dcm rcchten Fuß beginnend, eine aus fünf Schritten bestehende Bewegung auf den Zählzeiten 1, 2, 3, »und«, 4.

Richtung: Vor und zurück.

Tempo: 48 (mäßig langsam) ***Musik:*** Entschieden, fließend.

Ausgangsstellung: Füße parallel, fast geschlossen. Körper nach vorne gerichtet, Arme hängen locker. Knie gerade, jedoch nicht durchgedrückt.

1. Phrase: Einatmen. Mit dem rechten Fuß beginnend, Oberkörper gestreckt, gehen: rechts, links, rechts, links, rechts (die gesamte Zählzeit ist 1-4). Bei 1-2 bleibt der Oberkörper erhoben, der Blick geht nach vorne; bei 3 setzt das Empfinden der Schwerkraft ein, als verlöre man die Balance und drohte nach vorne zu fallen. Auf »und« (Schritt auf dem zweiten Achtel) beginnt der Oberkörper langsam in eine tiefe Beuge nach vorne zu fallen, das Körpergewicht wird erst mit dem linken, bei 4 dann mit dem rechten Fuß abgefangen (Knie tief gebeugt). Das Ausatmen ist beendet und die Arme fallen mit dem Oberkörper locker nach unten.

2. Phrase: Nun wird die Bewegung umgekehrt. Das Wiederaufrichten aus der Fallbewegung vollzieht sich mit einem Schritt links, dann rechts (1-2), und sukzessiv durch den gesamten Körper (Knie, Becken, Rumpf, Hals, Kopf) nach oben, bei 2 ist die aufrechte Haltung wieder erreicht. Nun zieht die Schwerkraft nach hinten. Einatmen, die Arme beugen sich in einer Andeutung von Schwebehaltung nach außen. Das gleiche Gefühl des Fallens übernimmt die Bewegung, während der Tänzer mit links (3) und rechts (»und«) zurücktritt und dann seitrückwärts[1] auf das linke Bein zurückfällt (4), das in einem Winkel von 45 Grad nach außen gedreht ist, Knie gebeugt. Das rechte Knie ist nach vorne gebeugt. Völliges Ausatmen ist erreicht. Kopf und Schulter sind im seitrückwärtigen Bogen des Oberkörpers entspannt, das Gesicht ist nach oben gerichtet. Während des Rückwärtsgehens sind die Arme von den Schultern zum Handgelenk leicht konvex gebeugt und verleihen dem Gang Form. Beim seitrückwärtigen Fall fallen die Arme entspannt an die Körperseite.

[1] Zur Definition von »seitrückwärts« s. Seite 50

4. GEWICHTSVERLAGERUNG MIT FALLBEWEGUNG: Im Gehen

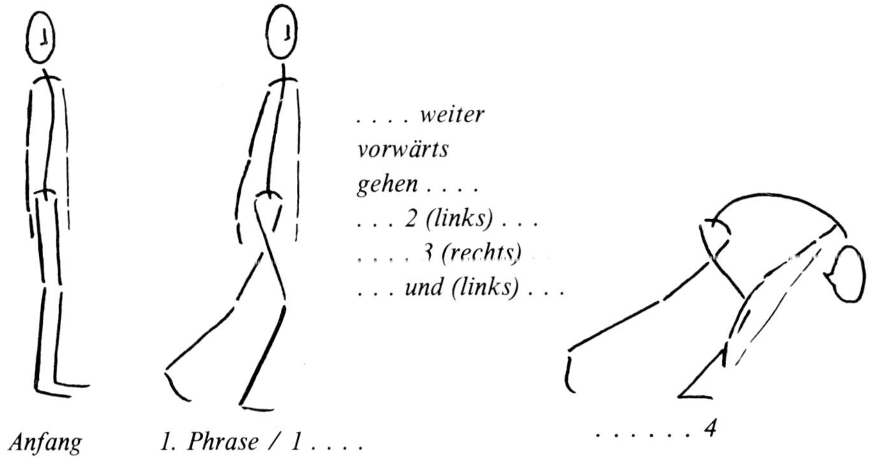

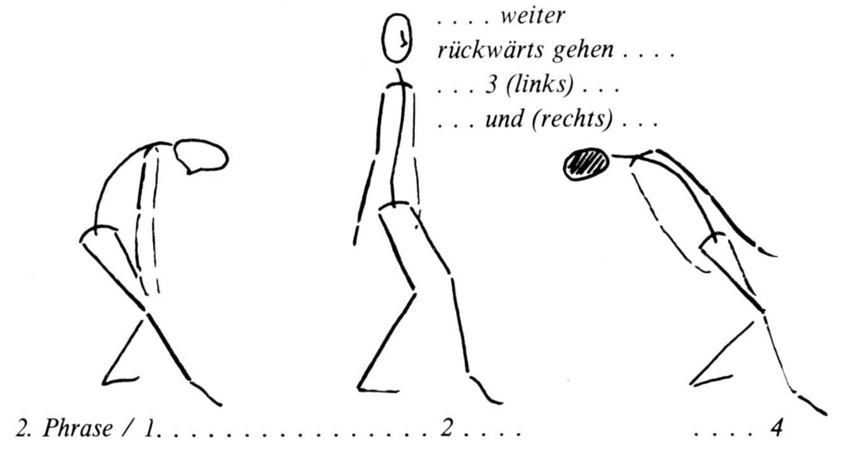

Übungen mindestens viermal (jeweils 2 Phrasen) wiederholen.
Wiederholen, dabei mit dem linken Fuß beginnen.

5. GEWICHTSVERLAGERUNG MIT FALLBEWEGUNG: Einzelschritt

Ein Gefühl, das Gleichgewicht nicht länger beibehalten zu können, bestimmt den Anfang dieser Übung. Dieses Ungleichgewicht mündet in einen belasteten Schritt nach vorne, als werde man zum Boden hingezogen. Der Tänzer gibt der Schwerkraft nicht völlig nach, sondern federt zum Stand zurück, wird jedoch sogleich rückwärts gezogen, was einen nicht beendeten Fall seitrückwärts zur Folge hat (mit demselben Bein). Eine nach vorne und hinten gerichtete Bogenbewegung des Körpers.

Zählweise: 1 Phrase mit 4 Zählzeiten.

Richtung: Vor und zurück.

Tempo: 42 (langsam, deutliche Akzente auf 2 und 4).

Musik: Lyrisch, zugleich bestimmt.

Ausgangsstellung: Gewicht auf dem rechten Fuß, linker Fuß unbelastet, Gesicht nach vorne, Oberkörper aufrecht, Arme hängen locker.

Phrase: Einatmen und dabei den Oberkörper anheben (1); dann ausatmen und den Oberkörper zum linken Fuß hin fallen lassen, dabei das linke Bein um 45 Grad auswärts drehen, um das Gewicht zu stabilisieren (2). Einatmen und mit sukzessivem Anheben durch Rumpf, Hals und Kopf wieder aufrichten, die Arme sind dabei leicht konvex gewölbt (3). Zurück auf den linken Fuß (gleicher Winkel der Auswärtsdrehung), den Oberkörper seitrückwärts nach links fallen lassen (wie in Übung 4). Diese Bewegung ist durch den Einsatz von Ein- und Ausatmung rhythmisch stark akzentuiert.

Übungen mindestens achtmal wiederholen.
Wiederholen, mit dem linken Fuß beginnen und sofort zum rechten Fuß hin fallen.

5. GEWICHTSVERLAGERUNG MIT FALLBEWEGUNG: Einzelschritt

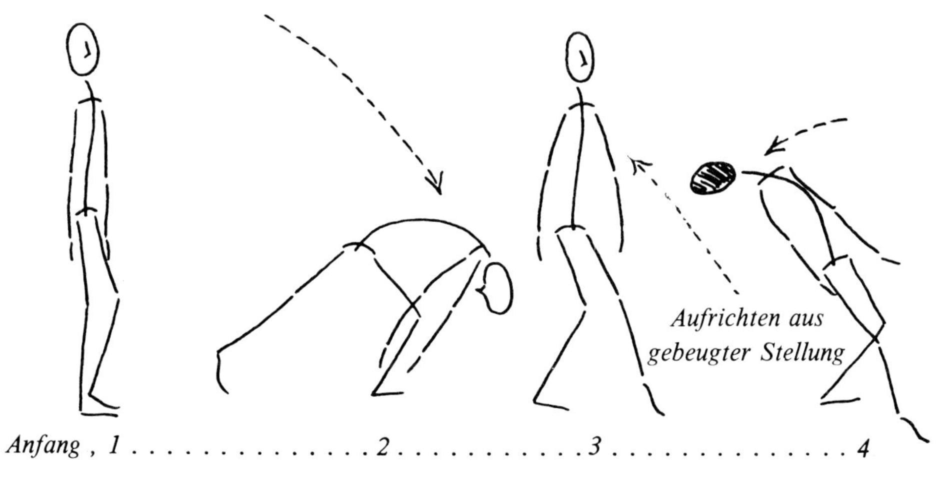

ISOLATIONSÜBUNGEN

Ziel dieser Isolationsübungen ist es, einen Körperteil — isoliert von den übrigen Gliedern und Teilen des Körpers — beweglich zu machen und zu stärken.

6. KREISEN DER SCHULTERN

Zählweise: Eine Kreisbewegung mit 4 Zählzeiten.

Tempo: 48 (mäßig langsam) ***Musik:*** Langsam, volltönend.

Ausgangsstellung: Füße parallel, Körper nach vorne gerichtet, Arme hängen locker, Knie gerade.

Phrase: Beide Schultern kreisen nach vorne, nach oben, dann zurück und nach unten (1-4). Der Kopf bleibt entspannt und bewegt sich nicht mit den Schultern. Mehrmals wiederholen.

Übung wiederholen, wie oben, jedoch in Gegenrichtung.

7. KREISEN DES KOPFES

Zählweise, Tempo und ***Ausgangsstellung:*** Wie oben.

Phrase: Der Kopf pendelt nach rechts, vor dem Brustkorb nach links, dann in einer Fallbewegung nach hinten, und wiederum nach rechts, womit der Kreis geschlossen ist (1-4).

Zweimal wiederholen, dann links beginnen.

8. KREISEN DER FÜSSE

Zählweise, Tempo und ***Ausgangsstellung:*** wie oben

Phrase: Spann strecken, Fuß auf dem Ballen aufsetzen und nach vorne drücken, dazu die Ferse mit Nachdruck heben. Abspannen und Ferse senken, Gewicht auf diesen Fuß verlagern.

Übung mehrmals wiederholen.

9. VORWÄRTSKREISEN DER ARME

Zählweise: Mit 4 Zählzeiten anfangen. Mit zunehmender Beherrschung der Übungen verändern sich die Phrasen sowohl im Ausdruck als auch im zeitlichen Verlauf.

Tempo: 48 (mäßig langsam) ***Musik:*** Wie oben.

Ausgangsstellung: Füße parallel, Körper nach vorne gerichtet, Arme hängen locker, Knie gerade, Schultern locker, Gesicht in Erwartung der Bewegung leicht erhoben.

1. Phrase: Der rechte Arm hebt sich aus dem Schultergelenk (das sich während der gesamten Übung nicht bewegt) nach vorne, Ellbogen und Handgelenk sind leicht gebogen, Handfläche weist nach unten (1). Der Oberkörper wird aus der Taille leicht gehoben. Bei 2 hat der Arm den höchsten Punkt des Kreises erreicht und ist über der Schulter erhoben, die Finger sind nach oben gerichtet. Bei 3 dreht der Arm nach außen und kreist rückwärts nach unten zurück. Bei 4 hat der Arm die Ausgangsposition wieder erreicht, abspannen.

Übung mit dem linken Arm wiederholen.

Komplette Wiederholung der 1. Phrase.

2. Phrase: Gleicher Bewegungsablauf in doppeltem Tempo. Gleiche Anzahl der Wiederholungen.

Atmung bei dieser Übung: einatmen beim Heben, ausatmen beim Senken des Armes.

Anmerkung: Da alle oben beschriebenen »isolierten« Übungen etwa das gleiche Tempo haben, sollte der Lehrer sie zu einer fortlaufenden Sequenz verbinden. Diese Methode der Verknüpfung wird häufiger angewendet, sobald der Tänzer die einzelnen Übungen besser beherrscht.

6-9. KREISEN DER SCHULTERN, KREISEN DES KOPFES, KREISEN DER FÜSSE, VORWÄRTSKREISEN DER ARME

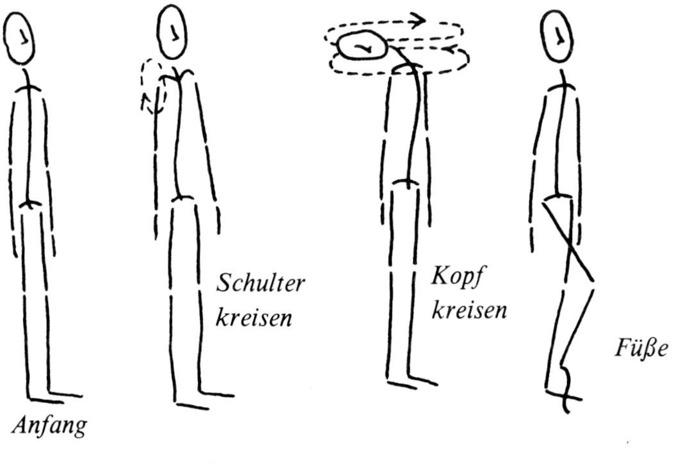

Anfang *1* . . . . *2* . . . . *3* *4*

ALLGEMEINE STRECKÜBUNGEN

Der Körper beugt sich in verschiedene Richtungen, wobei Anspannung und Abspannung betont werden.

10. TAILLE

Zählweise: Eine Bewegung mit anschließendem Wiederaufrichten in jeweils 4 Zählzeiten.

Tempo: 58 ***Musik:*** Deutlich akzentuiert.

Ausgangsstellung: Füße parallel. Körper nach vorne gerichtet. Linker Arm über dem Kopf am Ellbogen abgeknickt, der Unterarm ruht auf dem Kopf. Rechter Arm hängt locker.

Phrase: Nach rechts beugen und viermal leicht aus der Taille federn (1-4). Auf 4 rückfedern mit gleichzeitigem Heben und Strecken beider Arme über den Kopf (5-6). Beim Strecken wird der Oberkörper gerade aufgerichtet. Nun wird die Bewegung umgekehrt, der rechte Arm fällt über den Kopf, und der linke Arm hängt entspannt, dann aus der Taille nach links federn (7-8). Einatmen, wenn der Richtungswechsel beginnt, am Ende ausatmen. Natürliche Atmung während des Federns.

Übung mindestens zweimal nach jeder Seite wiederholen.

10. TAILLE

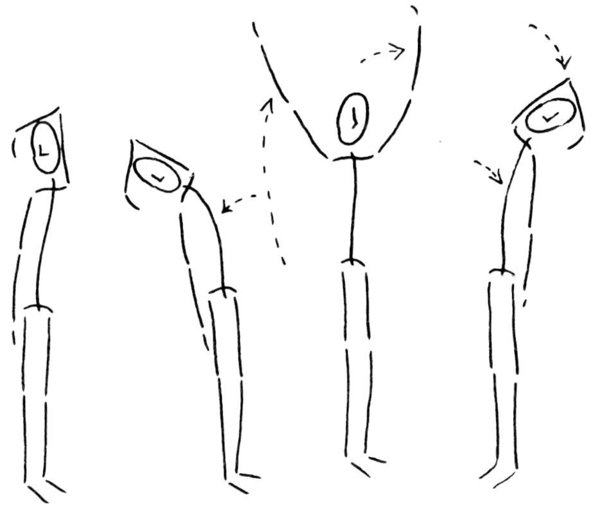

Taille: Anfang Federn 1, 2, 3, 4, . . . 5, 6 . . . 7, 8

11. OBERSCHENKEL

Zählweise und ***Tempo:*** Wie oben.

Ausgangsstellung: Beine mehr als hüftbreit gegrätscht, in einem Winkel von 45 Grad auswärts gedreht, Gewicht gleichmäßig verteilt. Finger auf der Vorderseite der Hüftknochen, Daumen nach hinten abgewinkelt.

Phrase: Gewichtsverlagerung auf das rechte Bein, Beugen des rechten Knies über dem Fuß in vier stark akzentuierten Rückfederungsbewegungen, um den rechten Oberschenkel zu strecken (1-4, mit Rückfedern bei »und«). Bei 4-»und« durch die Ausgangsstellung hindurch Gewicht auf das linke Bein verlagern. Wiederholung der Streckung über 4 Zählzeiten.

Wiederholen, dabei beide Arme schräg über den Kopf auf die Seite des gebeugten Knies strecken, Oberkörper schräg neigen. Dies vergrößert den Druck des Körpergewichts auf die Streckung. Übergänge zwischen den Schrägstreckübungen: den Oberkörper über dem Becken nach unten fallen lassen und mit entspannten Armen von rechts nach links schwingen, links aufrichten. Die Schrägstellung wird nun links eingenommen. Dauer des Übergangs 4 Zählzeiten. (5-8).

Wiederholung links, mit umgekehrtem Übergang.

11. OBERSCHENKEL

Bein: Anfang Strecken 1 . . . . und . . . .

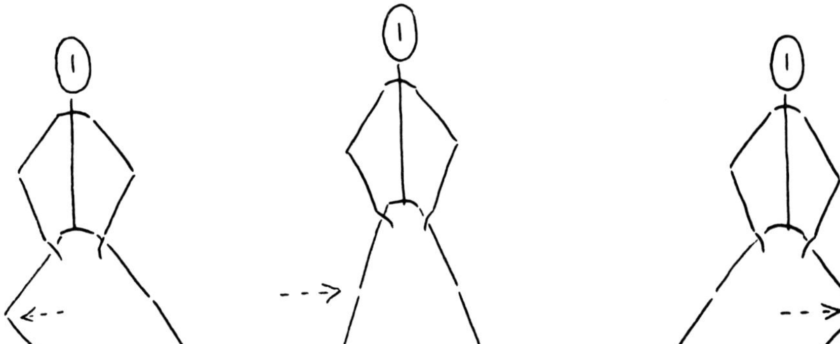

. . . 2 . . wiederholen 3 und 4 . . . und . . . . 1. . . . wiederholen und 2 und 3 und 4

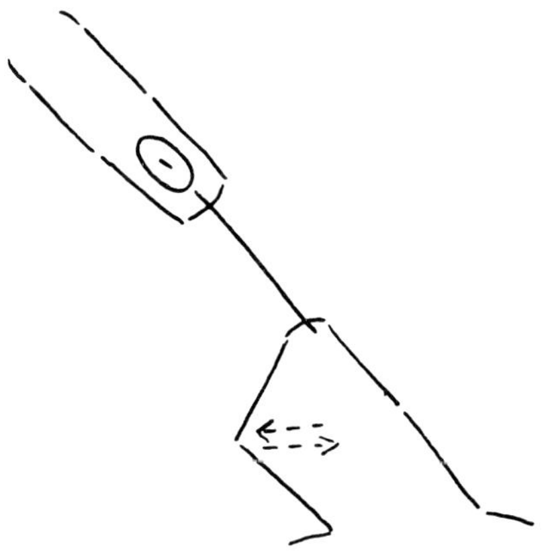

Beinstreckung in der Diagonalen: 1 und 2 und 3 und 4 . . . .

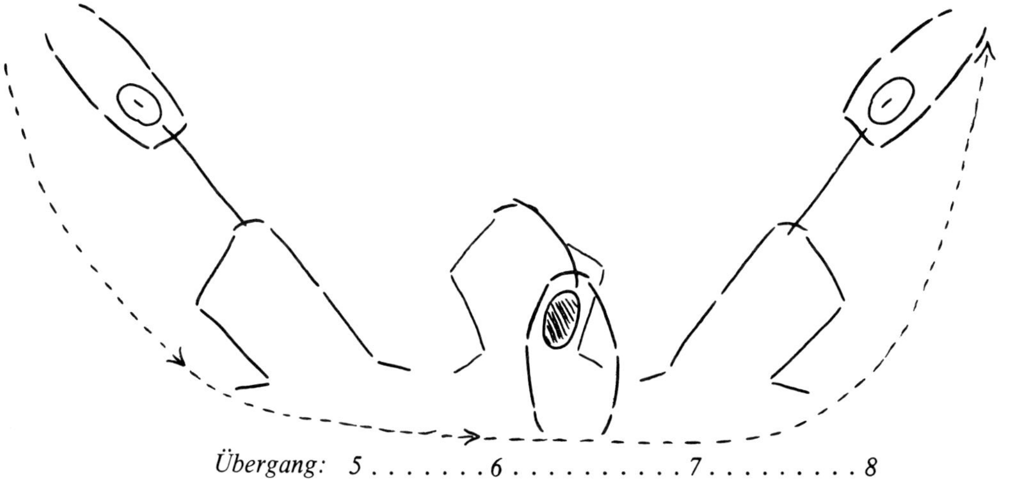

Übergang: 5 . . . . 6 . . . . 7 8

12. BEUGEN DES OBERKÖRPERS

Zählweise: In 8 Zählzeiten

Tempo und ***Musik:*** Wie oben.

Ausgangsstellung: Wie oben, breiter Stand, Füße parallel, Arme hängen locker.

Phrase: Der Oberkörper fällt mit gerundetem Rücken locker gedehnt tief nach vorne, die Finger berühren den Boden. Achtmaliges leichtes Federn mit gestreckten Beinen (1-8). Wiederaufrichten, dazu Oberkörper heben und Arme sukzessiv in einem Halbkreis (Ellbogen und Handgelenke heben, Handflächen nach unten) bis über den Kopf nach oben führen (1-4). Bei 4, am höchsten Punkt, heben sich die Fersen vom Boden und das Körpergewicht ruht kurz auf den Fußballen; beim Senken der Fersen drehen sich diese nach innen, wodurch die Beine im Winkel von 45 Grad auswärts gedreht werden. Die Arme schwingen in einer kreisförmigen Bewegung nach hinten und bleiben dann mit den Händen auf dem Becken liegen, während Oberkörper und Kopf aus der aufrechten Haltung nach hinten zu fallen beginnen (5-8). (Den Kopf nicht ganz nach hinten abknicken lassen.) Die Knie werden gebeugt und das Körpergewicht durch die Oberschenkel gehalten. In der äußersten »fallenden« Stellung ist der Oberkörper nach vorne gewölbt, das Becken nach vorne verlagert. In dieser Stellung leicht federn (1-8). Richtungswechsel, kreisförmiges Zurückschwingen der Arme, bis der Körper wieder aufrecht steht, die Arme über dem Kopf (1-4). Beim Übergang sind die Fersen wieder erhoben (4). Der Oberkörper fällt tief nach vorne, die Fersen werden parallel nebeneinander gesetzt, die Arme fallen sukzessiv nach vorne — Ellbogen, Handgelenk (Handfläche nach innen), Hände — Kopf und Oberkörper folgen (5-8).

Übung mehrmals wiederholen, dabei Atmung koordinieren.

Anmerkung: Wenn der Körper geschmeidiger geworden ist, kann diese Übung in 4 statt in 8 Zählzeiten ausgeführt werden.

12. BEUGEN DES OBERKÖRPERS

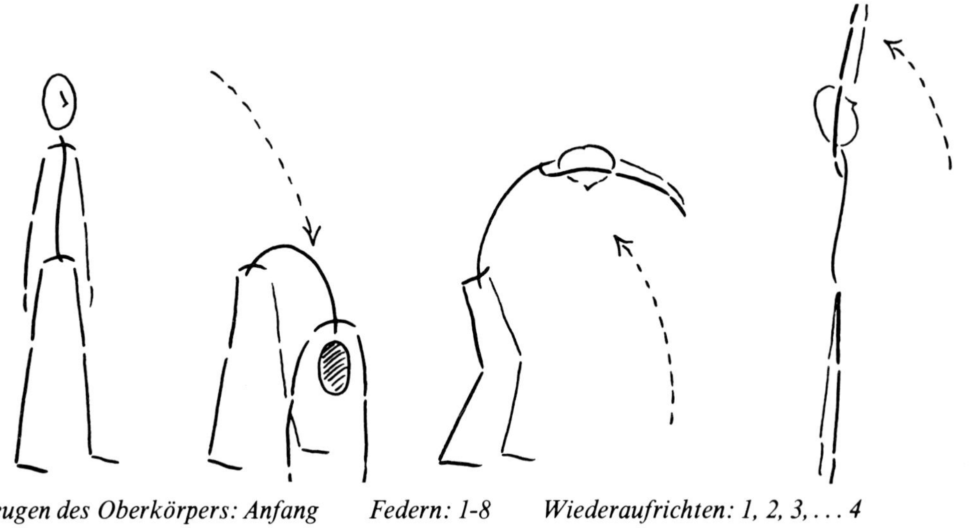

Beugen des Oberkörpers: Anfang   Federn: 1-8   Wiederaufrichten: 1, 2, 3, . . . 4

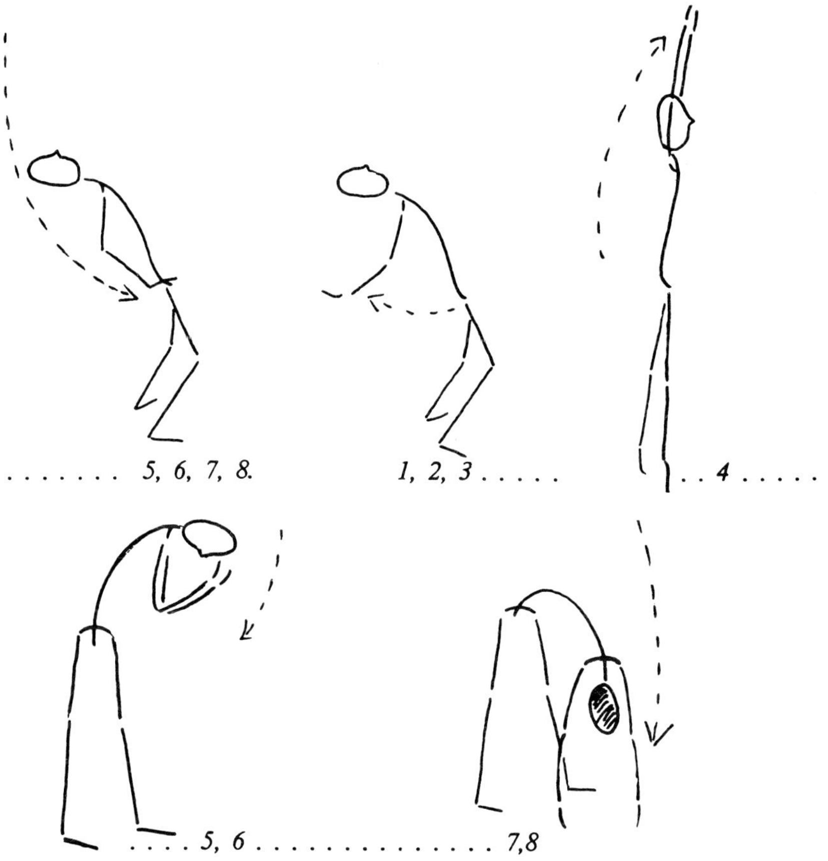

ÜBUNGSSTUDIE

13. SCHNELLES AUFWÄRMEN

Anhaltende schnelle Fußarbeit unter Einbeziehung des ganzen Körpers in unterschiedlichen Bewegungen. Notwendig zur Sauerstoffversorgung der Muskeln.

Tempo: 132 (schnell) ***Musik:*** Lebhaft, deutlich akzentuiert.

Ausgangsstellung: Körper nach vorne gerichtet, Gewicht auf dem linken Bein, rechtes Knie nach vorne gebeugt. Zehen des rechten Fußes berühren leicht den Boden, Hände ruhen auf der Wirbelsäule, Taille gestreckt.

Die Übung beginnt mit einer schnellen Gewichtsverlagerung durch eine trabartige Bewegung, die Knie werden nach vorne angehoben (1-3). Bei 4 auf den rechten Fuß springen, die Übung mit dem linken Fuß beginnend wiederholen. Schultern bleiben inaktiv, aber locker.

Mehrmals wiederholen.

Wechsel zu seitlichem Kicken. Knie des gestreckten Beines nach vorne gerichtet und gerade, Zehen gestreckt. Körper noch immer nach vorn gerichtet. Arme in Schulterhöhe zur Seite gestreckt, der Rhythmus verändert sich beim Fußwechsel (4) nicht.

Mehrmals wiederholen.

Wechsel zu einem gleichmäßigen seitlichen Kicken über 8 Zählzeiten (keine Hüpfsprünge). Arme kreisen abwärts, Handgelenke drücken nach unten und kreuzen vor dem Rumpf. Mit einer von Ellbogen und Handgelenk ausgehenden Bewegung kreisen sie vor Oberkörper und Kopf nach oben und werden zur Seite zurückgeführt. (1-8).

Mehrmals wiederholen.

Mit einer Achteldrehung nach rechts eine diagonale Haltung zur rechten Ecke des Raumes einnehmen. Nun werden die Arme gegengleich zu den Beinen bewegt — linker Arm nach vorne balanciert rechts-vorwärts kickendes Bein aus — der Rumpf bleibt ohne Anspannung aufrecht. 8 Zählzeiten, dann ohne Unterbrechung Wechsel in Richung linke Ecke des Raumes, dabei entsprechender Wechsel der Armopposition.

Mehrmals wiederholen.

Dann auf der Stelle marschieren, Körper nach vorne gerichtet, Knie stark anziehen, Hände auf dem Becken, Oberkörper gerade. Zehen nach unten gestreckt. 8 Zählzeiten.

Das Marschieren in verschiedenen Richtungen (vor und zurück, drehend, usw.) wiederholen.

Schlußsequenz: *Dehnung der Achillessehne.* Füße parallel, Körper nach vorne gerichtet, mit dem rechten Fuß einen weiten Schritt nach vorne (Beine immer noch parallel zueinander) und das rechte Knie über den Fuß nach vorne beugen (Ferse auf dem Boden); das hintere Bein ist gestreckt, die Ferse jedoch leicht vom Boden gehoben. Das Körpergewicht ruht hauptsächlich auf dem vorderen Fuß. Den Körper schräg nach vorne neigen, Hände auf dem Becken, Handgelenke abgewinkelt, Schultern nach vorn gerichtet. Achtmaliges Federn mit dem rechten Oberschenkel, um die Achillessehne des linken Beins zu dehnen. Springender Fußwechsel, Wiederholung mit dem anderen Bein. Reduzieren Sie das Federn auf 6, auf 4 und dann auf 2 Zeiten, und wiederholen Sie die Bewegungen in schneller Folge. Schließlich Wechsel bei jeder Zählzeit. Versuchen Sie, dabei die Ferse des hinteren Fußes jedesmal auf den Boden zu drücken. Die Arme schwingen gegengleich, als liefen Sie auf der Stelle.

Anmerkung: Die meisten dieser Übungen können auch mit Drehungen ausgeführt werden.

13. SCHNELLES AUFWÄRMEN

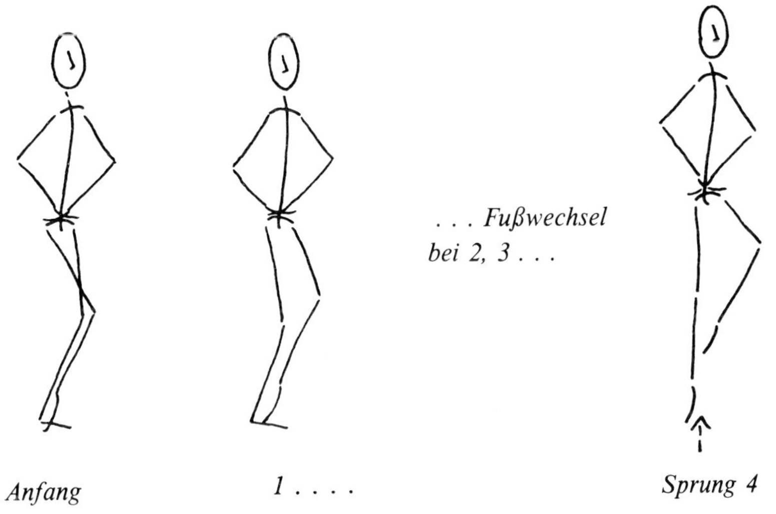

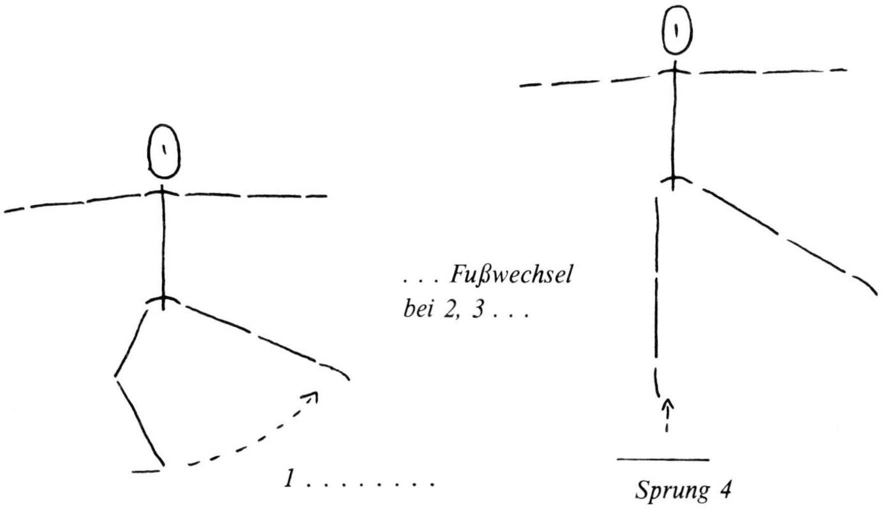

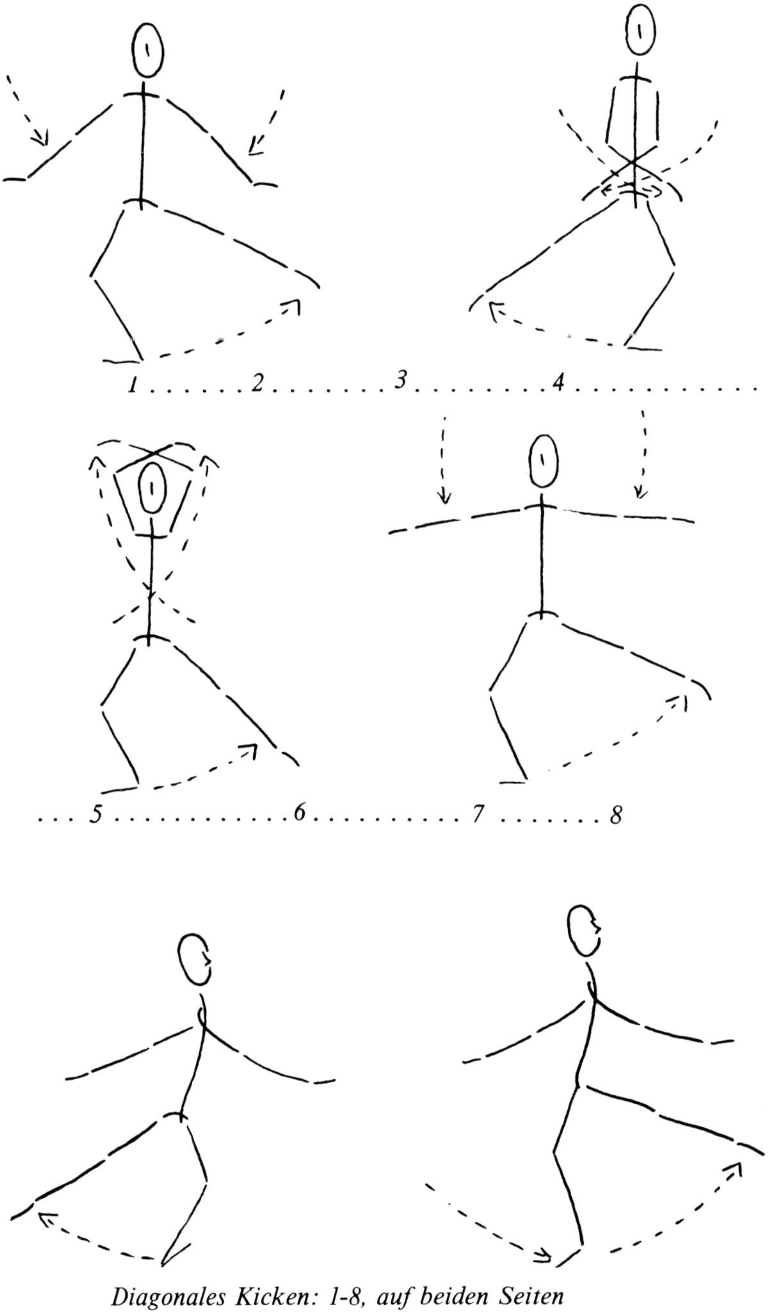

Diagonales Kicken: 1-8, auf beiden Seiten

Marschieren: 1-8

Dehnen der Achillessehne . . .

. . . mit ständigem Fuß- u. Armwechsel in Opposition

ERWEITERTE BEWEGUNGSFIGUREN: Schwünge

Schwünge des ganzen Körpers sind charakteristisch für Humphreys Prinzip von Fall und Wiederaufrichten. Der Schwung, der so oft wie möglich in Übereinstimmung mit dem Rhythmus des Ein- und Ausatmens geschieht, besteht aus einem Fall, dem Rückfedern und anschließender Schwebehaltung. Schwünge können ganz verschiedenartig ausgeführt werden: vor- und rückwärts, seitlich, mit Öffnen und Kreuzen der Arme und gleichzeitigen hebenden und sinkenden Körperbewegungen, spiralförmigen Sequenzen usw. Sie werden auch in Verbindung mit anderen Bewegungssequenzen des Fallens und Wiederaufrichtens benutzt. Das dominierende Gefühl ist das von Freisein und Stärke.

Der Schwung bedarf eines zuverlässigen Gleichgewichts in Beinen und Oberkörper; der mitreißende Bewegungsfluß verlangt einen sicheren Stand, vor allem dann, wenn das Gewicht des Körpers nur auf einem Bein ruht. Dann muß der Oberkörper über eine ausreichende Spannung verfügen, die der Zugkraft einer aus dem Gleichgewicht verlagerten Schwebehaltung entgegenwirken kann.

Es ist wesentlich, die sich verändernde Schwungkraft zu erkennen und hervorzuheben. Sie richtet sich als Beschleunigung und Verlangsamung nach der Schwerkraft, nimmt bei abwärts gerichtetem Druck zu, beim Wiederaufrichten ab. Ebenso wesentlich ist es, die Energien des Körpers »frei fließen zu lassen«, so daß der Schwung selbst völlig natürlich verläuft. Im Unterricht nach der Humphrey Methode mahnt der Lehrer häufig »Loslassen«, wenn der Schüler zögert, den Körper vom Schwung in Stellungen bringen zu lassen, in denen dieser nicht mehr im Gleichgewicht ist.

Da der Schwung eine Fallbewegung einleitet, handelt es sich offensichtlich um das dionysische Prinzip der Selbstvergessenheit, und das vor allem, wenn die Schwungbewegung den gesamten Körper erfaßt. Erst die Entspannung der Muskeln von Hals, Oberkörper und Armen ermöglicht eine weiche Koordination des gesamten Körpers. Die Knie beugen sich im Einklang mit dem Impuls des Schwungs.

14. SCHWÜNGE NACH OBEN UND VORNE, NACH UNTEN UND ZURÜCK

Zählweise: Phrase mit 2 Schwüngen in 6 Zählzeiten.

Tempo: 104 ***Musik:*** Schwingend, getragen.

Ausgangsposition: Füße parallel. Körper nach vorne gerichtet, Arme konvex nach hinten angehoben, Ellbogen und Handgelenk ziehen zurück, Gesicht etwas geneigt, Beine gerade, aber locker.

Phrase: Beide Arme nach unten und nach vorne schwingen, sie beugen den Oberkörper mit der Bewegung vornüber. Die Arme drehen aus der konvexen Beugung nach hinten über Ellbogen und Handgelenk nach vorne und oben, bis sie hoch über dem Kopf vorwärts gestreckt sind (1-3). Die Arme werden »sukzessiv« gehoben und gesenkt. Beim entgegengesetzten Schwung fällt der Oberkörper mit der Abwärtsbewegung der Arme weit nach vorne, die Ellbogen ziehen nach unten; die Handflächen sind zunächst dem Körper zugewandt und zeigen weiterhin nach oben, wenn sie am tiefsten Punkt des Schwungs am Körper vorbeifallen (4-6). Im Einklang mit den Schwungbewegungen haben sich die Knie gebeugt und gestreckt, die Fersen haben sich bei 3 und 6, wenn der Körper die größte Streckung erreicht, leicht vom Boden erhoben. Der gesamte Körper bewegt sich auch im sukzessiven Fluß (siehe Übung 1).

Übung mehrmals wiederholen, dabei in Übereinstimmung mit den Schwungbewegungen atmen.

Variation I: *Drehen und Rückfedern.* Insgesamt 15 Zählzeiten (zählen Sie 1-2-3, 2-2-3, usw.). Die obige Phrase wird als Grundmuster für die ersten 6 Zählzeiten benutzt, dann wird die schwingende Bewegung fortgesetzt. Wenn die Arme wieder völlig gestreckt über dem Kopf sind (3-2-3), wird der Körper nach rechts gedreht, der Kopf kippt nach links, Gesicht zeigt nach oben. Dabei sind die Füße weit gegrätscht und parallel, das rechte Knie und der rechte Fuß zeigen nach vorne. Mit der Körperdrehung nach rechts wird gleichzeitig das rechte Bein nach rechts ausgestreckt und das Gewicht teilweise darauf verlagert, der Rumpf bleibt zur Seite und nach oben gehoben (4). Die Arme haben sich seitlich in Schulterhöhe geöffnet, mit dem Körper eine Vierteldrehung vollzogen und sind konkav gebeugt. Bei (4)-2-3 rückfedern, dabei die Arme über den Kopf führen, Rückkehr zur Ausgangsstellung mit natürlich schrägabwärts fallenden Armen, die dann wieder im konvexen Bogen erhoben werden.

Wiederholen, dabei nach links drehen und das Gewicht auf das linke Bein verlagern.

Anmerkung: Bei dem Übergang zwischen der drehenden Abwärtsbewegung und dem Anfang des Schwungs nach vorne, bewegt sich der Körper mit den fallenden Armen gelöst nach unten und nach hinten.

Variation II: wie oben, mit zusätzlichem Rückfedern.

Zählweise: 6 Takte mit jeweils 3 Zählzeiten. Zählen in Dreiergruppen.

Tempo: 112 (etwas schneller als oben).

Ausgangsstellung: Wie oben.

Phrase: Nach vorne und oben schwingen (1-3), nach unten und zurück schwingen (2-2-3), nach vorne und oben schwingen (3-2-3); drehen, mit leichtem Rückfedern auf den rechten Fuß fallen (4-2-3); wieder mit leichtem Rückfedern auf den rechten Fuß fallen (5-2-3); und nochmals auf den rechten Fuß fallen (6-) und rückfedern zur Ausgangsposition, die Arme fallen schrägabwärts (-2-3).

Wiederholen mit Drehung nach links, Fallen auf den linken Fuß.

14. SCHWÜNGE NACH OBEN UND VORNE, NACH UNTEN UND ZURÜCK

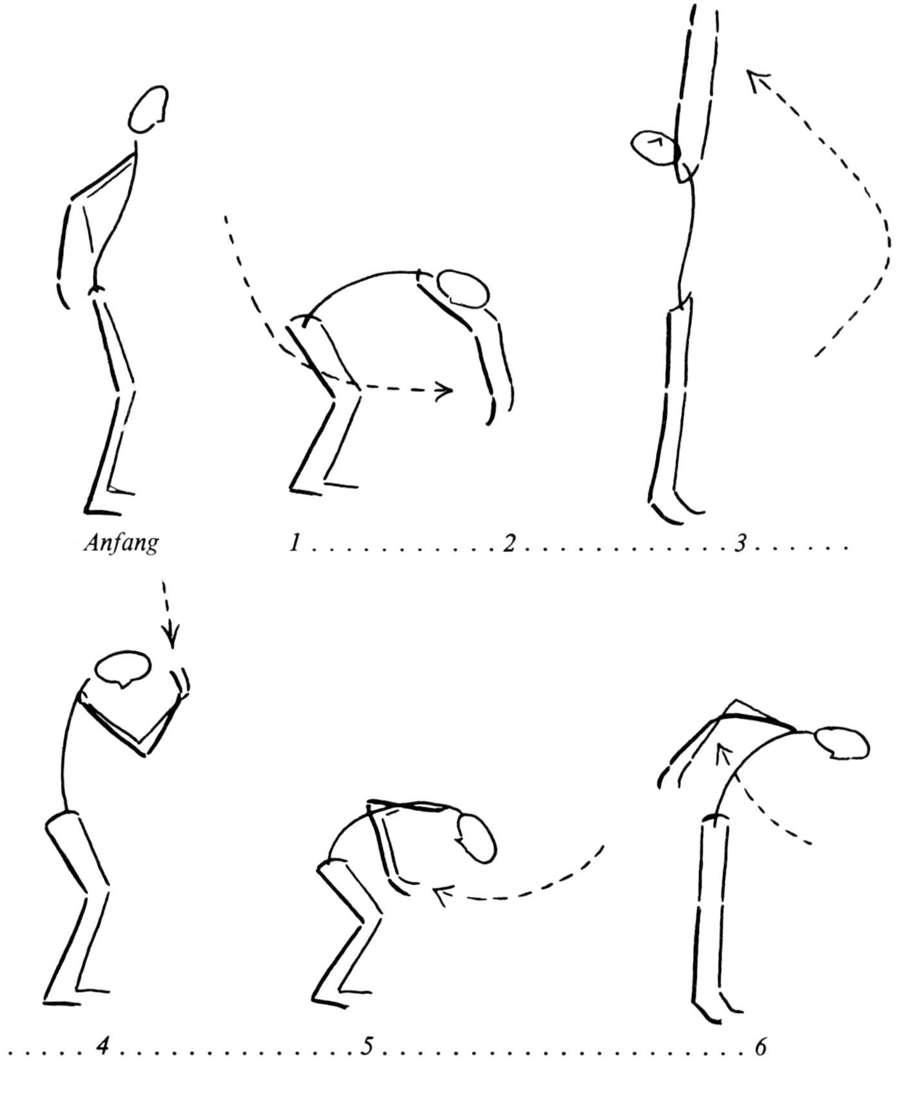

Anmerkung: Diese Reihe von Schwungübungen kann auch in einem langsamen $^4/_4$ Takt gezählt werden, mit ähnlicher Betonung des rhythmischen Zusammenspiels von Fallen und Wiederaufrichten.

Variation I: Drehen und Rückfedern

Anfang [1] . . . . 2 . . . . 3 . . . . . .

. . . . [2] . . . . 2 . . . . 3 . . . . . .

. . . . 3 . . . . 2 . . . .

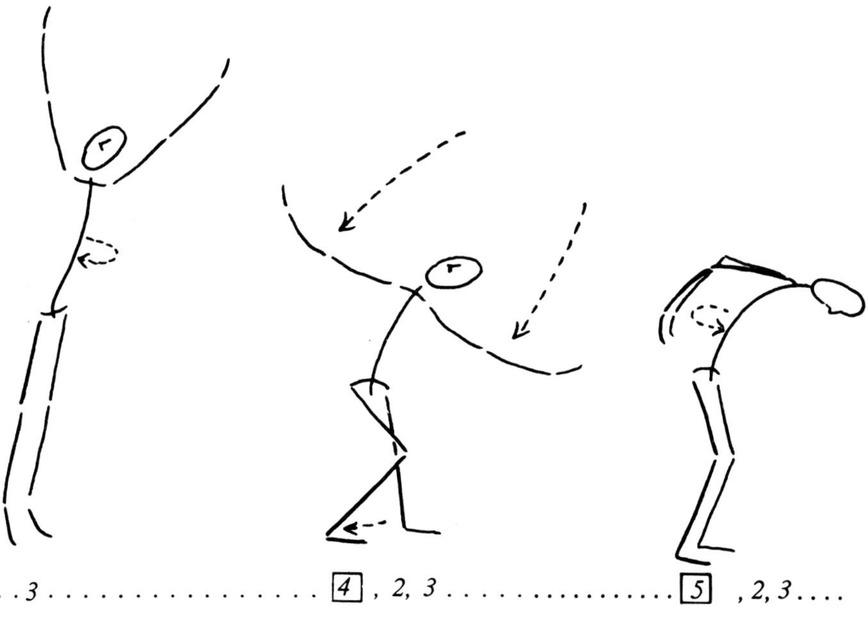

. . . . . 3 . . . . 4 , 2, 3 . . . . 5 , 2, 3 . . . .

Variation II:

Wie bei Variation I sind die
Zählzeiten: [*1*] *, 2, 3,*
[*2*] *, 2, 3,* [*3*] *, 2, 3 . . . .*

. . . [*4*] *, 2 . . . . .* *. . . . . 3 Rückfedern . . .*

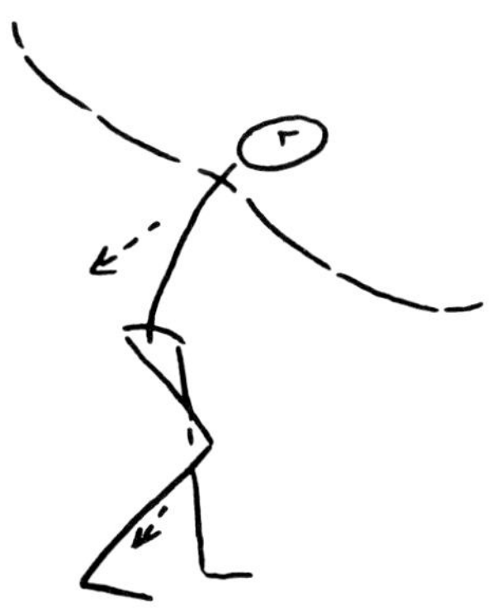

. . . . [*5*] *, 2 . . . . 3 Rückfedern . . . .*

. . . . . [6] , 2, 3 . . . . . *zur Ausgangsstellung Rückfedern*

15. VERTIKALE SCHWÜNGE DES OBERKÖRPERS UND DES KOPFES

Zählweise: Phrase mit 1 Schwung in 4 Zählzeiten; $^4/_4$ Takt

Tempo: 60 (mäßig langsam) ***Musik:*** Getragen, fließend.

Ausgangsstellung: Körper nach vorn gerichtet, Beine gegrätscht und in einem Winkel von 45 Grad auswärts gedreht, Arme hängen locker.

Phrase: Ausatmen und nur den Oberkörper (Arme hängen locker aus den Schultergelenken) im Bogen nach rechts fallen lassen, dann vor dem Körper entlang in einem Bogen nach links und über das gebeugte linke Knie seitlich nach oben führen. Die Knie strecken und beugen sich im Einklang mit den Bewegungen des Oberkörpers. Es ist wichtig, den Oberkörper *seitlich* hochzuziehen, d. h., die Schultern bleiben nach vorn gerichtet, und der Kopf fällt über die Schulter zur Seite, so daß der Körper während der Übung gestreckt wird. Ausatmen beim Fallen nach vorne (1-2), einatmen beim Schwung schrägaufwärts (3-4). Die Übung nach rechts wiederholen.

Anmerkung: Diese Übung kann mehrmals ohne Musik wiederholt werden, um sich zunächst mit dem Zusammenspiel von Atmung und natürlicher Phrasierung der Bewegung vertraut zu machen.

Variation I: *Vertikaler Halbkreis mit einem Arm.*

Zählweise, Tempo und ***Musik:*** Wie oben.

Die oben beschriebene Bewegung unter Einbeziehung der Arme wiederholen: Beim Fall nach rechts folgt der rechte Arm nun der Bewegung des Oberkörpers, schwingt vor dem Oberkörper über die Schultern und den Kopf nach links. Dies intensiviert die Dehnung und das Empfinden des Körpergewichts. Richtung umkehren, dabei den anderen Arm benutzen.

Anmerkung: Während der ersten Schwünge bleiben beide Füße auf dem Boden, doch mit zunehmendem Zug des Körpergewichts nach einer Seite hebt sich das entgegengesetzte Bein vom Boden.

Variation II: *Geschlossene vertikale Kreise.* Von diesen Halbkreisen mit einem Arm kann die Übung leicht zu geschlossenen vertikalen Kreisen mit beiden Armen erweitert werden. Am höchsten Punkt über dem Kopf befindet sich die Bewegung in äußerster Schwebehaltung, das Gesicht ist nach oben gerichtet, die Arme sind parallel erhoben. Der ganze Kreis besteht aus einem beschleunigten Fall nach rechts in die Kniebeuge, tiefes Schwingen vor dem Körper, seitliches Schwingen nach links oben mit gebeugtem Knie und einer Weiterführung der Bewegung bei abnehmender Geschwindigkeit in die Schwebehaltung, von wo aus wiederum nach rechts oder in die entgegengesetzte Richtung gekreist werden kann.

15. VERTIKALE SCHWÜNGE DES OBERKÖRPERS UND DES KOPFES

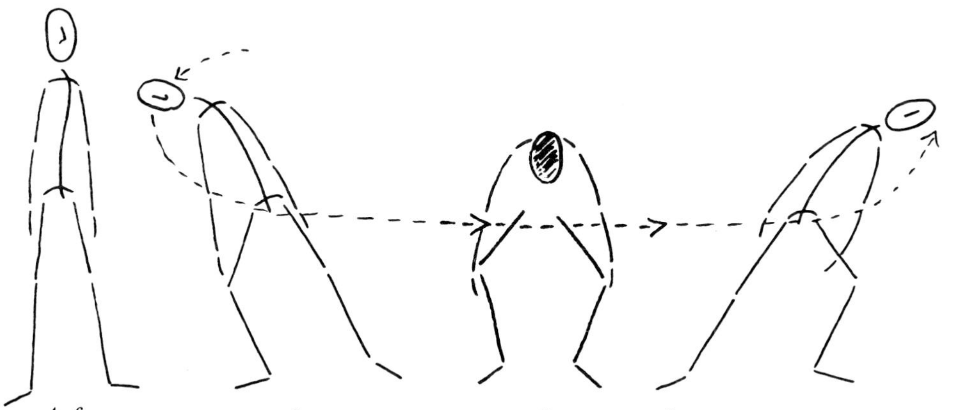

Anfang *1 . . . . 2 . . . . . . 3 . . . . 4*

Variation I

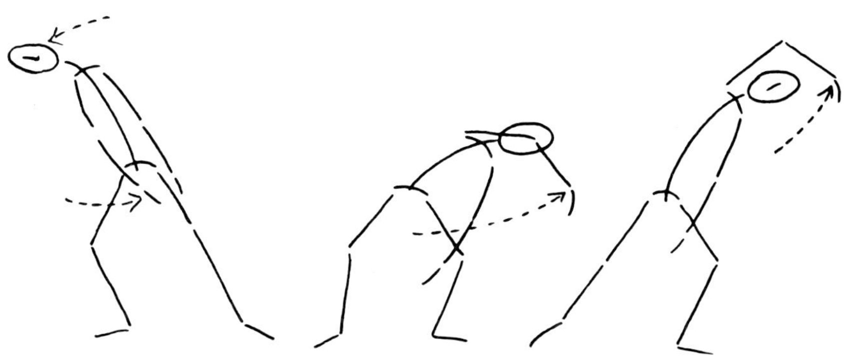

1. . . . . 2 . . . . 3 4

Variation II: Geschlossene vertikale Kreise

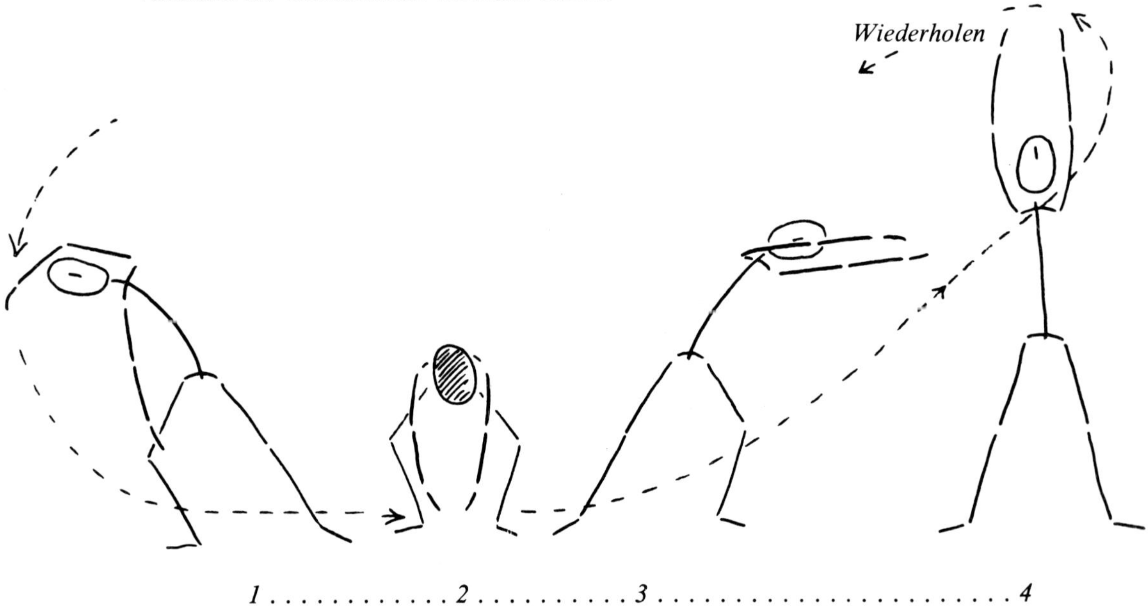

16. SCHWÜNGE VOR DEM KÖRPER MIT SEITLICHEN FALLBEWEGUNGEN

Zählweise: 3 Phrasen mit jeweils 6 Zählzeiten, $^3/_4$ Takt

Tempo: 96 ***Musik:*** Vital, volltönend

Ausgangsstellung: Körper nach vorne gerichtet, Beine weit gegrätscht und in einem Winkel von 45 Grad auswärts gedreht, Arme in Schulterhöhe seitlich erhoben, Finger locker gestreckt.

1. Phrase: Arme nach unten schwingen und vor der Brust kreuzen (1-3). Die Knie auf 1 nach außen beugen, auf 2-3 langsam wieder strecken. Arme seitrückwärts nach oben öffnen (4-6). Knie auf 4 beugen und bei 5-6 langsam wieder strecken. Ausatmen bei nach unten gerichteten Bewegungen, einatmen bei Bewegungen des Wiederaufrichtens. Die Betonung liegt auf dem unterschiedlichen Impuls von Fall und Wiederaufrichten (Beschleunigung und Verlangsamung).

Diese Schwünge vor dem Körper mehrmals wiederholen, um die natürliche Dynamik der Bewegung zu erreichen (und zu fühlen), bevor die seitlichen Fallübungen angeschlossen werden.

2. Phrase: Wiederum nach vorne schwingen (1-3). Bei der folgenden Öffnungsbewegung kippt der Körper nach rechts, während die Arme sich öffnen und das rechte Knie sich beugt. Fuß und Knie sind zur Stabilisierung des Gewichts weit auswärts gedreht (4-6). Die Bewegung fließt sukzessiv durch Rumpf, Arme, Hals und Kopf. Der ganze Körper ist nun seitlich gekippt und das Gewicht ruht hauptsächlich auf dem rechten Bein. Wie zuvor, wird beim Schrägabwärts-Fallen der Arme ausgeatmet, die Schwebehaltung deutet sich an, wenn der Körper den äußersten Endpunkt des Schwungs erreicht.

3. Phrase: Wiederum nach vorne schwingen, das Gewicht verlagern. Die Arme werden wieder gekreuzt (1-3), die seitliche Fallbewegung nun nach links wiederholt (4-6).

Die gesamte Übung mehrmals wiederholen.

Variation: *Schwung.* Wie oben, jedoch mit intensivierten seitlichen Fallbewegungen, die das andere Bein vom Boden heben. Die Schwebehaltung ist nun extremer, das Gefühl, der Körper werde in der Luft gehalten, ausgeprägter.

16. SCHWÜNGE VOR DEM KÖRPER MIT SEITLICHEN FALLBEWEGUNGEN

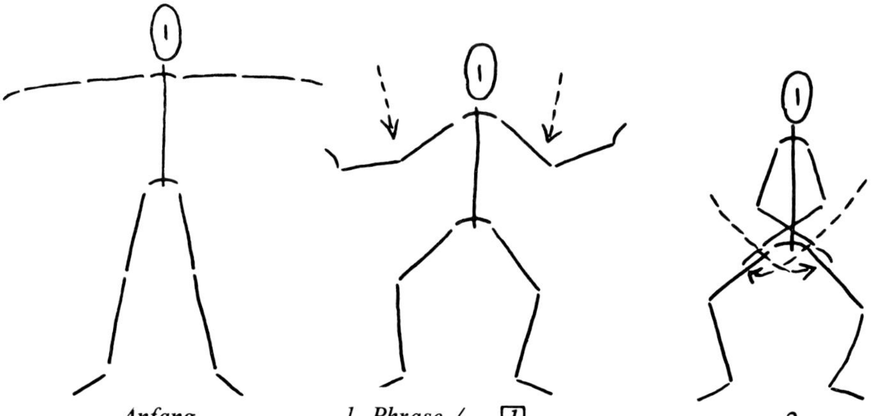

Anfang *1. Phrase /* [1] . . . . 2 . . . .

. . . . 3 . . . . 4 . . . . 5 . . . . 6 . . . . . .

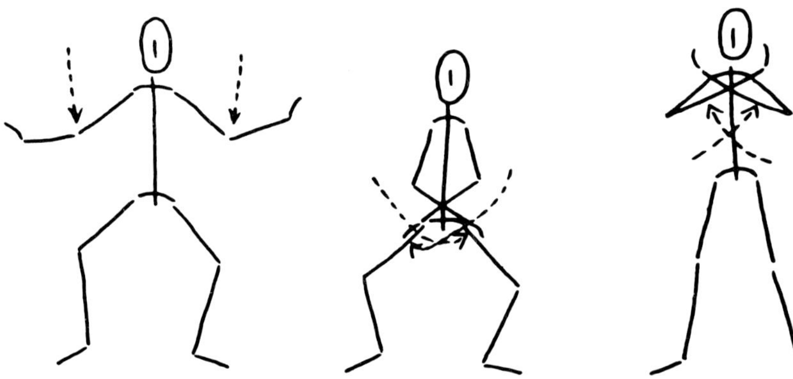

. . . . . [2] . . . . 2 . . . . 3 . . . .

. . . . 4 . . . . 5 . . . . 6 . . . .

3 , 2, 3 . . . . 4 . . . . . 5 . . . . 6.

Variation: Schwung

Verstärkte Fallbewegung zur Seite, das andere Bein hebt vom Boden (6)

17. SCHWÜNGE MIT VERTIKALEN KREISBEWEGUNGEN

Ein Schwung vor dem Körper mit einer seitlichen Fallbewegung, gefolgt von Kreisbewegungen mit Richtungswechsel.

Zählweise: 5 Phrasen mit jeweils 6 Zählzeiten. Gezählt werden sollte: 1-2-3-4-5-6, 2-2-3-4-5-6, 3-2-3-4-5-6 usw., um die Phrasen voneinander abzugrenzen.

Tempo: 96 ***Musik:*** Volltönend.

Ausgangsstellung: Körper nach vorne gerichtet, Beine weit gegrätscht und in einem Winkel von 45 Grad auswärts gedreht. Arme vor dem Oberkörper gekreuzt.

1. Phrase: Arme auseinanderschwingen (1-3); Arme kreuzen (4-6).

2. Phrase: Beim nächsten Auseinanderschwingen den Oberkörper mit zunehmender Geschwindigkeit nach rechts fallen lassen (2-2-3), so daß der linke Arm durch das Fallmoment im Bogen über den Kopf schwingt (4-5). Bei 6 verändert sich der seitliche Zug zu einer Fallbewegung, bei der der Oberkörper aus der Seithaltung in einen Abwärtsschwung rollt.

3. Phrase: Wenn beide Arme über dem Kopf erhoben sind, schwingt der Oberkörper mit zunehmender Geschwindigkeit nach unten, (3-2-3), erhebt sich dann mit abnehmender Geschwindigkeit nach links oben bis zur vertikalen Schwebehaltung (4-5-6).

4. Phrase: Am höchsten Punkt des Kreises fällt der Oberkörper wiederum mit wachsender Geschwindigkeit nach rechts, erhebt sich mit abnehmender Geschwindigkeit nach links bis zum äußersten linken Punkt des Kreises. Der rechte Fuß hebt sich leicht vom Boden.

5. Phrase: An diesem Punkt wird die Richtung umgekehrt: Der Oberkörper fällt wieder nach unten und erhebt sich mit abnehmender Geschwindigkeit nach rechts, erreicht am Ende der Phrase die Schwebehaltung. Der Körper ist im Gleichgewicht, das Körpergewicht ruht gleich verteilt auf beiden Füßen, die Arme sind über dem Kopf erhoben. Aus dieser Stellung können die Arme erneut vor dem Oberkörper nach unten schwingen und den gesamten Bewegungsablauf wiederholen.

Die gesamte Übung mehrfach wiederholen, dabei die Richtung der seitlichen Fallbewegungen wechseln, sobald sie in jeder Richtung beherrscht werden.

17. SCHWÜNGE MIT VERTIKALEN KREISBEWEGUNGEN

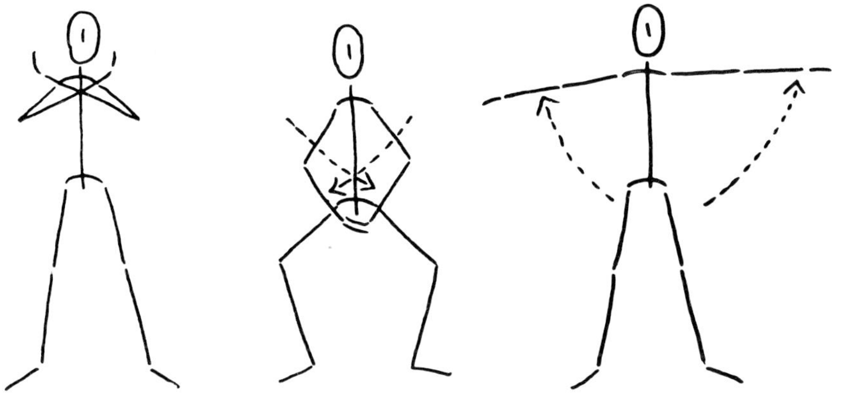

Anfang *1* . . . . *2* . . . . *3* . . . .

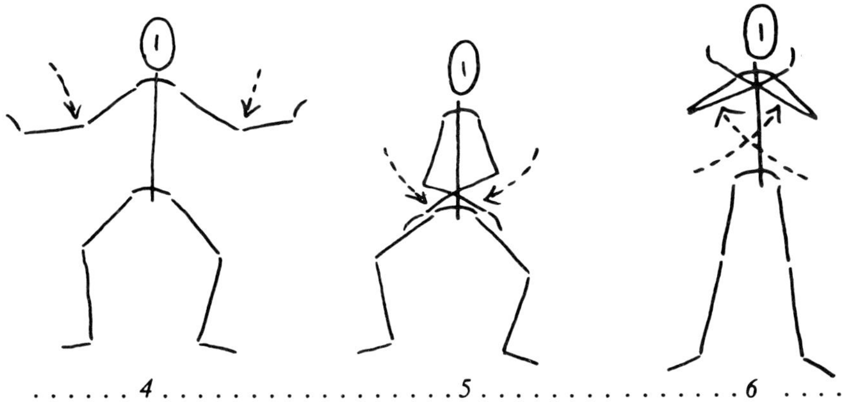

. . . . . . *4* . . . . *5* . . . . *6* . . . .

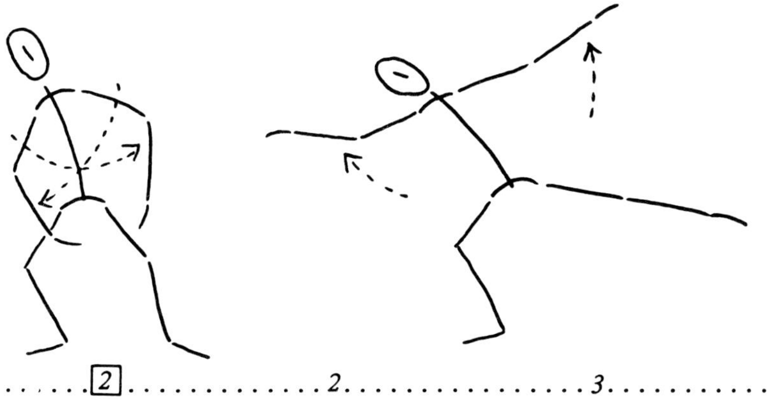

. . . . *2* . . . . *2* . . . . *3* . . . .

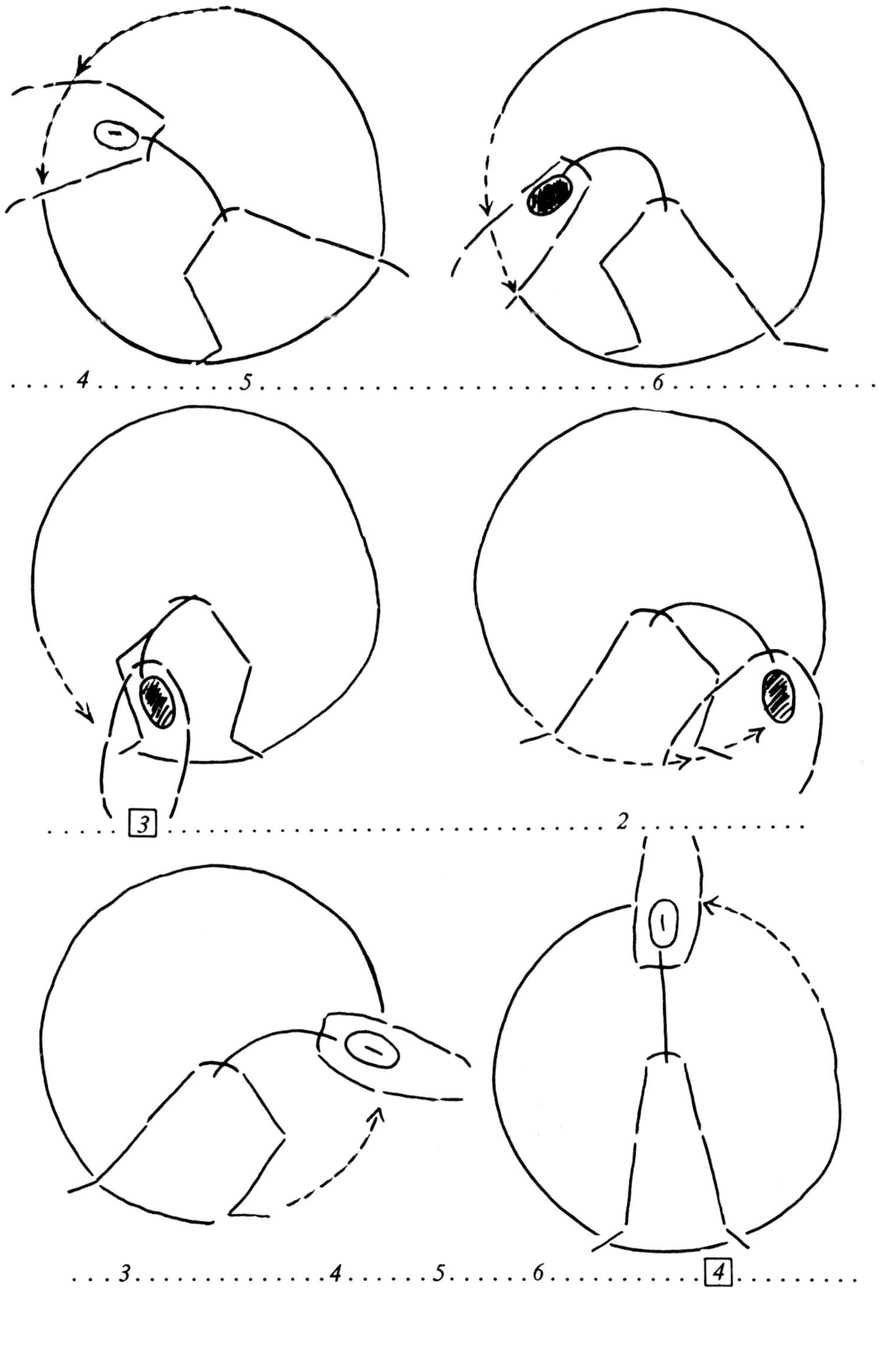
4 5 6
3 2
3 4 5 6 4

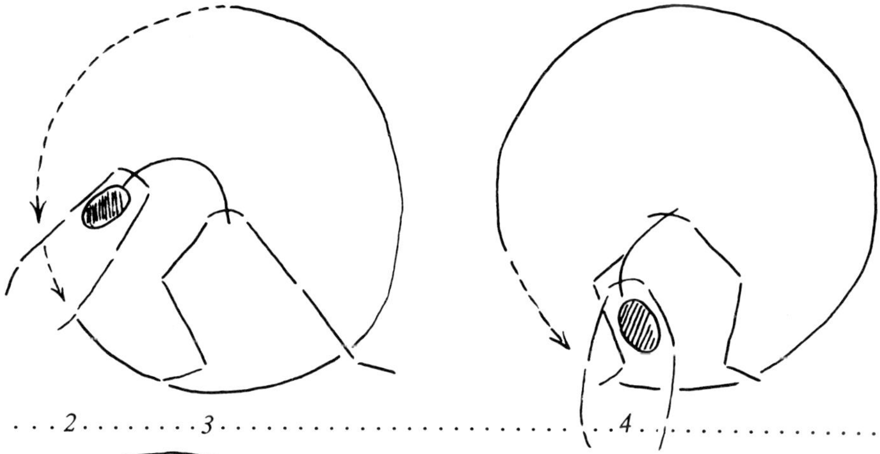

. . . 2 . . . . 3 . . . . 4 . . . .

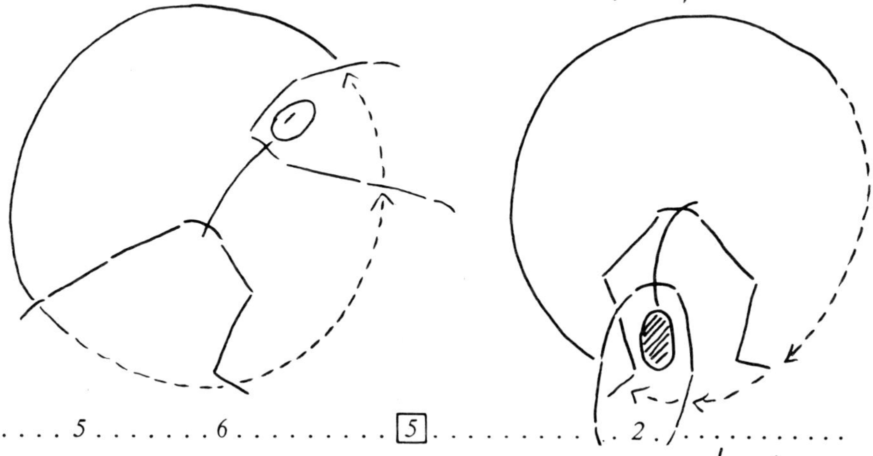

. . . . 5 . . . . 6 . . . . 5 . . . . 2 . . . .

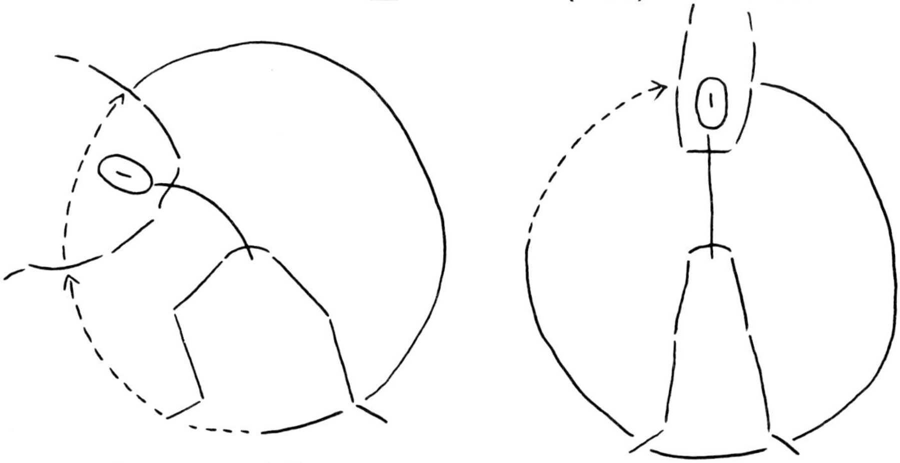

. . . . 3 . . . . 4, 5 6

18. SCHWUNG VOR DEM OBERKÖRPER MIT KIPPEN UND RÜCKFEDERN

Zählweise: 2 Phrasen mit jeweils 4 Zählzeiten.

Richtung: Vertikal und seitlich.

Tempo: 52 (mäßig langsam) ***Musik:*** Betont, getragen.

Ausgangsstellung: Körper nach vorne gerichtet, Beine gegrätscht, in einem Winkel von 45 Grad auswärts gedreht, Arme in Schulterhöhe seitlich gestreckt, Handflächen mit lockeren Daumen nach vorne weisend. Knie gerade, aber locker.

1. Phrase: Während die Arme nach unten schwingen und vor dem Oberkörper kreuzen, beugen sich die Knie über die Zehen nach außen (1) und werden wieder gestreckt, wenn die gekreuzten Arme im Bogen über den Kopf schwingen (2). Einatmen bei der Aufwärtsbewegung, ausatmen beim anschließenden »Kippen«. Dieses Kippen ist eine Fallbewegung nach rechts, bei der der Oberkörper sich stark nach rechts beugt, während sich die Arme seitlich öffnen (3). Die Knie beugen sich, mit Betonung auf der rechten Seite, über die Zehen nach außen. Rückfedern (4), wobei sich die Arme wiederum nach oben strecken und der Körper zur Ausgangsstellung zurückkehrt. Dabei einatmen.

Übung 18: Das Kippen (Zählzeit 3) von oben gesehen; (Penelope Hill).

2. Phrase: Der abwärts gerichtete Schwung, das Kippen und Rückfedern mit Fall zur linken Seite.

18. SCHWUNG VOR DEM OBERKÖRPER MIT KIPPEN UND RÜCKFEDERN

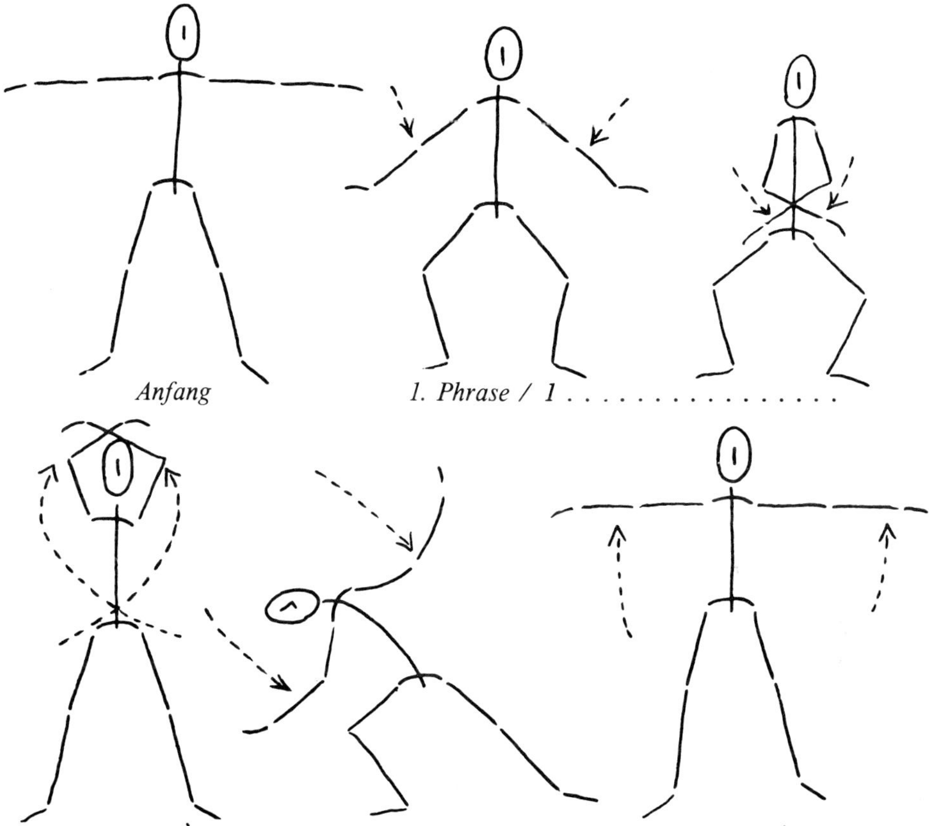

2. Phrase / Sequenz links wiederholen

19. SEITLICHES KIPPEN MIT EINEM ARM UND RÜCKFEDERN

Zählweise: 2 Phrasen mit jeweils 6 Zählzeiten (rechts und links).

Richtung: Kreisförmig-vertikal

Tempo und ***Musik:*** Wie oben.

Ausgangsstellung: Körper nach vorne gerichtet, Beine in einem Winkel von 45 Grad auswärts gedreht und gegrätscht, Arme in Schulterhöhe seitlich erhoben, Handfläche Daumen nach vorne weisend, Daumen entspannt, Knie gerade, aber locker.

1. Phrase: Der rechte Arm dreht sich aus dem Schultergelenk nach vorne und abwärts, dabei beugen sich die Knie, der Impuls geht vom rechten Knie aus. Der Rumpf folgt der Bewegung nach vor-abwärts und dreht nach innen, wenn der Schwung tiefer wird. Das rechte Knie dreht sich dabei leicht nach innen, die Ferse hebt vom Boden ab (1). Während der Schwung mit Gewichtsverlagerung nach links fortgeführt wird, hebt sich der Rumpf sukzessiv, der Arm gleitet durch die Mitte und hebt sich im Bogen nach links oben (2). Mit dem Strecken des Körpers am Scheitelpunkt des Kreises erreicht der Schwung seine größte Höhe, der Arm ist hoch über dem Kopf erhoben (3). In dieser Stellung kurz verharren. Auf 4 fallen Rumpf und Arm nach rechts, das rechte Knie wird über die Zehen gebeugt, das Bein fängt das Gewicht des fallenden Körpers auf. Das linke Bein ist gestreckt (Knie durchgedrückt), die Ferse leicht vom Boden gehoben. Rückfedern auf 5, der rechte Arm wird wieder seitlich ausgestreckt. Diese Haltung während 6, wie in der Ausgangsstellung, in der Schwebehaltung beibehalten. Achten Sie darauf, daß das Bekken auf einer Ebene mit den Schultern bleibt. Einatmen bei den nach oben gerichteten Bewegungen, ausatmen bei den nach unten gerichteten. Beim Rückfedern einatmen; wenn der andere Arm die Abwärtsbewegung erneut beginnt, ausatmen. Sukzessive Bewegung des Arms sowohl beim Heben als auch beim Senken.

2. Phrase: Der gleiche Schwung abwärts, aufwärts, über den Kopf, dann Kippen, Rückfedern mit der linken Körperseite und dem linken Arm.

Wiederholung: Zur Übung mit Seitenwechsel.

Variation I: *Parallelführung von Bein und Arm.* Das Bein folgt nun parallel dem ausführenden Arm, der andere Arm bleibt seitlich ausgestreckt. Wenn der rechte Arm bei 2 in einem Bogen heraufschwingt, schwingt auch das rechte Bein nach oben und bleibt bei 3 in weitem Bogen in der Luft gedehnt. Bei 4 fällt es mit dem Körper und dem Arm entspannt in eine geöffnete Haltung zurück (Knie gebeugt). Das Becken wird im Bogen nach vorne angehoben, beide Knie sind gebeugt und öffnen sich seitlich, das rechte Knie ist ausreichend auswärts gedreht, um das Körpergewicht stabilisieren zu können. Rückfedern zur Ausgangsstellung, dabei die Beine wieder grätschen (5-6).

Links wiederholen.

Variation II: *Fall zur entgegengesetzten Seite mit beiden Armen.* Beide Arme nach vorne fallend kreuzen (1), dann gleichzeitig mit dem rechten Bein emporstrecken (2). Wenn das Bein im Bogen nach rechts geöffnet wird, haben die Arme den höchsten Punkt über dem Kopf erreicht. Das rechte Bein kehrt zum Boden zurück, während der Oberkörper nach links, vom rechten Bein weg, kippt, die Arme fallen locker zur Seite, beide Knie beugen sich (4). Zur Mitte rückfedern, dabei nehmen die Arme ihre seitliche Ausgangsstellung fast wieder ein (5-6). Wiederholen, nun Emporstrecken des linken Beins, beide Arme kreuzen und in Schwebehaltung über den Kopf strecken, dann das linke Bein seitlich zu Boden fallen lassen, während der Körper nach rechts kippt.

Wiederholung: Mit Seitenwechsel.

19. SEITLICHES KIPPEN MIT EINEM ARM UND RÜCKFEDERN

Anfang *1. Phrase / 1 . . . . 2 . . . .*

. . . . . . .3 . . . . .4 . . . .

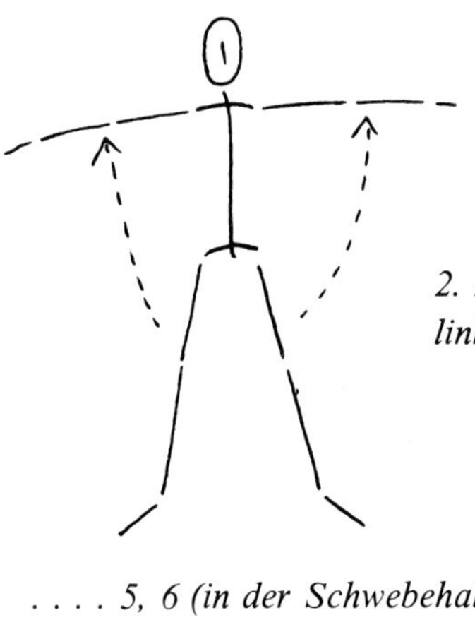

2. Phrase / Mit dem linken Arm wiederholen

. . . . 5, 6 (in der Schwebehaltung)

Variation I

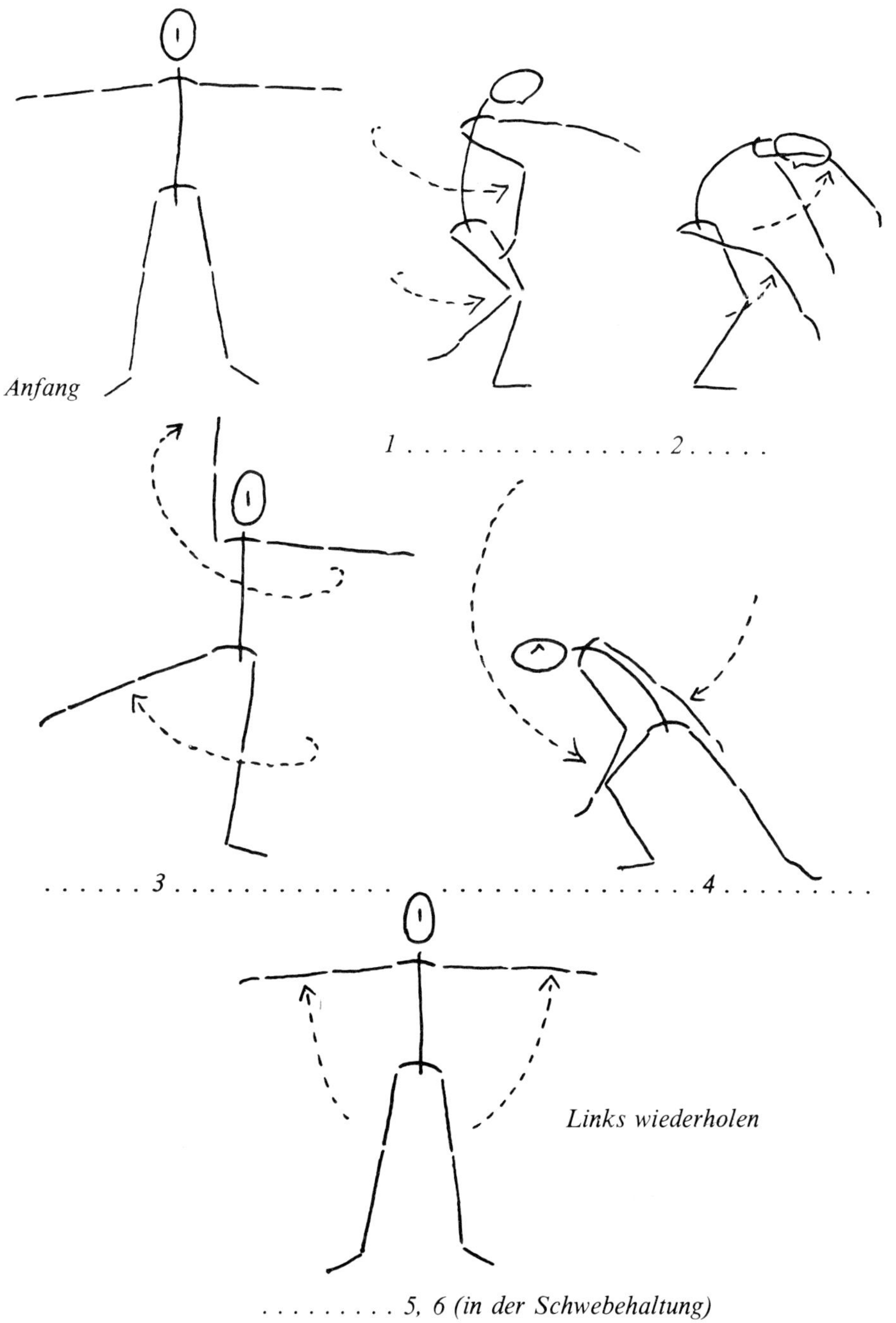

Variation II

Anfang . . . .

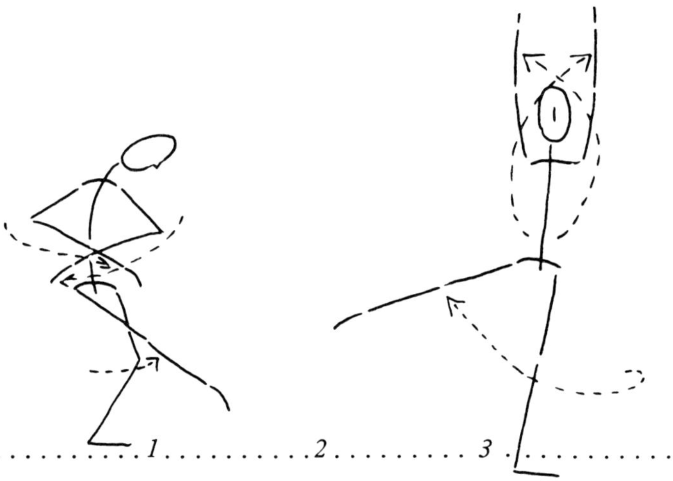

. . . . *1* . . . . *2* . . . . *3* . . . .

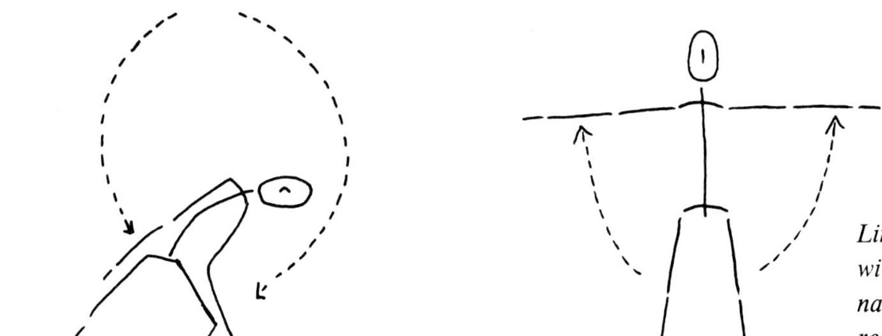

Links wiederholen, nach rechts fallen

. . . . *4* . . . . *5, 6 (in der Schwebehaltung)*

20. DIE ACHT: Mit Seitenwechsel

Die Acht ist an sich ein Schwung des Arms (der Arme) in Form zweier Kreisbögen, an dem der gesamte Körper teilhat. Die Dynamik aller bisherigen Körperschwünge ist auch hier wirksam. Wird »die Acht« mit einem Arm ausgeführt, liegt die Figur seitlich dieses Arms. Wird sie mit beiden Armen ausgeführt, dann bildet sich die erste Schleife der »Acht« mit vorgebeugtem Oberkörper und kreuzenden, dann steigenden Armen nach vorne; die zweite Schleife entsteht aus einem Rückwärtsbeugen des Rumpfes mit Öffnen, Fallen und anschließendem Anheben der Arme.

Zählweise: 1 Phrase mit 8 Zählzeiten.

Richtung: Seitlich.

Tempo: 86 ***Musik:*** Getragen.

Ausgangsstellung: Körper nach vorne gerichtet, Beine in einem Winkel von 45 Grad auswärts gedreht und weit gegrätscht. Gewicht auf dem rechten Bein, Knie gebeugt, der Körper neigt sich aus der Taille nach rechts, rechter Arm in Schulterhöhe seitlich gestreckt, der Kopf weist in die gleiche Richtung, das Gesicht nach oben gewandt. Der linke Arm ist auf der linken Körperseite ohne Anspannung leicht konvex gerundet. Das Becken ist etwas nach vorne verlagert und auf einer Ebene mit den Schultern. Die Bewegungen reichen weit nach rechts und links, dabei bleibt der Körper jedoch nach vorne ausgerichtet.

Phrase: Kopf, Rumpf, rechten Arm und Hand (Handfläche offen und nach oben weisend) in einem weiten Bogen nach rechts heben (1), bei 2 ist der Scheitelpunkt der ersten Schleife der »Acht« erreicht; mit wachsender Schwungkraft Arm, Kopf und Rumpf durch die Mitte kreuzen (3); nun links die Schleife beschreiben, dazu den rechten Arm in einem zweiten Bogen weit vor dem Körper entlang führen (4). Das Körpergewicht befindet sich nun über dem linken Bein, das Knie ist gebeugt, der rechte Arm nähert sich mit langsam abnehmender Schnelligkeit dem Scheitelpunkt des zweiten Kreises (5-6). Dabei ist das rechte Bein so sehr gestreckt, daß die Fußzehen den Boden kaum noch berühren. Nun beginnt eine Fallbewegung in Richtung der ersten Schleife, d. h. der rechte Arm fällt schnell vor dem Körper nach rechts (7). Die Schwungkraft nimmt wiederum in dem Maße zu, in dem der Körper sich seitlich öffnet, das Gewicht ruht auf dem rechten Bein, das Knie ist gebeugt, der Arm schwingt tief und erhebt sich zum höchsten Punkt auf der rechten Seite (8). Aus dieser Stellung kann die Acht nun ohne Unterbrechung ein weiteres Mal ausgeführt werden.

Anmerkung: Das Ein- und Ausatmen folgt ganz natürlich den auf- und abwärts gerichteten Bewegungen.

20. DIE ACHT: Mit Seitenwechsel

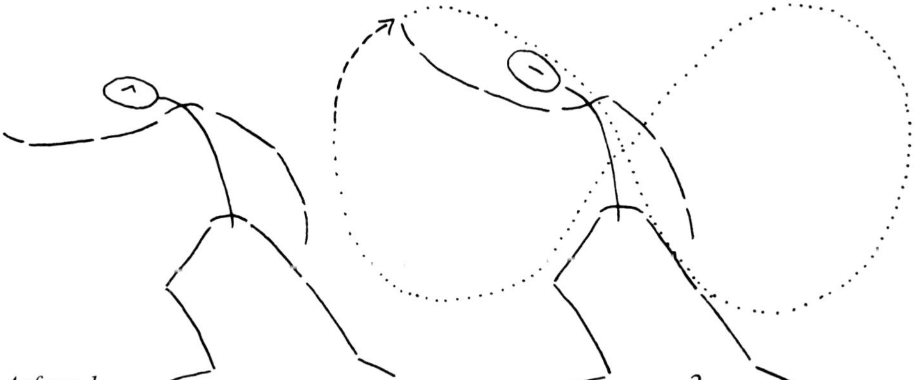

Anfang 1 . . . . *2* . . .

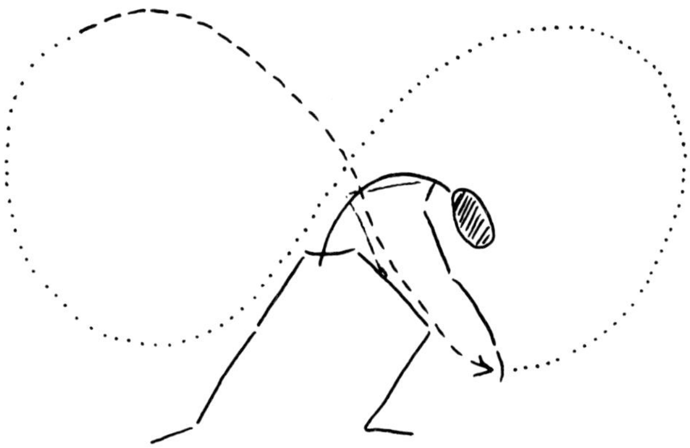

. . . . *3* . . . .

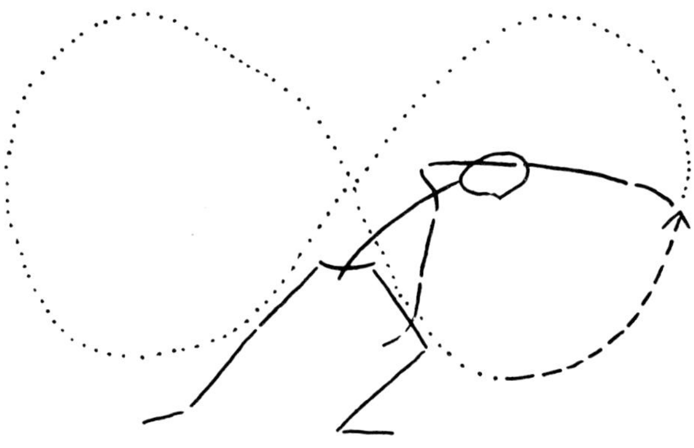

. . . . *4* . . . . *5* . . . .

6

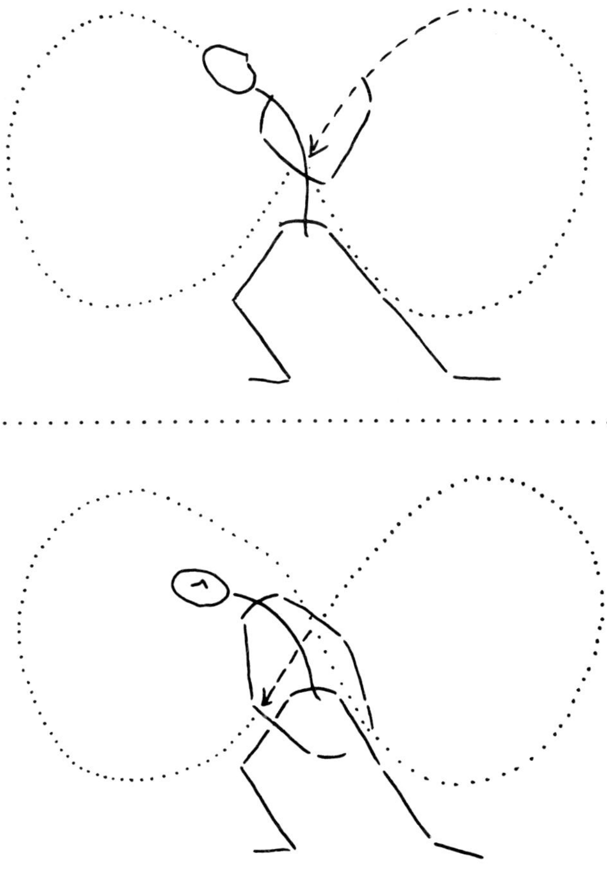

7

Fortführen und wiederholen

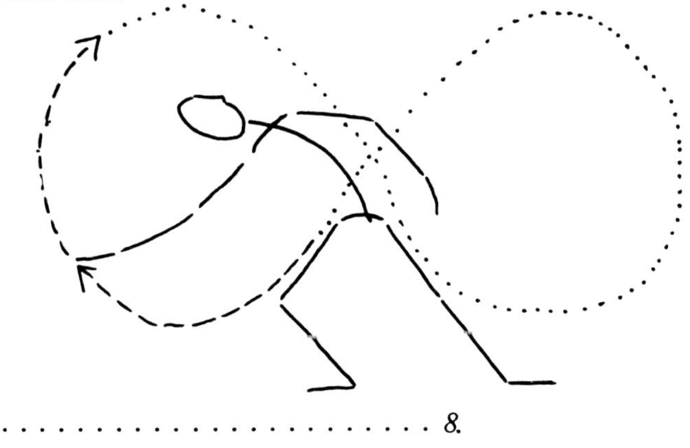

Übung mindestens viermal auf jeder Seite (rechts und links) wiederholen.

Variation: Die gleichen Arm- und Körperbewegungen, doch das Bein gegenüber dem gestreckten Arm hebt sich in gemäßigter Höhe vom Boden, wenn die Schwungkraft zunimmt.

Variation: Bein gegenüber hebt vom Boden, wenn die Schwungkraft zunimmt.

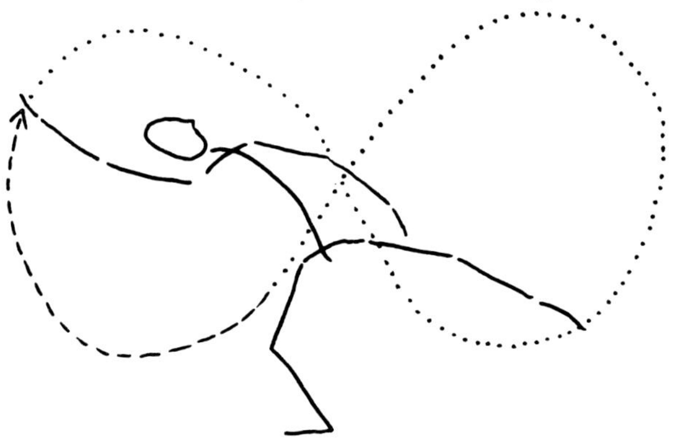

21. DIE ACHT: Beide Arme

Zählweise: 1 Phrase mit 6 Zählzeiten, mit einer Vorbereitung von 3 Zählzeiten.

Richtung: Vornüber, nach oben, zurückfallen, nach oben.

Tempo: 86 ***Musik:*** Getragen.

Ausgangsstellung: Körper nach vorne gerichtet, Beine in einem Winkel von 45 Grad auswärts gedreht und gegrätscht, Gewicht gleichmäßig verteilt, Arme hängen locker, Handflächen zeigen nach außen.

Vorbereitung: Mit Impuls in den Knien beide Arme seitlich heben; einatmen und die Bewegung durch Hals, Kopf und Schultern fließen lassen (1-2). Die Arme sind nun nach oben und außen gestreckt und haben bei 3 fast den höchsten Punkt erreicht, die Handflächen beginnen nach vorne zu drehen.

Phrase: Arme nach unten schwingen, dabei Oberkörper und Kopf nach vorne einrollen, die Knie über die Füße beugen, während die Arme vor dem Körper kreuzen (1). Nun heben sich die Arme und ziehen den Rumpf mit sich hoch (2). Der Atem, beim Vorwärtsfallen ausgestoßen, wird nun wieder eingezogen. Bei 3 hat die Körperstreckung ihren höchsten Punkt erreicht, die Arme sind über dem Kopf erhoben und öffnen sich zu getrennter Bogenführung. Der Körper ist in der Schwebehaltung und zum Fall bereit. Dieses Mal ist der Fall (4) nach rückwärts und geöffnet. Das Becken ist nach vorne verlagert, die Knie nach außen gedreht, um den Körper im Gleichgewicht zu halten; die Arme sind sukzessiv zur Seite gefallen, der Kopf ist zurückgeworfen. Nun geht der Schwung in die Gegenrichtung, Arme und Körper federn — Handflächen nach außen — zurück in die Ausgangsstellung bei der Vorbereitung (5 und 6).

Anmerkung: Die Acht (mit beiden Armen) besteht aus ausgreifenden, schwingenden Bewegungen, durch die der ganze Oberkörper nach vorne und nach hinten gebogen werden. Die Arme bewegen sich beim Heben und Senken immer sukzessiv, die Hände drehen sich leicht nach innen-abwärts und außen-aufwärts.

21. DIE ACHT: Beide Arme

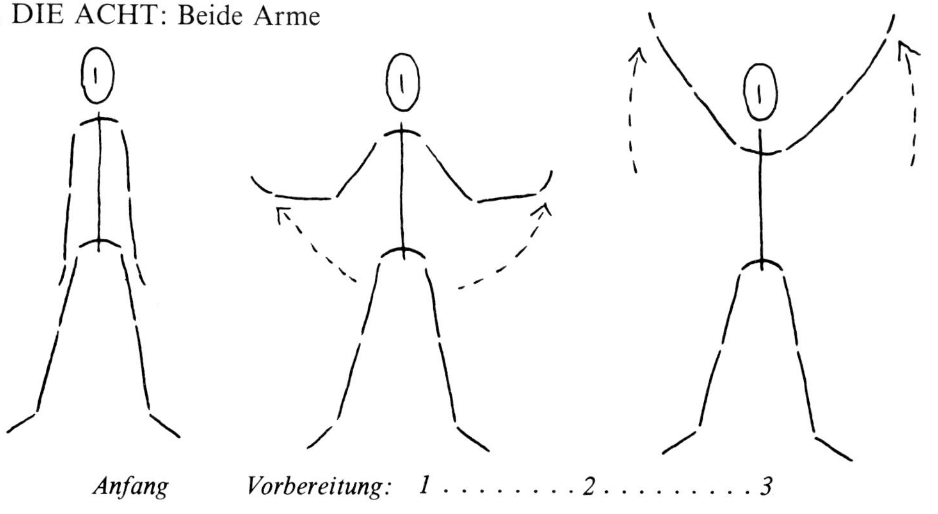

Anfang *Vorbereitung: 1 . . . . 2 . . . . 3*

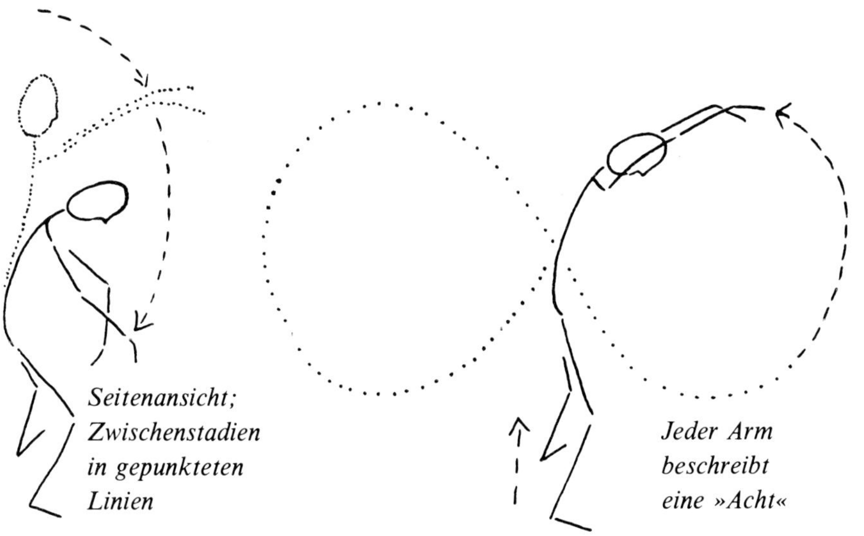
Seitenansicht;
Zwischenstadien
in gepunkteten
Linien
Jeder Arm
beschreibt
eine »Acht«

1 . . . . *2, 3* . . . .

. . . . *4* . . . .

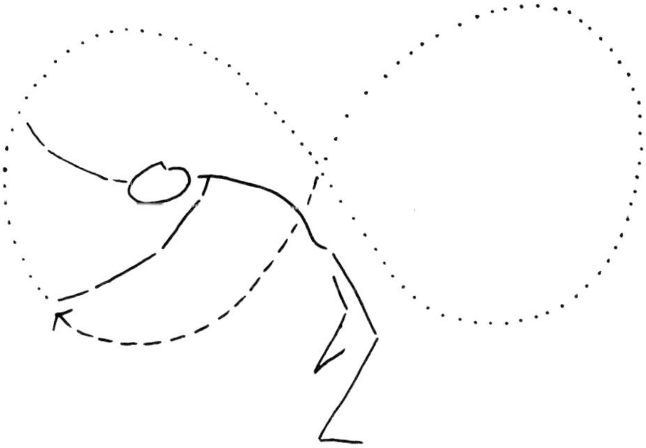

5

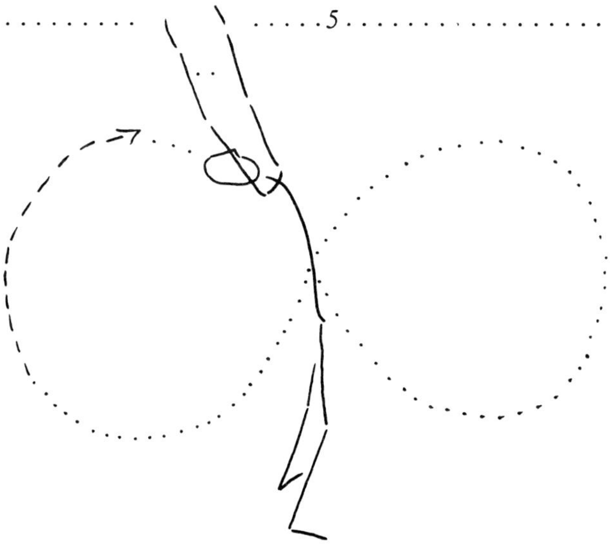

6.

22. HORIZONTALE SCHWÜNGE DES OBERKÖRPERS: Halbkreise[1]

Zählweise: 2 Phrasen mit jeweils 6 Zählzeiten.

Richtung: Eine sukzessive Fallbewegung des Rumpfes, in rückwärts-horizontalem Bogen von einer Seite zur anderen.

Tempo: 48 (langsam) ***Musik:*** Getragen, mitschwingend.

Ausgangsstellung: Körper nach vorne gerichtet, Beine in einem Winkel von 45 Grad auswärts gedreht und weit gegrätscht, Gewicht gleichmäßig auf beide Füße verteilt. Arme in Schulterhöhe seitlich gestreckt, Ellbogen und Handgelenke leicht nach hinten gebeugt.

1. Phrase: Beim Ausatmen rechtes Knie beugen, Rumpf und Kopf nach rechts fallen lassen und mit einer sich beschleunigenden Fallbewegung nach hinten schwingen (1-2), in der Mitte des rückwärtigen Halbkreises ist das Gesicht nach oben gewandt, der Rumpf weit nach hinten gelehnt, Becken angehoben, beide Knie sind stark gebeugt, die Fersen auf dem Boden (3); Fortsetzung der fallend-schwingenden Bewegung zur linken Seite, seitliches Heraufziehen des Rumpfes und Einatmen (4-6). Das Gewicht ruht nun auf dem linken Bein, der Kopf fällt zur Seite, die Arme bleiben in großem Bogen ausgestreckt, das rechte Bein ist nicht völlig durchgedrückt, dehnt sich jedoch aus dem Fußgelenk.

2. Phrase: Gegenrichtung.

22. HORIZONTALE SCHWÜNGE DES OBERKÖRPERS: Halbkreise

[1] Die Bewegungen ähneln denen der Anfangssequenz von Doris Humphreys *Circular Descent.*

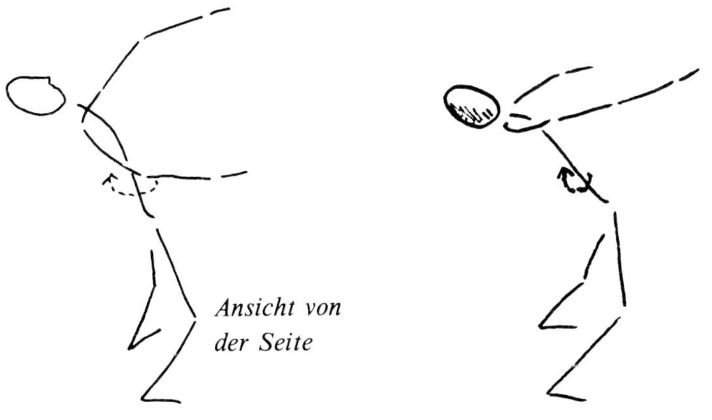

. . . . .2 . . . . .3 . . . .

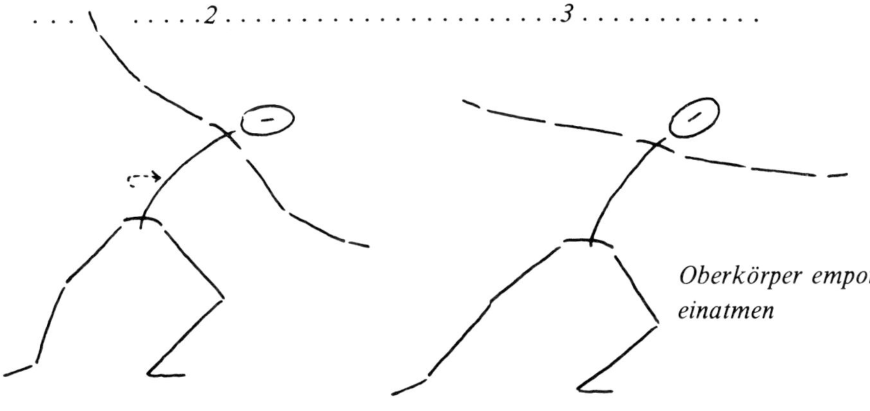

Oberkörper emporziehen, einatmen

. . . . . .4,5 6

Anmerkung: Das Becken ist nach vorn-oben verlagert, die Oberschenkel tragen das Körpergewicht: dadurch wird auf die Lendenregion des Rückens kein Druck ausgeübt. Der Halbkreisschwung des Oberkörpers ist eine Vorbereitung für den Kreisschwung des Oberkörpers.

23. HORIZONTALE SCHWÜNGE DES OBERKÖRPERS: Kreise

Zählweise: 2 Phrasen mit jeweils 6 Zählzeiten.

Richtung: Die Arme bewegen sich während der gesamten Übung etwa in Schulterhöhe. Der Kreis wird von jeweils einem Arm ausgeführt. Zunächst seitlich gestreckt, schwingt der Arm nach vorne, dann auf die andere Seite und über dem Kopf zurück in seine Ausgangsstellung. Der rechte Arm schwingt *gegen* — der linke Arm *mit* dem Uhrzeigersinn.

Tempo: 48 (langsam) ***Musik:*** Getragen, mitschwingend.

Ausgangsstellung: Körper nach vorne gerichtet. Beine im Winkel von 45 Grad auswärts gedreht und weit gegrätscht. Die Arme fallen seitlich in einem natürlichen konvexen Bogen. Körpergewicht gleichmäßig verteilt.

Vorbereitung: Bei »und« vor 1, rechten Arm seitlich in Schulterhöhe heben und strecken, der linke Arm bleibt gesenkt, die Finger liegen leicht auf dem linken Oberschenkel; mit dem sich streckenden Arm neigen sich Oberkörper und Kopf nach rechts. Das Körpergewicht hat sich durch Beugen des Knies auf das rechte Bein verlagert; das linke Bein ist fast durchgedrückt.

1. Phrase: Mit starkem Impuls in den Kreis gehen, dabei den Oberkörper und den Arm nach vorne schwingen; der rechte Arm bewegt sich gegen den Uhrzeigersinn nach vorne (1). Die Knie beugen sich über den Füßen nach außen, das Gewicht ist gleichmäßig verteilt (2). Bei 3 schwingt der Arm zur anderen Seite und das Gewicht verlagert sich auf das linke Bein. Weiter kreisend beugt sich der Oberkörper rückwärts, dabei wird das Becken nach vorne verlagert, um das Gewicht auf beiden Beinen zu stabilisieren. Beim Zurückbiegen kreist der rechte Arm über den Kopf (4). Nun ist der rückwärts gerichtete Zug des Armes am stärksten, und der Oberkörper hat die Kreisbewegung fast beendet. Bei 6 wird das Körpergewicht wiederum nach rechts verlagert, der rechte Arm hat den Kreis vollendet.

Übung mit dem rechten Arm drei- oder viermal wiederholen.

2. Phrase: In der Gegenrichtung fortfahren, bei 6-»und« den rechten Arm fallenlassen und gleichzeitig den linken Arm zur Seite ziehen. Gewichtsverlagerung auf das linke Bein, die Übung wird im Uhrzeigersinn mit dem linken Arm ausgeführt.

Variation: *Dreiviertelkreis, der mit vertikalem Armstoß endet.* Die Übung etwas schneller ausführen, so daß Oberkörper und rechter Arm bereits bei 3 hinter dem Becken sind. Bei 4 den rechten Ellbogen in Schulterhöhe scharf abwinkeln, Handfläche nach außen. Die Knie tiefer beugen. Bei 5 stößt der rechte Arm, vom Rumpf sicher gestützt, langsam nach oben, Rumpf und Knie strecken sich langsam. Der Kopf weist nun an der Hand vorbei nach oben. Bei 6 ist der vertikale Stoß beendet. Auf der anderen Seite wiederholen: Bei 6-»und« den rechten Arm auf den Oberschenkel fallen lassen, linken Arm seitlich anheben, Gewicht auf die linke Seite verlagern und im Uhrzeigersinn die Kreisbewegung vor dem Stoß mit dem linken Arm ausführen. Wird die Übung durch das Wiederholen sicher beherrscht, werden dann bei 5-6 beide Arme gleichzeitig nach oben gestoßen. Dadurch wird der Körper hoch aufgerichtet und ist so in der Ausgangsstellung zu Übung 24 *Fall zur Mitte, Rückfedern und kreisförmige Sukzessionen,* die jetzt unmittelbar angeschlossen werden kann.

Übung 23: Kreisvariation, vertikaler Stoß (Zählzeit 5); (Gail Corbin).

23. HORIZONTALE SCHWÜNGE DES OBERKÖRPERS: Kreise

Anfang *und* . . . .

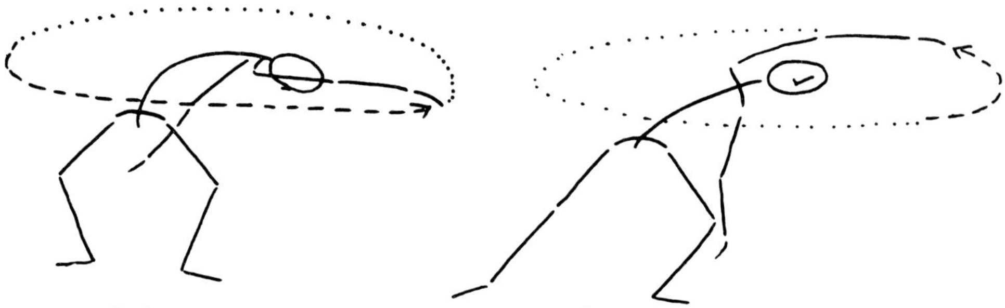

. . . . . *1, 2* . . . . *3* . . . .

. . . . *4, 5* *6*

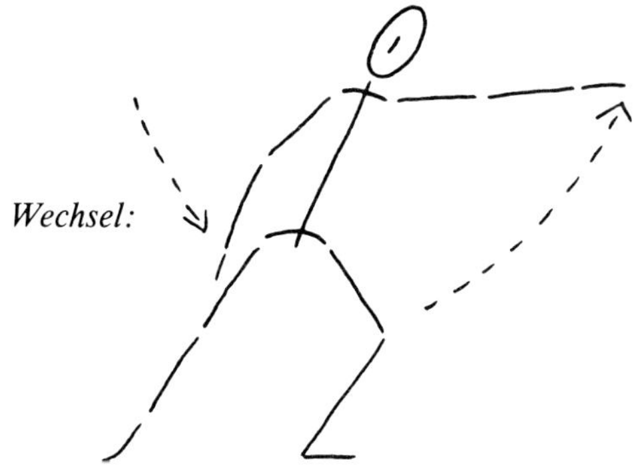

. . . . und

Variation: Dreiviertelkreis mit vertikalem Armstoß nach oben

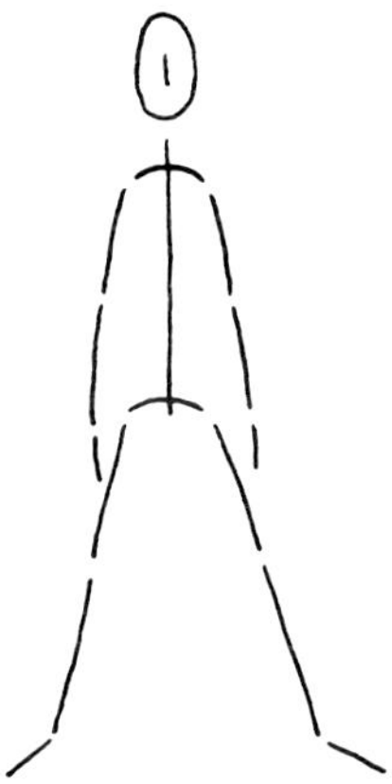

Anfang

und . . . .

. . . . 1 . . . . 2 . . . .

3
4
Seiten-
ansicht
5
6
Wechsel:
. . . . und . . . .

24. FALL ZUR MITTE, RÜCKFEDERN UND KREISFÖRMIGE SUKZESSIONEN

Fortsetzung der Übung 23. Die kreisförmige Sukzession ist eines der besten Beispiele für Humphreys Theorie von Fall/Wiederaufrichten in Verbindung mit sukzessiver Bewegung. Kreisförmige Sukzessionen sind die fundamentale Bewegungssprache von *Water Study,* Ansteigen und Fallen die Gezeiten des Meeres symbolisierend. Die Bewegungsabläufe erfordern eine beachtliche Stärke der Oberschenkelmuskulatur und ein sicheres Gleichgewicht; fast während des gesamten Ablaufs bleibt das Becken nach vorne verlagert.

Zählweise, Tempo und ***Musik:*** wie oben.

Richtung: Vor-nach unten-hoch; vor-nach unten-nach hinten-hoch.

Ausgangsstellung: Füße weit gegrätscht, Arme über dem Kopf erhoben, Körper aufrecht. Blick nach vorne und oben.

Fall zur Mitte und rückfedern

Beim Ausatmen den Oberkörper tief nach vorne fallen lassen, bis der Rücken gerundet ist; die Arme sind dem Körper zugewandt und beugen sich sukzessiv (Ellbogen, Handgelenk, Finger), die Knie beugen sich über die Füße, die Finger berühren den Boden und der Kopf fällt tief nach unten (1-3). Rückfedern, dabei die Bewegungsrichtung der Arme, der Hände, des Oberkörpers und des Kopfes mit abnehmender Geschwindigkeit umkehren (4-6). Bei 6 haben Oberkörper und Arme ihre ursprüngliche Stellung wieder erreicht und können nun die kreisförmige Sukzession beginnen.

Kreisförmige Sukzession

Vom höchsten Punkt der Streckung von Arm und Körper aus fallen die Arme mit nach innen gekehrter Handfläche nach vorne, die Knie beugen sich ebenfalls nach vorne und der Rumpf rundet sich (1-2). Langsames Ausatmen. Wenn die Arme seitlich entlang den Beinen schwingen, beginnt sich das Becken nach vorne zu verlagern, die Schultern fallen zurück, und der Ablauf der Bewegung geht in die Gegenrichtung. Der Kopf ist immer noch nach vorne gebeugt. Beim Einatmen ruht das Körpergewicht auf dem Becken und auf beiden Beinen, vor allem auf den Oberschenkeln (3); wenn der Oberkörper sich nach hinten öffnet, fällt der Kopf mit den Armen zurück, die in großem Bogen nach hinten schwingen, die Handflächen nach außen gekehrt, das Aufrichten beginnt (4). Der Körper richtet sich mit vermindertem Tempo auf, das Gewicht wird nun von den Oberschenkeln und vom Becken getragen, die Arme strecken sich an der Körperseite nach oben, der Körper erreicht

Übung: Kreisförmige Sukzession (Zählzeit 4); (Mira Pospisil).

seine größte Streckung (5-6). Auf dem höchsten Punkt drücken sich die Füße in den Boden, das Becken liegt unterhalb der Schulterlinie, und der Körper findet zum völligen Gleichgewicht zurück.

Übung mit dem Fall zur Mitte beginnend wiederholen.

Variation: *Sukzession mit einem Arm.* Wie die kreisförmige Sukzession, nun jedoch mit nur jeweils einem Arm, wobei der zweite in einer mehr oder weniger gleichbleibenden Haltung über dem Kopf gestreckt bleibt, während der ausführende Arm den Kreis beschreibt, und der Körper den Bewegungen folgt.

Übung mit Armwechsel wiederholen.

Anmerkung: Die Übung 24 und die Variation können zu einem aufeinanderfolgenden Bewegungsfluß verbunden werden. (Zunächst fallen, rückfedern und die Sukzession mit beiden Armen ausführen; dann fallen, rückfedern und die Sukzession mit einem Arm anschließen.) Beide Übungen schließen mit der aufwärts gerichteten Bewegung ab.

24. FALL ZUR MITTE, RÜCKFEDERN UND KREISFÖRMIGE SUKZESSIONEN

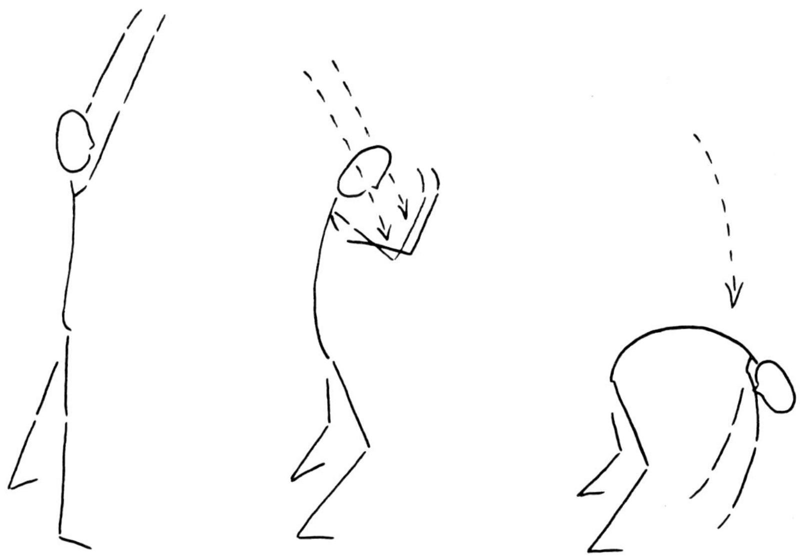

Anfang *1, 2* . . . . *3* . . . .

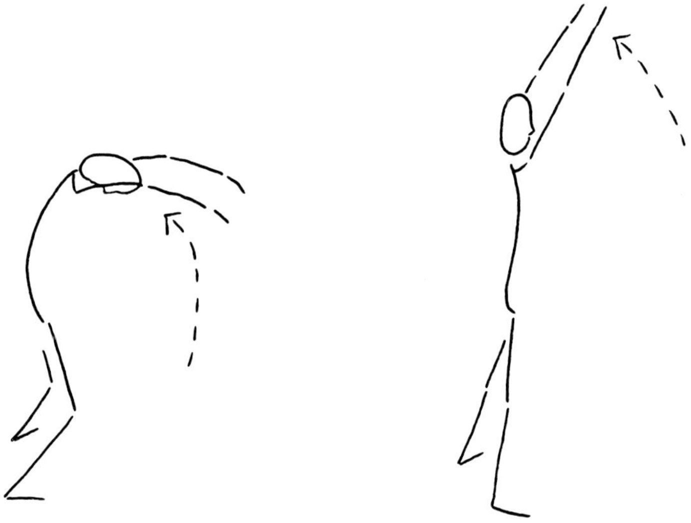

. . . . *4, 5* . . . . *6.*

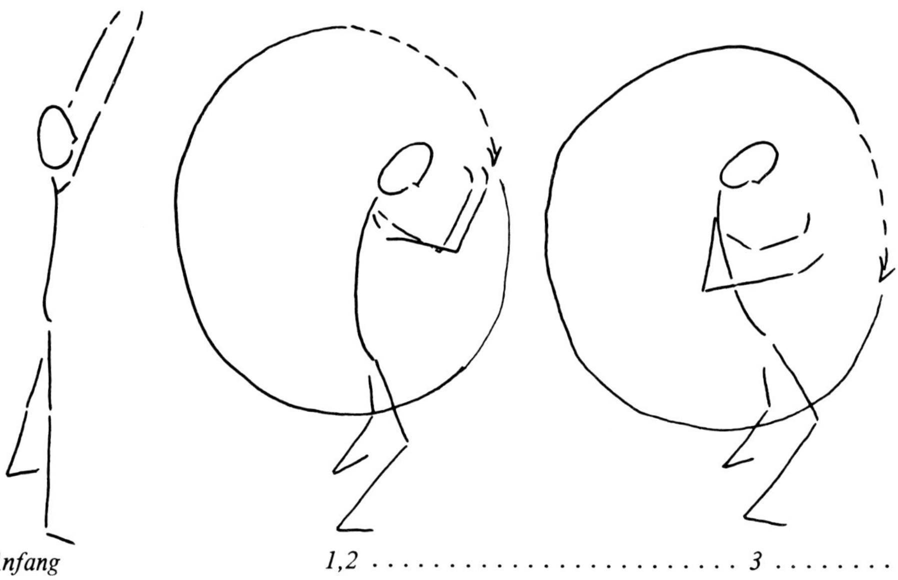

Anfang *1,2* . . . . *3* . . . .

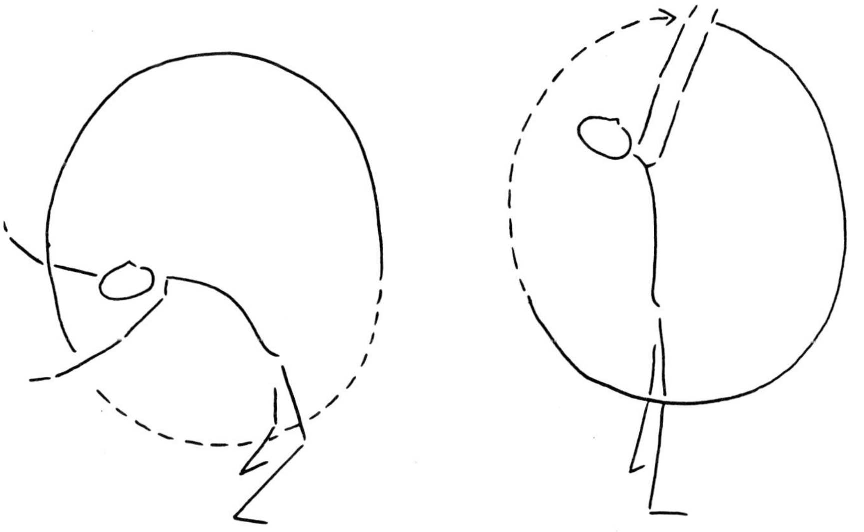

. . . .*4, 5*. *6*

Variation: Sukzession mit einem Arm

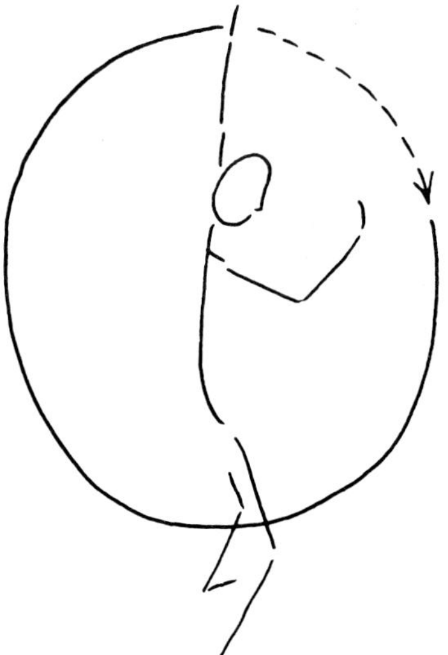

4. KAPITEL
ÜBUNGEN AM BODEN

EINLEITUNG

Wenn Doris Humphrey schreibt: »Der Tänzer des Modern Dance muß auf den Boden hinunter, um seine Beziehung zu Schwerkraft und Realität herzustellen«[1], bezieht sie sich damit auf die neue Ästhetik des Modern Dance, einer Ästhetik, die der der anderen modernen Künste jener Zeit auf dem Fuße folgte. In der Musik, Architektur, Malerei, Bildhauerei und Literatur hatte ein Aufbegehren gegen die pseudoromantische Dekadenz der Kunst des späten neunzehnten Jahrhunderts längst begonnen. Archäologische Entdeckungen primitiver Kunstformen trugen dazu bei: Künstler wie Paul Klee, Constantin Brancusi, Georges Rouault, Henry Moore, Pablo Picasso, Jean Arp, Henri Matisse und andere wurden durch die kühnen Farben, die Flächigkeit und die unkörperliche Raumwiedergabe der »Primitiven« inspiriert. Die neu entstehende Kunst war von großer Vitalität und erfrischender Direktheit, die radikal mit dem Impressionismus und der abgenutzten naturalistischen Malerei und Skulptur brach. Ebensolche radikale Erneuerung war in der Architektur, der Musik und Literatur zu beobachten.[2]
Das neue Realitätsempfinden griff auch über auf den Modern Dance in Amerika, und die Suche nach einer den primitiven Konzepten verwandten Ästhetik führte zu einer neuen Wertung des Raums. Der Boden wurde als tiefe Ebene tänzerischer Bewegung entdeckt, die gleichrangige Bedeutung mit den anderen Ebenen erlangte — nämlich des mittleren Raumes und des oberen (»in der Luft«). Übungen wurden

[1] Humphrey, *My Approach to the Modern Dance,* a.a.O., S. 188.
[2] Siehe: Louis Horst, *Modern Dance Forms in Relation to the Other Modern Arts.* San Francisco 1961.

entwickelt, um die Möglichkeiten freier Körperbewegungen auf dem Boden zu erproben, und zwar mit dem Ziel, diese Bewegungen Teil von Tanzkompositionen werden zu lassen.
Einige der nun folgenden Bodenübungen wurden von Doris Humphrey entwickelt, einerseits, um ihre Theorie von der Opposition in den drei Bewegungsebenen zu verdeutlichen und andererseits, um die Oberschenkelmuskulatur für die Fallbewegungen zu stärken. Die meisten dieser Übungen bedienen sich gleichermaßen des Prinzips von Fall und Wiederaufrichten wie der sukzessiven Bewegung, um Muskelstärke und Flexibilität des Rückens, der Bauchdecke und der Beine zu entwickeln. Vergessen Sie nicht, daß in der »Sitzhaltung«, die bei Beginn und beim Wiederaufrichten die Balance gewährleistet, das Gewicht des Körpers nur bei aufrechtem Oberkörper (genau über den »Sitzknochen« im Becken) ausreichend gestützt wird. Wenn nicht ausdrücklich anders angegeben, muß die Wirbelsäule in der aufrechten Haltung gerade sein. Die Übungen 25-27 können mit der gleichen Musik zu einer Sequenz verbunden werden.

STRECKÜBUNGEN

25. SUKZESSIVE ATEMBEWEGUNG

Gleichzeitige Streckung der Muskulatur des inneren Oberschenkels und des Rumpfes.

Zählweise: 4 Phrasen mit jeweils 4 Zählzeiten.

Tempo: 52-54 ***Musik:*** Ruhig, jedoch leicht akzentuiert.

Ausgangsstellung: Aufrecht auf dem Boden sitzen, die Knie sind vom Rumpf weg angewinkelt, die Hände umfassen die Fußgelenke, die Fußsohlen berühren sich. Die Ellbogen sollten so weit als möglich nach vorne gebracht werden, um mit den Knien eine Linie zu bilden. Der Rücken ist so gerade wie möglich.

Vorbereitung: Mit gerader Wirbelsäule 8mal langsam nach vorn federn, dazwischen immer wieder aufrichten; dann nach vorn fallen und 8mal mit gerundetem Rücken federn. Beide Sequenzen wiederholen. Wieder aufrichten.

1.-4. Phrase: Langsam ausatmen, dabei Oberkörper und Kopf nach vorne fallen lassen (1-4); langsam einatmen und wieder aufrichten (1-4); ausatmen und den Rumpf nach hinten runden, dabei bleiben die Schultern über dem Becken (1-4); einatmen und zur Ausgangsstellung zurückkehren.

Wiederholung mit 2 Zählzeiten pro Bewegung.

Wiederholung mit einer Zählzeit pro Bewegung.

Die gesamte Übung in jedem Tempo 4mal wiederholen. Dann ohne Unterbrechung die nächste Übung anschließen.

Anmerkung: Der Atem setzt die sukzessiven Bewegungen des Oberkörpers in Gang.

25. SUKZESSIVE ATEMBEWEGUNG

Anfang *Vorbereitung: 8 mal Federn . . . . . . zurück . . . .*

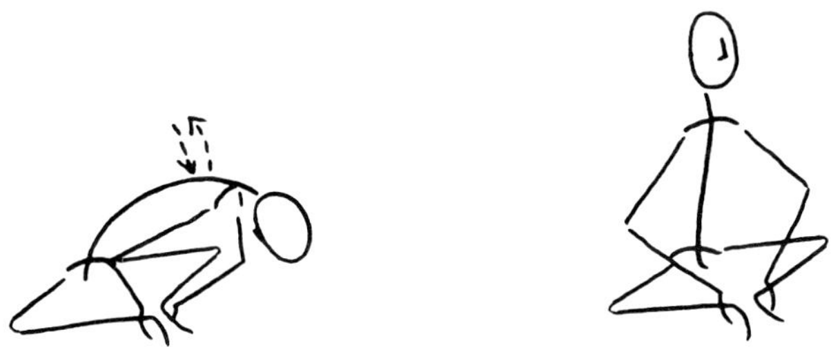

. . . . 8 mal Federn . . . . zurück

1. Phrase / 1, 2, 3, 4 . . . . 1, 2, 3, 4 . . . . ausatmen 1, 2, 3, 4 . . . . . .

.... einatmen 1, 2, 3, 4

26. KNIESTRECKUNG: Vorwärts und nach oben

Eine Übung zur Ausrichtung der Wirbelsäule und Stärkung der Oberschenkelmuskulatur.

Zählweise: 3 Phrasen mit jeweils 8 Zählzeiten.

Tempo: 52-54 ***Musik:*** Ruhig, jedoch betont.

Ausgangsstellung: Auf dem Boden sitzen, die Knie geschlossen vor dem Körper angewinkelt, Arme in Schulterhöhe seitlich gestreckt, Handfläche nach vorn. Wirbelsäule gerade und nach hinten abgewinkelt. Kopf in einer Linie mit der Wirbelsäule. Die Fußzehen berühren leicht den Boden. Die Stellung der Schultern bleibt während der ganzen Übung unverändert.

1. Phrase: Das rechte Bein nach oben strecken, bis das Knie durchgedrückt ist (1-2). Das rechte Bein zur Ausgangsstellung zurückführen, das linke Bein nach oben strecken (3-4). Wiederholen.

2. Phrase: Wiederholung mit Beinwechsel auf jeder Zählzeit (8 Zählzeiten).

3. Phrase: Beide Beine gleichzeitig strecken und parallel in der Luft halten (8 Zählzeiten).

Wiederholung: Noch einmal die gesamte Übung, dann ohne Unterbrechung die nächste Übung anschließen.

26. KNIESTRECKUNG

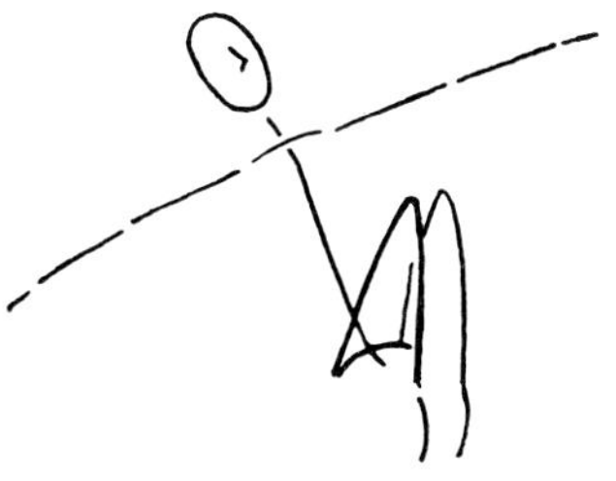

Anfang

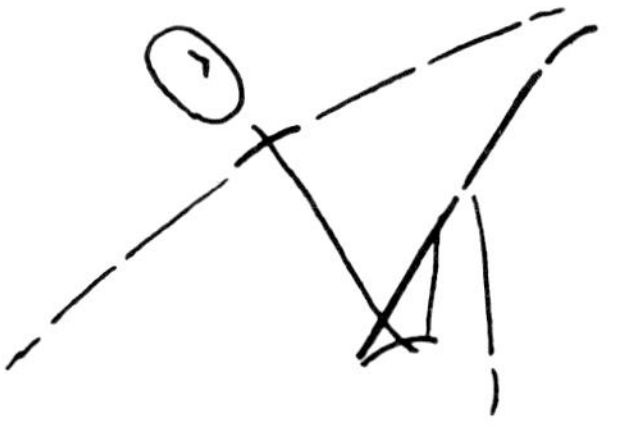

1. Phrase / 1, 2 . . . . .

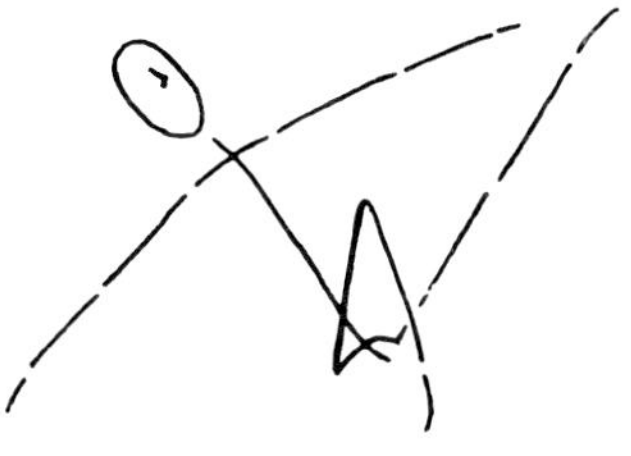

. . . . .3, 4

2. Phrase / Wiederholung mit Beinwechsel (8 Zählzeiten)

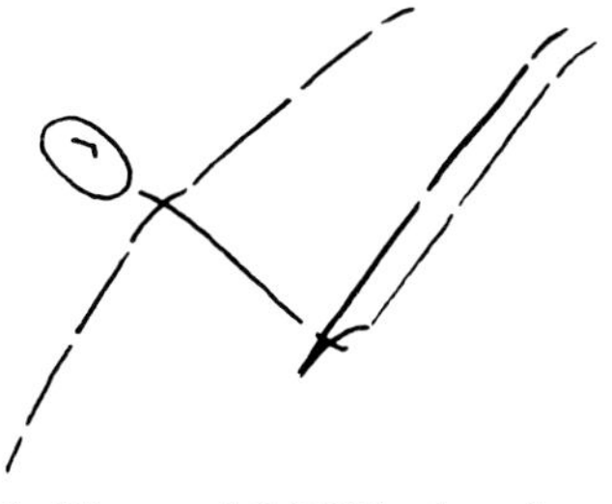

3. Phrase / 8 Zählzeiten lang halten

27. GEGENGLEICHE STOSSBEWEGUNGEN

Diese Übung soll ein größeres Bewußtsein für die natürliche Gegengleichheit der Arm- und Beinbewegungen bewirken.

Zählweise: 2 Phrasen mit jeweils 8 Zählzeiten (beidseitig).

Tempo: 52-54 ***Musik:*** Akzentuiert, volltönend.

Ausgangsstellung: Auf dem Boden sitzen, Knie sind vor dem Oberkörper angewinkelt. Füße auf dem Boden. Der linke Arm ist neben dem linken Knie nach oben abgewinkelt. Ellbogen und Hand bilden eine gerade Linie. Die rechte Hand liegt neben der rechten Hüfte auf dem Boden. Der Oberkörper ist vornüber gerundet, der Kopf nahe bei den Knien.

1. Phrase: Bei 1 werden gleichzeitig die linke Hand und auf dem Boden das rechte Bein nach vorne gestoßen (der Arm ist jetzt gestreckt und das Knie durchgedrückt). Arm und Bein sind parallel. Der Kopf ist in einer Linie mit dem gestreckten Rumpf, der leicht nach hinten geneigt ist. Rückkehr zur Ausgangsposition (2). Viermal wiederholen.

2. Phrase: Armwechsel, den rechten Arm gleichzeitig mit dem linken Bein nach vorne stoßen, zur Ausgangsposition zurückkehren. 4mal wiederholen.

Variation I: Beim Vorwärtsstoßen des rechten Beins und des linken Arms hebt sich das Becken waagerecht über den Boden (1-2). Das Becken ist hoch angehoben, dadurch wird die Oberschenkelmuskulatur stark belastet. Die rechte Hand trägt das Gewicht des Oberkörpers. Der Kopf ist zurückgeworfen, das Gesicht nach oben gewandt. Zur Ausgangsposition zurückkehren. 4mal wiederholen.

Übung zur anderen Seite wiederholen.

Variation II: *Parallele Stoßbewegungen.*

Zählweise: 1 Phrase mit vier langsamen Zählzeiten.

Ausgangsstellung: Wie oben, der Kopf fällt jedoch auf die Knie, und beide Hände liegen hinter dem Becken auf dem Boden.

Phrase: Bei 1-2 beide Knie nach vorne stoßen und das Becken vom Boden heben, dabei Oberkörper und Kopf rückwärts strecken. Das Körpergewicht ruht nun auf den Händen und den Fußballen, die Fersen sind vom Boden gehoben. Knie, Becken und Kopf sollten eine Linie bilden. Bei 3-4 das Becken senken und den Oberkörper wieder runden, bis die Ausgangsstellung erreicht ist.

Übung mindestens 4mal wiederholen.

27. GEGENGLEICHE STOSSBEWEGUNGEN

Anfang

1. Phrase / 1 . . . .

. . . . 2

4 mal mit dem linken Arm und rechten Bein wiederholen; dann 4 mal mit dem rechten Arm und linken Bein.

Variation I

1, 2 . . . . 3, 4

Variation II: Parallele Stoßbewegungen

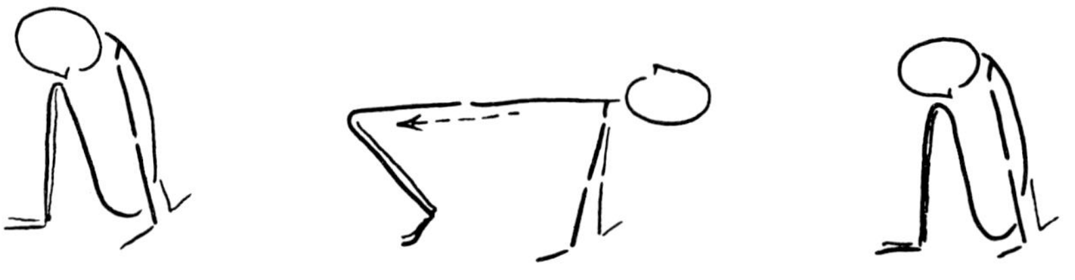

Anfang *1, 2 .... 3, 4*

28. STRECKUNG DER BEINE UND DES RUMPFES MIT ZEITLICHER KOORDINIERUNG VON FALL UND WIEDERAUFRICHTEN

Diese Übung verbindet eine Ganzkörperstreckung mit der Dynamik des Fallens, Rückfederns und der Schwebehaltung.

Zählweise: 6 Phrasen mit jeweils 8 Zählzeiten, einschließlich Rückfedern. Bei den Variationen ist durch den Wechsel für »Pausen« gesorgt.

Tempo: 60 ***Musik:*** Akzentuiert, perkussiv.

Ausgangsstellung: Auf dem Boden sitzen, Beine und Arme zur Seite gestreckt. Das Gewicht ruht auf den »Sitzknochen«. Bei Beginn der Übung ist der Oberkörper aufrecht.

1. Phrase: Die Arme sind in Schulterhöhe seitlich gestreckt, der Oberkörper neigt sich mit gerader Wirbelsäule so weit wie möglich nach vorne, das Becken darf den Boden nicht verlassen. 8mal federn. Auch hier hat jedes Federn die zeitliche Koordination von Fallen und Wiederaufrichten, d. h. schneller beim Federn nach vorne, langsamer beim Wiederaufrichten. Nach dem achten Federn aufrichten und bei 8-»und« verlangsamt den höchsten Punkt des Aufrichtens erreichen.

2. Phrase: Aus der Taille nach rechts fallen, der linke Arm beugt sich über den Kopf nach rechts, der rechte Arm fällt locker auf das rechte Bein. 8mal federn, und bei 8-»und« in die aufrechte Stellung zurückkehren.

3. Phrase: Aus der Taille nach links fallen, der rechte Arm beugt sich über den Kopf nach links, der linke Arm fällt locker auf das linke Bein. 8mal federn, bei 8-»und« aufrichten, beide Arme werden über dem Kopf gestreckt.

4. Phrase: Die Arme dicht vor dem Körper anwinkeln, Handflächen dem Oberkörper zugewandt, die Ellbogen auf den Boden stützen (1-4). Dann nach vorne strecken, dabei die Ellbogen nach außen schieben und die Hände dicht am Boden nach außen drücken (Handflächen nach außen). (Die Bewegung gleicht der vorwärts-seitlichen Armbewegung beim Brustschwimmen.) Gleichzeitig die Füße nach oben anwinkeln. Die Hände umfassen die Fußgelenke oder die Fußzehen.

5. Phrase: Die Füße umfassen und 8mal nach vorne federn, bei 8-»und« rückfedern und zur Ausgangsposition zurückkehren.

6. Phrase: Den linken Arm zum rechten Fußgelenk schwingen, dabei Rumpf und Kopf über das Bein beugen, der Rücken bleibt gerade (1); zur Ausgangsstellung mit seitlich gestreckten Armen rückfedern (2). Dann auf gleiche Weise den rechten Arm zum linken Fußgelenk schwingen (3); zur Ausgangsstellung rückfedern (4). Mit dem linken Arm zum rechten Fußgelenk schwingen (5); zur Mitte rückfedern (6). Mit dem rechten Arm zum linken Fußgelenk schwingen (7); zur Mitte rückfedern (8).

Die gesamte Übung wiederholen.

28. STRECKUNG DER BEINE UND DES RUMPFES MIT ZEITLICHER KOORDINIERUNG VON FALL UND WIEDERAUFRICHTEN

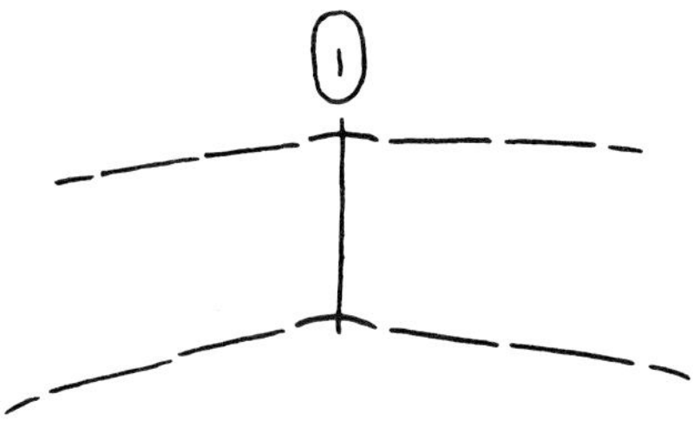

Anfang

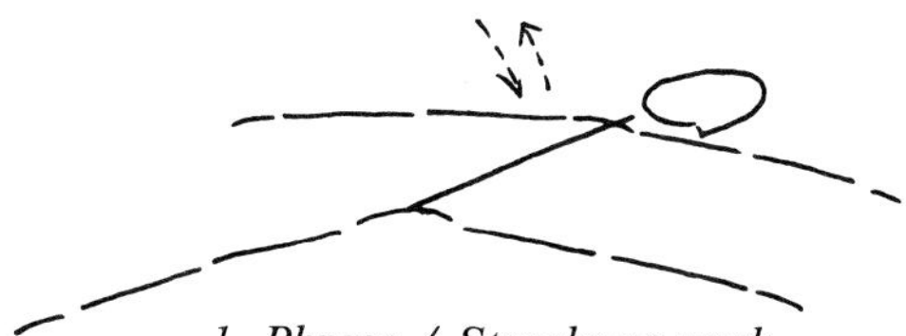

1. Phrase / Streckung nach vorne, 8 mal Federn,
1 . . . . 8 . . .

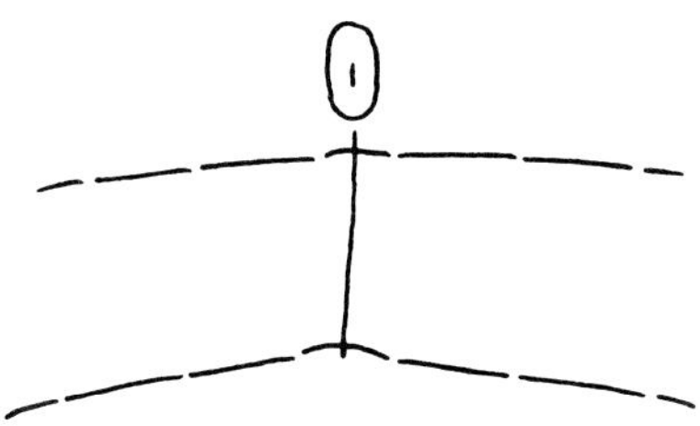

. . . . und . . . . 2. Phrase / Seitliche Streckung, 8 mal Federn,
1 . . . . 8 . . . .

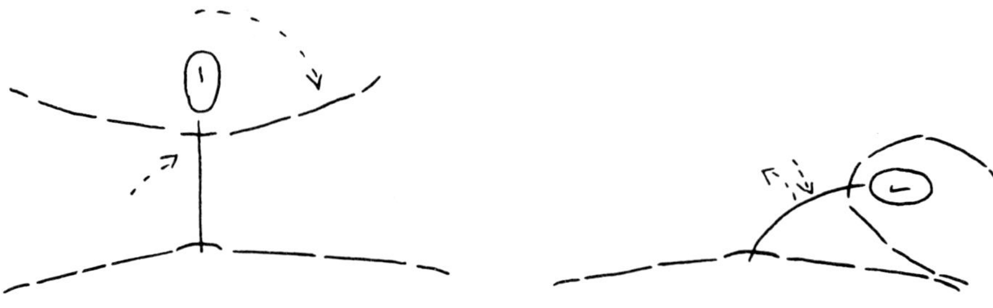

. . . . und . . . . 3. Phrase / Seitliche Streckung, achtmal Federn,
1 . . . . 8 . . .

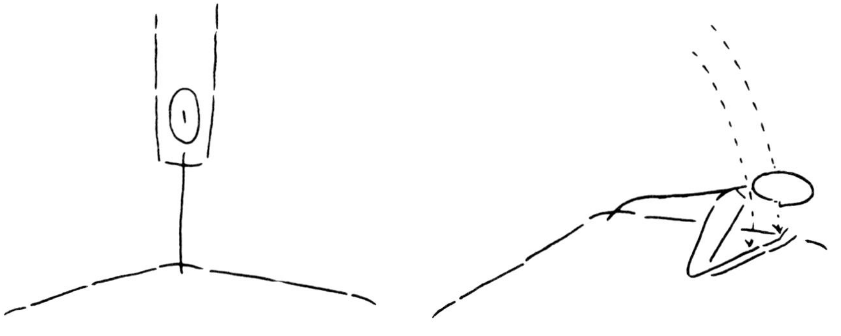

. . . . und . . . . 4. Phrase / 1, 2, 3, 4,

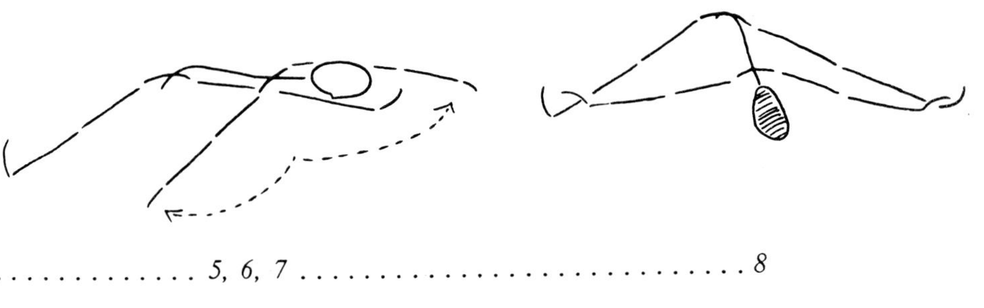

. . . . 5, 6, 7 8

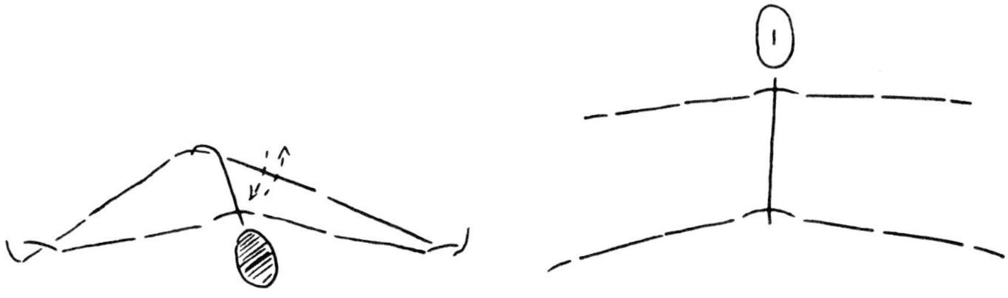

5. Phrase / Federn 1 . . . . 8 . . . . . . und . . . . . .

6. Phrase / 1 . . . . 2 . . . .

. . . . 3 . . . . 4 . . . .

. . . . Wiederholen, Armwechsel zur Mitte auf 8

29. STRECKUNG AM BODEN IN ACHT PHRASEN

Diese Übung ist völlig auf der Dynamik von Fallen und Wiederaufrichten aufgebaut. Sie sollte erst begonnen werden, wenn die vorhergehenden Übungen (25-28) fehlerfrei beherrscht werden.

Zählweise: Wie oben, jedoch mit zwei zusätzlichen Phrasen, dies ergibt eine in sich geschlossene musikalische Form über acht Phrasen.

Tempo und ***Musik:*** Wie oben.

Vorbereitung: Wie die sechs Phrasen der letzten Übung, mit folgender Veränderung: Auf Zählzeit 7 der Überkreuzschwünge (6. Phrase) kein Rückfedern, sondern die Überkreuzstellung bis 8 beibehalten. Die rechte Hand ist am linken Fußgelenk; der linke Arm aus dem Schultergelenk zurückgeschwungen.

7. Phrase: Der linke Arm wird in der Bewegung des Oberkörpers zur Seite gezogen. Der rechte Arm beschreibt vor dem Körper einen weiten Kreis, schwingt über das rechte Bein hinweg, der Oberkörper beugt sich mit dem Arm (1-2). Wenn der gestreckte rechte Arm und der Rumpf nach rechts gebeugt sind (etwa bei 3), beginnen sich die Beine mit Anspannung zu schließen, und der Oberkörper kann nach hinten fast bis auf den Boden ziehen (4-5); dabei sind beide Arme seitlich in weitem Bogen gestreckt, Oberkörper und Beine bilden eine fast gerade Linie. Auf 6 (eine leichte Verzögerung in der Musik bei 6 und 7 ist empfehlenswert) fällt der Kopf zurück, während sich der Oberkörper am Brustbein bis zum vollständigen Wiederaufrichten hochzieht, die Arme sind ebenfalls nach oben gestreckt (7); Oberkörper, Arme und Kopf fallen nun über die gestreckten Beine, die Hände berühren die Fußgelenke (8).

8. Phrase: Langsames Wiederaufrichten mit rundem Rücken, die Ellbogen ziehen die Arme an der Taille entlang, gleichzeitig die Knie anziehen (1-2); die Arme seitlich heben, Handflächen nach außen, der Oberkörper streckt sich nach oben und die Knie öffnen sich wie in Übung 25 nach außen (3-4). Die Arme sind parallel über dem Kopf gestreckt (5), der Rücken gerade, die Knie geöffnet. Auf 6 fallen die Arme schnell vor dem Oberkörper nach unten, die Hände umfassen die Fußgelenke, der Rücken bleibt gerade. Auf 7-»und«-8 bewegt sich der Oberkörper in drei schnellen Staccato-Bewegungen — vorwärts, zurück, vorwärts —, um die Übung abzuschließen.

Anmerkung: Auch beim Üben und Korrigieren von Details sollten Sie jeweils die gesamte Übung ohne Unterbrechung durchführen, um ein Gefühl für die Einheit der Studie zu bekommen.

29. STRECKUNGEN AM BODEN IN ACHT PHRASEN

. . . .*8* . . . .   *8. Phrase / 1, 2.* . . . .

. . . . *3, 4, 5* . . . . *6* *7*

. . . . *and* *8*

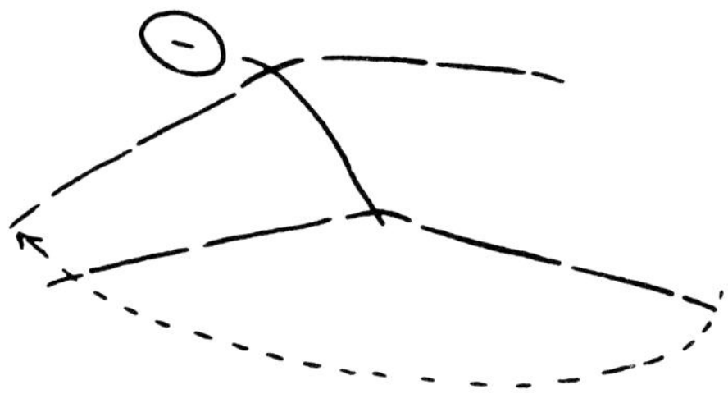

Bis 8 halten . . . .   7. Phrase / 1, 2, ...3

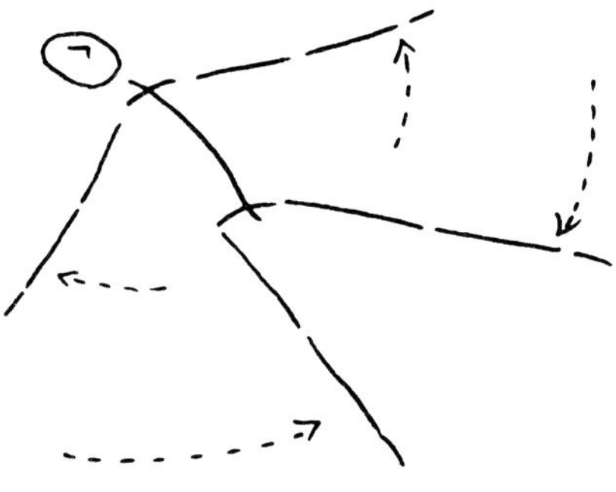

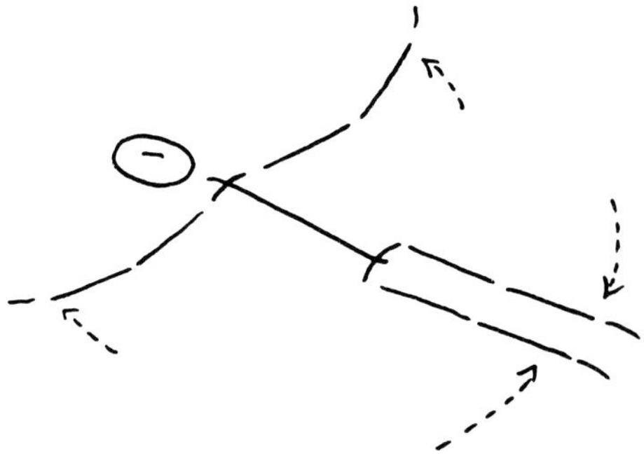

. . . . .4. . . . . .5 . . . .

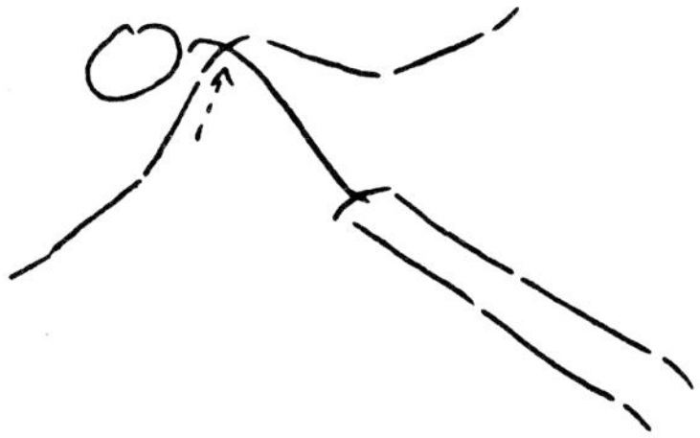

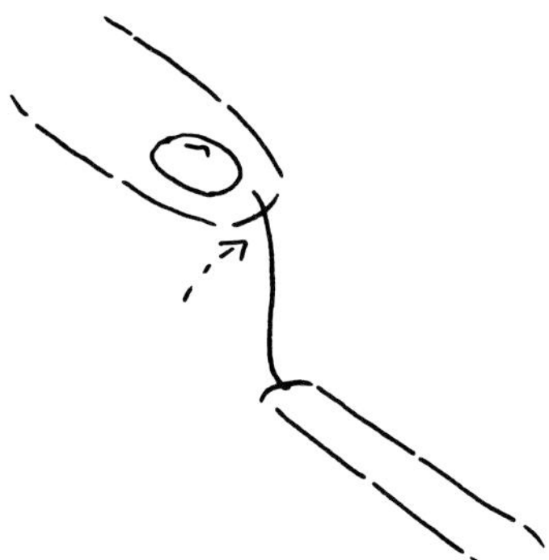

. . . . .6. . . . . .7. . . . .

30. STRECKUNG DES OBERSCHENKELS

Die Streckung des Oberschenkels, die hohe körperliche Anforderungen stellt, ist eine Vorbereitung für die vollständigen und für die nicht zu Ende geführten Fallübungen aus dem Stand und an der Stange.

Zählweise: 3 Phrasen mit jeweils 6 Zählzeiten.

Tempo: 58 ***Musik:*** Volltönend, kraftvoll.

Ausgangsstellung: Auf den Füßen sitzen, Knie geschlossen, das Gesäß ruht auf den nach oben gerichteten Fersen, der Oberkörper ist nach vorne gebeugt, der Rücken rund, Kopf gesenkt, die Hände liegen neben den Knien auf dem Boden.

1. Phrase: Einatmen und den Oberkörper sukzessiv langsam nach hinten neigen, bis das Becken sich nach vorne und oben schiebt und der Oberkörper in sehr spitzem Winkel nach hinten gelehnt ist. Die Arme haben sich mit dem Oberkörper nach hinten bewegt, ein Teil des Körpergewichts ruht auf den Händen, die hinter den Füßen auf dem Boden liegen (1-6).

2. Phrase: In dieser Position dreimal leicht federn, dabei den Körper vor den Knien bis zur Schulter gerade halten und darauf achten, daß das Becken über den Füßen nach vorne erhoben bleibt. Nun die Arme vom Boden lösen und in Taillenhöhe nach vorne ausstrecken, Handflächen nach innen. Diese Stellung halten (4-6). Das Körpergewicht wird nun *ausschließlich* von der Oberschenkelmuskulatur getragen.

3. Phrase: Becken senken und zur Ausgangsposition zurückkehren, dabei langsam ausatmen und den Oberkörper sukzessiv abspannen (1-6).

Übung dreimal nacheinander wiederholen.

Variation: Die Übung, um einen noch größeren Effekt zu erreichen, in vier Phrasen ausführen: Bei Phrase 2 sechsmal federn, und die Oberschenkelstreckung mit vor dem Körper gestreckten Armen in der 3. Phrase sechs Zählzeiten lang halten; die 4. Phrase ist dann die Abspannungsbewegung.

30. STRECKUNG DER OBERSCHENKEL

Anfang *1. Phrase / 1, 2, 3 . . . . 4, 5, 6*

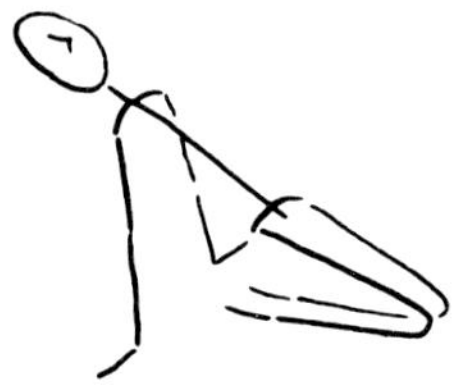

2. Phrase / Leicht wippen: 1, 2, 3 . . . . Halten: 4, 5, 6

3. Phrase / Abspannen: 1-6

BAUCHDECKE UND OBERKÖRPER

Die folgenden fünf Übungen (31-35) stärken Bauchdecke und Oberkörper und bewirken, daß der gesamte Körper an allen Bewegungen — Fall/Wiederaufrichten und Sukzessionen — der Humphrey-Technik durchgängig beteiligt ist. Mindestens zwei der folgenden Übungen sollten Teil einer jeden Übungsstunde sein.

31. AUFROLLEN DES OBERKÖRPERS

Eine langsame, waagerecht ausgeführte Aufrollbewegung des Oberkörpers, der ein ebenso langsames Wiederaufrichten folgt.

Zählweise: 2 Phrasen mit jeweils 8 Zählzeiten.

Tempo: 60 ***Musik:*** Fließend.

Ausgangsstellung: Auf dem Boden sitzen, Beine geschlossen und gerade gestreckt, Fußzehen gestreckt, Rücken rund über die Beine gebeugt, Hände liegen seitlich an den Beinen, Kopf nah an den Knien. Atem ist ausgestoßen.

1. Phrase: *Rückwärtige Abwärtsbewegung.* Mit dem Einatmen beginnt der Oberkörper, sich langsam nach hinten aufzurollen, der Kopf hängt nach vorne, die Arme gleiten auf dem Boden nach hinten, durch Ellbogen und Handgelenk leicht gezogen

(1-4). Der Körper beginnt nun, nach hinten zu sinken. Die Hände gleiten vor dem sich neigenden Oberkörper am Becken entlang. Die Finger weisen in Richtung des rückwärtigen Falls, langsames Ausatmen. Die Hände fangen das Körpergewicht auf, und die Wirbelsäule rollt sich langsam auf den Boden, Kopf und Schultern berühren zuletzt den Boden. (5-8). Die Arme sind weit zur Seite gestreckt, Handflächen nach oben auf dem Boden.

2. Phrase: *Aufwärtsbewegung mit Wölbung des Oberkörpers.* Einatmen und langsam aufrichten, dazu den Oberkörper wölben und den Kopf zurückfallen lassen. Die Schultern bleiben locker und die Arme leicht gestreckt, um die Balance zu halten; die Beine bleiben gerade gestreckt und üben eine Hebelwirkung aus (1-4). Es ist wichtig, daß sich der Oberkörper aus dem Brustkorb, nicht von den Armen gestützt, aufrichtet. Die Bewegung des Oberkörpers während des Aufrichtens ist langsam, die Anstrengung, der Gravitation entgegenzuwirken, ist deutlich; daher bewegt sich der Oberkörper nicht in gleichmäßigem Tempo und erreicht erst bei 4 eine fast aufrechte Haltung (direkt hinter dem Becken). Weiter bis zum höchsten Punkt aufrichten (5), beim Ausatmen fällt der Oberkörper mit zunehmender Geschwindigkeit nach vorne über die Beine (6-8).

Übung drei- bis viermal wiederholen.

31. AUFROLLEN DES OBERKÖRPERS

Anfang *1. Phrase / 1, 2, 3 . . . . 4, 5, 6 . . . .*

7 . . . . 8. *2. Phrase / 1 . . . .*

. . . 2. . . . . 3. . . . . 4 . . . .

. . . . . . 5. . . . . 6. . . . . 7. 8

32. DREHUNG DES OBERKÖRPERS I

Eine akzentuierte Abwärtsbewegung des Oberkörpers, mit sukzessiver Drehung in jedem Schulterbereich.

Zählweise: 4 Phrasen mit jeweils 8 Zählzeiten.

Tempo: 63 ***Musik:*** Rhythmisch akzentuiert, ziemlich lebhaft.

Ausgangsstellung: Auf dem Boden sitzen, Rücken gerade, Beine zusammen, Knie durchgedrückt, Fußzehen gestreckt, Arme nach vorne waagerecht über die Beine gestreckt, Handflächen nach unten.

1. Phrase: *Abwärtsbewegung mit geradem Oberkörper.* Den Oberkörper nach rechts drehen, die rechte Schulter zieht nach unten, der Oberkörper neigt sich seitrückwärts. Der Rücken bleibt dabei völlig gerade (1); dann zur linken Seite drehen, dabei die linke Schulter weiter zurücklehnen (2). Wiederholen, bei aufeinanderfolgenden Zählzeiten jeweils eine Schulter seitrückwärts ziehen. Die Beine müssen als Gegengewicht zur Rückwärtslage des Oberkörpers unbedingt gerade gestreckt bleiben (3-7). Bei 7 ist die rechte Schulter nah am Boden, der Kopf berührt ihn fast, der gesamte Oberkörper ist vom Becken aus, in möglichst gerader Linie, in der Schwebehaltung; die Arme sind noch immer locker über dem Becken ausgestreckt. Diese Stellung bei 8 beibehalten.

2. Phrase: In dieser Stellung rechts leicht nach hinten federn und versuchen, mit der Schulter den Boden zu berühren (1-7). Die gerade Linie des Körpers sollte sich während der gesamten Phrase nicht ändern. Bei 8 in der Schwebe halten.

3. Phrase: *Aufwärtsbewegung mit geradem Oberkörper.* Die rechte Schulter leicht nach oben und vorne heben (1), dann die linke Schulter (2), die Arme bleiben nebeneinander vor dem Körper ausgestreckt. Die Bewegung mit wechselnden Schultern wiederholen, bis die Sitzhaltung erreicht ist, dann fällt der Oberkörper mit zunehmender Schnelligkeit bei 7 und 8 vorn über die Beine, dabei beugen sich die Knie entspannt nach außen.

4. Phrase: *Pause.* In dieser entspannten Haltung mit gerundetem Rücken federn (1-4); dann langsam und flüssig zur Ausgangsstellung zurückkehren (5-8).

Die Übung wiederholen, dabei die Ab- und Aufwärtsbewegungen mit der linken Schulter beginnen.

Variation I: Sowohl bei der Abwärts- als auch bei der Aufwärtsbewegung wird jeweils der Fuß angewinkelt, der auf der Körperseite der Schulterdrehung liegt.

Variation II: Die gleiche Übung in einer Phrase mit 6 Zählzeiten. Bei 5 anhalten, entspanntes Vorwärtsfallen in 3 Zählzeiten in Phrase 4, Wiederaufrichten zur Ausgangsstellung in 3 Zählzeiten.

32. DREHUNG DES OBERKÖRPERS I

Anfang *1. Phrase / 1 (rechte Schulter) . . . 2 (linke Schulter) . . . .*

Weiter neigen

Continue descent

. . . . 5 (rechts) . . . . 6 (links) . . . . . .

. . . . . . 7 (rechts), Halten: 8 *2. Phrase / Federn 1-7, Halten: 8*

3. Phrase / 1 (rechte Schulter) . . . . 2 (linke Schulter) . . . . . .

Weiter heben

. . . . 3 (rechts), 4 (links), 5 (rechts) . . . . 6 (links) . . . . . 7 . . . . 8.

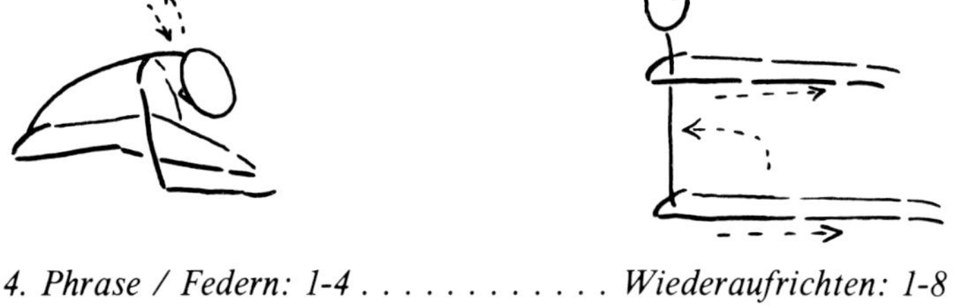

4. Phrase / Federn: 1-4 . . . . Wiederaufrichten: 1-8

Variation I

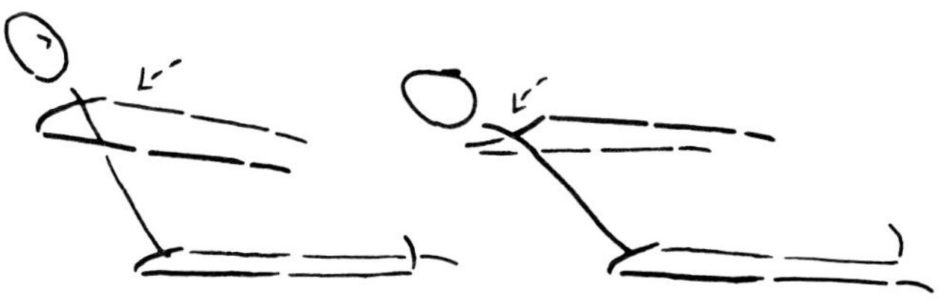

Abwärtsbewegung: Fuß auf der Seite der Schulterdrehung anwinkeln

Aufwärtsbewegung: Fuß auf der Seite der Schulterdrehung anwinkeln

Variation II: Die gleiche Übung in einer Phrase mit 6 Zählzeiten.

33. DREHUNG DES OBERKÖRPERS II

Ein deutlich akzentuiertes Anziehen der Knie zum Brustkorb hin und davon weg.

Zählweise: 1 Phrase mit 8 Zählzeiten.

Tempo: 92 ***Musik:*** Sehr akzentuiert.

Ausgangsstellung: Auf dem Boden sitzen, Körper nach vorne gerichtet, Knie gebeugt, Füße auf dem Boden. Rücken leicht gerundet. Ellbogen in Schulterhöhe seitlich angewinkelt, Handfläche nach vorne. Blick nach vorne.

Phrase: Die Knie zum Brustkorb ziehen, die Fersen vom Boden heben; der Oberkörper zieht sich dabei zusammen, und das Gewicht ruht auf dem oberen Teil des Gesäßes (1-2). Arme nach vorne stoßen und Beine strecken, sie dabei geschlossen halten, und gleichzeitig auf der rechten Hüfte in einem Winkel von etwa 45 Grad nach rechts drehen (3-4). Die Hände bleiben nach vorne gerichtet, Handflächen nach außen, Handgelenke abgewinkelt, die Fingerspitzen berühren sich fast. Nun hat nur noch die rechte Hüfte Kontakt mit dem Boden. Der Blick geht zu den Beinen hin. Bei 5-6 zur Ausgangsposition zurückkehren und nun nach links drehen, dabei in gleicher Weise Arme und Beine bei 7-8 nach vorne stoßen.

Anmerkung: Die Beine dürfen, solange sie gestreckt sind, den Boden nicht berühren, und der Rücken sollte so gestreckt wie möglich sein.

Wiederholung: Mit zunehmender Übung sollten die 8 Zählzeiten 4mal wiederholt werden, bevor der Oberkörper entspannt nach vorne fällt und die Knie sich seitlich öffnen.

33. DREHUNG DES OBERKÖRPERS II

Anfang *1. Phrase / 1, 2 . . . . 3, 4 . . . . .*

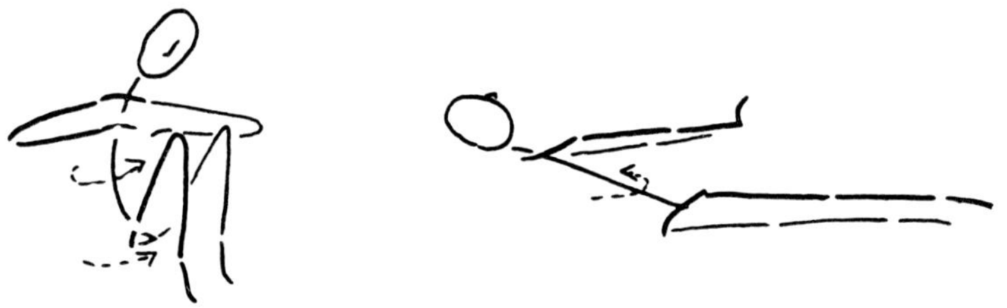

. . . . 5, 6 . . . . 7, 8.

34. DREHUNG DES OBERKÖRPERS III

Eine Streckübung, die auf die spiralförmigen Körperbewegungen vorbereitet.

Zählweise: 4 Phrasen mit jeweils 4 Zählzeiten.

Tempo: 52 ***Musik:*** Fließend, ohne Betonungen.

Ausgangsstellung: Auf dem Boden sitzen, das rechte Bein über das linke Knie gebeugt, das, spitz abgewinkelt, am Boden aufliegt, der Fuß nah an den Körper gezogen. Das rechte Knie steht aufrecht, das Körpergewicht ruht gleichmäßig verteilt auf den »Sitzknochen«. Die Arme locker an der Seite, die Hände berühren leicht den Boden.

1. Phrase: Den linken Arm über das rechte Knie führen, so daß der linke Ellbogen an der Außenseite des rechten Knies liegt, der Unterarm ist nach außen gedreht, die

Hand fällt locker nach unten. Die Handfläche zeigt natürlich nach außen, der Ellbogen gegen das Knie ist ein Druckpunkt, gegen den sich der Oberkörper drehen kann. Die rechte Schulter wird nun zurückgezogen, und der Oberkörper dreht sich etwa eine Vierteldrehung nach rechts (1-4). Der Kopf ist so weit wie möglich nach rechts gewandt, der Blick geht über die rechte Schulter nach hinten.

2. Phrase: Mit vier leichten, pulsierenden Bewegungen wird die Schulter weiter nach rechts gezogen, der Kopf bleibt nach hinten gedreht (5-8).

3. Phrase: Die Arme seitlich heben. Langsam die Haltung des Oberkörpers verändern (1-4) (die Beinhaltung jedoch beibehalten), dazu Schultern und Kopf in die Gegenrichtung (nach links) drehen, indem Sie den rechten Arm über das rechte Knie bringen, und den rechten Ellbogen im Winkel gegen das rechte Knie legen. Der rechte Unterarm liegt in einer Linie mit der Innenseite des rechten Knies und dem rechten Unterschenkel, die Hand umfaßt das Fußgelenk, wodurch eine kompakte Haltung entsteht, die Druckpunkt für die Drehung des Oberkörpers ist.

4. Phrase: Mit vier leichten, pulsierenden Bewegungen wird die Schulter weiter nach links gedreht, der Kopf bleibt nach hinten gewandt, der Blick geht über die linke Schulter (5-8).

Übung mindestens einmal wiederholen, dann Wechsel der Beinhaltung und Wiederholung der Übung in die Gegenrichtung.

34. DREHUNG DES OBERKÖRPERS III

Pulsierende Drehung der Schultern nach rechts

(Seitenansicht von rechts)

Anfang *1. Phrase / 1-4* *2. Phrase / 5-8*

(Seitenansicht von rechts)

3. Phrase / 1, 2 .... 3, 4

Pulsierende Drehung der Schulter nach rechts.

(Seitenansicht von links)

4. Phrase / 5-8

35. STRECKUNG DER BAUCHDECKE UND DES RÜCKENS

Eine nach hinten und vorne gerichtete öffnende Streckbewegung des ganzen Körpers mit dem Becken als Drehmoment. Der vollen Streckung folgt die schließende Bewegung, bei der Arme und Beine wieder parallel sind.

Zählweise: 2 Phrasen mit jeweils 8 Zählzeiten.

Tempo und ***Musik:*** Wie oben.

Ausgangsstellung: Wie Stellung am Ende der Übung 26, beide Beine sind in der Luft gestreckt.

1. Phrase: Beide Beine langsam senken (1-4), dabei den Oberkörper weiter nach hinten neigen, bis er fast waagerecht zum Boden ist (die Arme bleiben seitlich gestreckt). Die Hüfte bleibt das Drehmoment. Die Vorwärtsbewegung der Beine und die Rückwärtsbewegung des Oberkörpers halten sich in der Balance, die gestreckte Haltung wird durch Muskelanspannung in Bauchdecke und Oberkörper erreicht. Wenn sich die Beine dem Boden nähern (5), beginnt sich der Oberkörper langsam wieder aufzurichten, dabei einatmen und die Arme heben, der Kopf fällt nach hinten. Weiter aufrichten und zur Ausgangsstellung zurückkehren. Die Beine berühren den Boden erst bei 8.

2. Phrase: Wenn die Arme den höchsten Punkt der Streckung über dem Kopf erreicht haben, fällt der Oberkörper nach vorne und federt 4mal leicht über den weiterhin durchgedrückten Beinen, die Zehen sind gestreckt, die Arme fallen nach vorne (1-4). Nun richtet sich der Oberkörper mit rundem Rücken wieder auf und kehrt zur Ausgangsstellung zurück, gleichzeitig beugen sich die Knie und werden dann in der Luft wieder durchgedrückt. (5-8). Um in die Ausgangsstellung zurückkehren zu können, müssen die Arme mit dem Oberkörper gebeugt nach hinten ziehen und sich dann seitlich strecken, um die Neigung des Oberkörpers zu ermöglichen und den erforderlichen Halt zu gewährleisten.

Anmerkung: Vergessen Sie nicht, daß die nach oben gerichteten Bewegungen dem Prinzip des Wiederaufrichtens folgen (Verlangsamung der Körperbewegungen beim Erreichen der Vertikalen); umgekehrter Ablauf der Geschwindigkeit bei den Fallbewegungen.

Die gesamte Übung (16 Zählzeiten) 4mal wiederholen.

35. STRECKUNG DER BAUCHDECKE UND DES RÜCKENS.

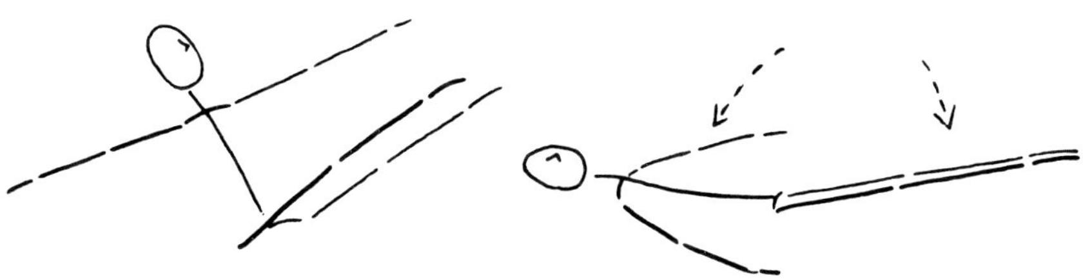

Anfang *1, 2, 3, 4 . . . .*

. . . . 5, 6, 7. 8

Fall nach vorne: 1, Federn: 2, 3, 4 . . . 5, 6 . . . . 7 8

ÜBUNGSSTUDIEN

36. DIAGONALE MIT SEITENWECHSEL

Eine Übungsstudie, die Oberschenkel und Oberkörper streckt und stärkt.

Zählweise: 12 Phrasen mit jeweils 4 Zählzeiten auf jeder Seite, dazu eine Vorbereitung in 2 Zählzeiten und ein Übergang in 8 Zählzeiten (insgesamt 106 Zählzeiten). Jeweils bis 8 zählen.

Tempo: 42 ***Musik:*** Langsam, fließend.

Ausgangsstellung: Auf dem Boden sitzen, der Körper ist der rechten Ecke des Raumes zugewandt, das linke Bein in einem Winkel von 60 Grad (oder mehr) aus dem Hüftgelenk nach hinten gedreht, der linke Fuß liegt nah an der linken Gesäßseite. Das rechte Bein ist gestreckt, Knie durchgedrückt, Fußzehen gestreckt. Die Körperstellung ist diagonal, die Arme hängen seitlich locker, die Finger berühren leicht den Boden. Kopf und Blick sind in Augenhöhe in die rechte Ecke des Raumes gerichtet.

Vorbereitung: Die Arme werden parallel über das gestreckte rechte Bein erhoben. Hände und Finger sind gestreckt, die Daumen fallen locker nach unten. Der Oberkörper hebt sich ohne Anspannung, einatmen (1-2).

1. Phrase: Aus der Taille dehnt sich der Oberkörper mit den Armen langsam über das gestreckte rechte Bein, der Rücken ist rund, das Becken bleibt auf dem Boden, das linke Bein nach hinten abgewinkelt (1-4). Bei 4 berührt der Kopf das rechte Knie, die Hände sind in einem weiten Bogen vor den Fuß geschwungen und liegen auf dem Boden. Ausatmen.

2. Phrase: Mit gerundetem Rücken aufrichten, einatmen und langsam in die Ausgangsstellung zurückkehren, die Arme fallen an die Körperseite, während der Oberkörper sich hebt (5-8). Die Finger sind am Boden entlang geglitten, haben sich nach außen und hinten gedreht und werden dann, während dieses Gleitens, das Körpergewicht auf den Handaußenkanten[1] tragen. Der Kopf dreht sich in Erwartung der Fallbewegung nach links.

3. Phrase: Der Oberkörper senkt sich langsam nach hinten, der Rücken ist leicht gewölbt und der Kopf fällt seitlich nach links, das Körpergewicht gleitet, auf den Händen lastend, nach hinten (1-4). Langsam ausatmen. Während dieser Phrase bleibt das rechte Bein gerade und der Körper bildet, auf dem Boden ausgestreckt, eine vollkommene Diagonale, die Arme sind wie Flügel ausgebreitet.

4. Phrase: Beim Einatmen den Oberkörper aufrichten, dabei den Kopf nach hinten fallen lassen, und langsam zur Ausgangsstellung zurückkehren, auch die Arme nehmen ihre ursprüngliche Haltung seitlich des Körpers wieder ein (5-8). Die Hände sind nun wieder unbelastet und die Streckung der 1. Phrase kann sich unmittelbar anschließen.

Diese vier Phrasen insgesamt dreimal wiederholen. Bei der dritten Wiederholung bleibt der linke Arm beim rückwärtigen Fall des Oberkörpers nach vorne gestreckt, das Körpergewicht gleitet, nur auf dem rechten Arm und der rechten Hand lastend, nach hinten. Beim Wiederaufrichten (4. Phrase) bleibt die Haltung des linken Arms unverändert, der rechte Arm kehrt langsam in die Streckung vor dem Oberkörper zurück. Der Kopf dreht nicht nach links, sondern neigt sich mit dem Oberkörper zurück, der Blick richtet sich auf die linke Hand.

Übergang: von rechts nach links

Unter Beibehaltung der rhythmischen Phrase von 8 Zählzeiten, das rechte Knie nach außen beugen und den Fuß an den Körper heranziehen, beide Arme zur Seite fallen lassen (1). Oberkörper und Kopf fallen in weitem Bogen nach rechts, das linke Bein mit dem Knie nach rechts vorne ziehen, das Körpergewicht ruht auf der rechten Gesäßseite (2). Der linke Fuß hat den Boden verlassen, das linke Bein streckt sich nach rechts und schwingt dann in weitem Bogen von rechts nach vorne in die Mitte (3-4). Während dieses Schwungs heben sich die Arme mit dem Oberkörper zur Koordinierung der Bewegung nach vorne und oben, das gebeugte rechte Knie dreht sich gleichzeitig vor den Körper, der Fuß liegt flach auf dem Boden (3-4). An diesem Mittelpunkt der Drehung ist das linke Bein gerade vor dem Körper nach oben gestreckt, die Arme sind, konvex gebeugt, über dem Kopf erhoben, der Rumpf ist gerade. Die Drehbewegung wird fortgeführt (5-6), das rechte Knie beugt sich nach

[1] Der Einsatz der »Karate«-Seite der Hand — der Handaußenkante — findet sich bei fast allen Fallbewegungen im Humphrey-Stil.

innen und das linke Bein senkt sich zur linken Ecke des Raumes, dabei öffnen sich die Arme seitlich, und der Körper dreht sich der linken Ecke des Raumes zu. Damit ist die kreisförmige Übergangsbewegung abgeschlossen. Wenn das Körpergewicht auf das linke Bein und die linke Gesäßhälfte fällt, ist das rechte Knie entlastet und kann sich in einem Winkel von 60 Grad (oder mehr) nach außen drehen; der ganze Körper befindet sich in einer diagonalen Stellung, die Arme fallen locker zur Seite (7-8).

Die gesamte diagonale Sequenz zweimal wiederholen; bei der dritten rückwärtigen Streckung (wenn der rechte Arm gegengleich zum linken Bein nach vorne gestreckt ist), sollte es bei der 4. Phrase in Musik und Bewegung eine Verzögerung geben, wenn der Körper sich langsam in die Ausgangsstellung aufrichtet.

Übung 36: Diagonale mit Seitenwechsel (4. Phrase, 6. Zählzeit); (Gail Corbin).

36. DIAGONALE MIT SEITENWECHSEL

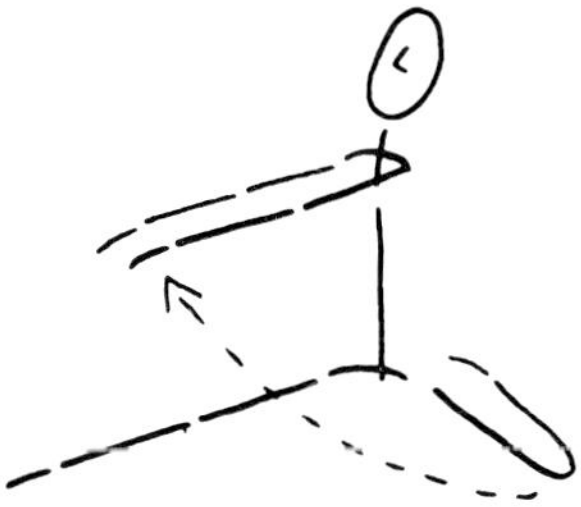

Anfang *Vorbereitung: 1, 2*

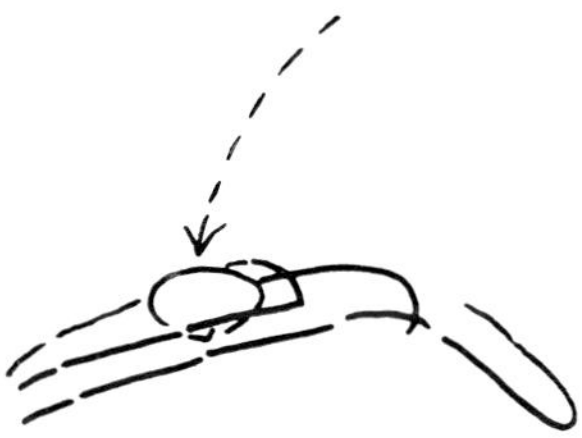

1. Phrase / 1-4 . . . . 2. Phrase / 5-8

3. Phrase / 1 . . . . 3, 4. . . . .

4. Phrase / 5,6 . . . . 7, 8

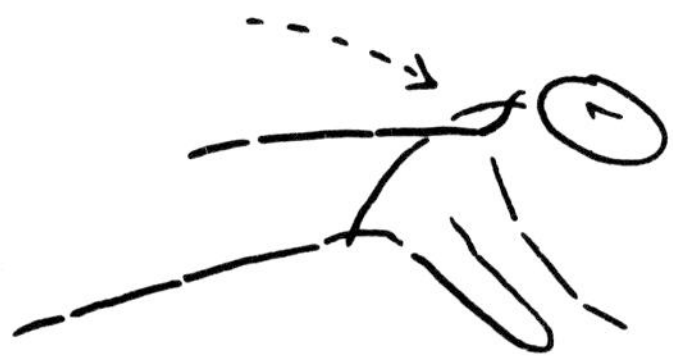

Zweimal wiederholen. Beim dritten Mal bleibt der linke Arm sowohl bei der Abwärtsbewegung nach hinten . . .

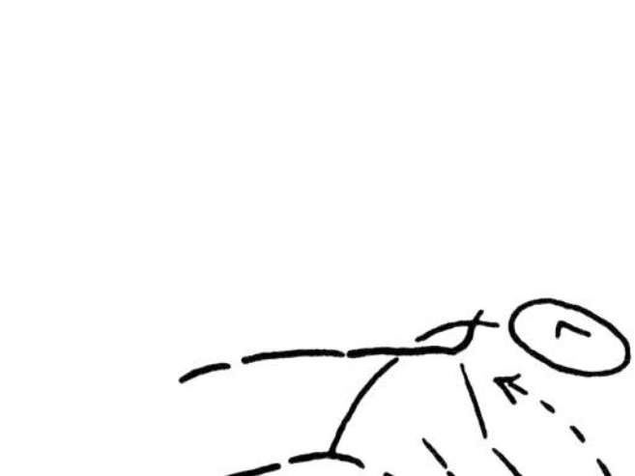

. . . . als auch beim Wiederaufrichten vorne

Seitenwechsel:

1 . . . . *2* . . . .

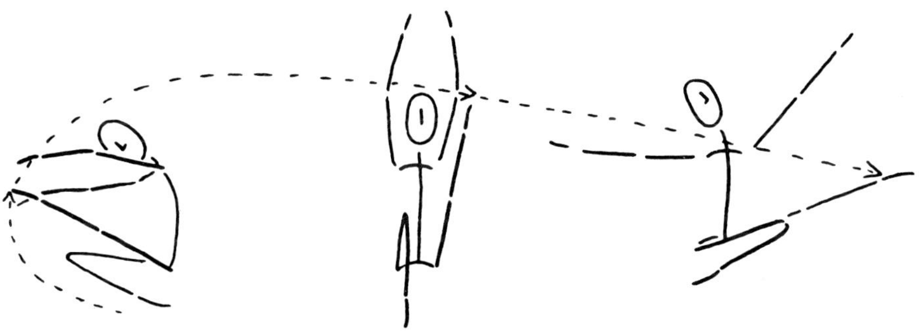

. . . . . *3, 4* . . . . *5* . . . . *6, 7* . . . . .

. . . . *8*

37. STRECKUNG MIT RÜCKFEDERN UND SUKZESSIVEM ARMHEBEN IN 9 ZÄHLZEITEN

Eine Übungsstudie, die die sukzessive Bewegung der Arme trainiert und gleichzeitig Beine und Rumpf streckt.

Zählweise: 1 Phrase bestehend aus 3 Takten von jeweils 3 Zählzeiten (9 Zählzeiten); zusätzlich eine Vorbereitung von 6 Zählzeiten.

Tempo: 69 ***Musik:*** Lyrische Stimmung, getragen, fließend.

Ausgangsstellung: Auf dem Boden sitzen, Körper nach vorne gerichtet, Beine weit gegrätscht (wie bei den Übungen 28-29); Knie durchgedrückt, Fußzehen gestreckt, Oberkörper gerade, Arme parallel zu den Beinen gestreckt, Handfläche nach vorne, Finger locker gestreckt, die Daumen fallen vor der Handfläche nach unten. Kopf und Blick nach vorne.

Vorbereitung: Die Haltung von Beinen und Rücken bleibt unverändert, die Arme schwingen vor dem Körper nach vorne, und kreuzen mit leichtem Druck von Handgelenk und Handfläche nach innen (1-3). Einatmen, Rumpf heben, und die gekreuzten Arme sukzessiv (Ellbogen, dann Handgelenke voran) in die gekreuzte Haltung über den Kopf heben. Der linke Arm liegt auf dem rechten, die Finger umfassen den Ellbogen des jeweils anderen Arms (4-6).

1. Takt: Mit dem Einatmen fällt der Rumpf nach rechts, und der rechte Arm, der sich aus seiner Stellung über dem Kopf befreit hat, schwingt in einem nach unten gerichteten Bogen vor den Oberkörper. Der linke Arm bleibt über dem Kopf und umrahmt das Gesicht, neigt sich jedoch mit der seitlichen Beugung des Körpers (1). Oberkörper und Arme bilden einen weiten seitlichen Bogen — der linke Arm wird über dem Kopf gestreckt, der rechte Arm liegt entlang der Taille. In dieser Haltung zweimal leicht federn, Atmung natürlich (2-3).

2. Takt: Mit dem Einatmen bei 4 beginnt der linke Arm etwa 15 cm über dem Boden in einem tiefen waagerechten Halbkreis weit von rechts nach links zu schwingen. Diese Bewegung bringt auch den Oberkörper nach vorne, bis die linke Hand kurz den Spann des linken Fußes berührt (5-6). Der rechte Arm ist unterdessen in der angewinkelten Haltung nahe am Körper verblieben. Bei 6 neigt sich der Oberkörper weit nach links, das linke Ohr berührt fast das linke Knie. Ausatmen.

3. Takt: Bei 7 dreht sich der Kopf, der der Bewegung nach links gefolgt ist, nach rechts oben, während der rechte Arm sich seitlich sukzessiv hebt und den Körper mitzieht. Während dieser Bewegung wird eingeatmet (7-9). Wenn der Oberkörper sich rechts emporstreckt, zieht sich gleichzeitig der linke Arm (Ellbogen und Handgelenk voran) aus der gestreckten Haltung über dem linken Bein nach innen vor die Mitte des Oberkörpers. Diese mit beiden Armen ausgeführte Bewegung endet in einer gestreckten Haltung des Oberkörpers mit hoch über dem Kopf erhobenem rechten Arm, der vom Oberkörper gestützt wird; der linke Arm ist in einem gegenläufigen Bogen vor die Taille geschwungen (9). Jetzt kann der rechte Arm mit dem Oberkörper nach links fallen und somit die gesamte Phrase mit 9 Zählzeiten auf der anderen Seite wiederholen.

Vollständige Sequenz (rechts und links) vier- oder mehrmals wiederholen. Mit der folgenden Schlußsequenz beenden.

Schlußsequenz: Der linke Arm wird nach dem letzten sukzessiven Anheben langsam in Schulterhöhe gesenkt, wobei er sich weit zur Seite öffnet, Ellbogen und Handgelenk ziehen leicht nach außen und unten (1-3). Der Oberkörper ist nun zur Mitte ausgerichtet, beide Arme sind in Schulterhöhe seitlich gestreckt, da sich der rechte Arm mit dem sich aufrichtenden Oberkörper sukzessiv aus seiner Haltung vor der Taille nach außen gezogen hat. Wiederholung der vorbereitenden Übung, bei der beide Arme vor dem Oberkörper gekreuzt (4-6), und dann, mit einer Verzögerung in der Musik, langsam während der letzten drei Zählzeiten über dem Kopf erhoben werden (7-9).

Variation: *Drehen und Rückfedern*

Zählweise: Wie oben.

Ausgangsstellung: Die am Ende der *Schlußsequenz* erreichte Haltung.

1. Takt: Den Oberkörper aus der Taille nach rechts drehen (das Becken darf dabei den Boden nicht verlassen), und seitrückwärts in einer Vierteldrehung über das linke Bein fallen lassen (ähnlich wie die Variation *Drehung* in Übung 14). Die Arme haben sich in Schulterhöhe weit geöffnet, ausatmen (1). In dieser Haltung leicht nach hinten federn (2-3).

2. Takt: Einatmen, dabei beide Füße nach oben beugen, Oberkörper und Arme gegen den Uhrzeigersinn schwingen. Die Bewegung beginnt damit, daß die rechte Schulter aus der rückwärtigen Stellung nach vorne gezogen wird (4). Wenn der rechte Arm nach vorne in Richtung des linken Beins schwingt, bleibt der linke Arm über diesem Bein gestreckt (5). Die Hände kreuzen sich an den Handgelenken und berühren leicht das linke Fußgelenk. Ausatmen, das Gesicht fällt zum linken Knie (6).

3. Takt: Nun ist der Körper zur linken Ecke des Raumes hin gewandt. Nur das rechte Bein ist noch immer nach rechts ausgestreckt und weist in die entgegengesetzte Ecke. Bei 7 einatmen, dabei werden die Zehen wieder gestreckt, und der Oberkörper richtet sich auf, die Arme heben sich in sukzessiver Beugung über den Kopf, der

Oberkörper bildet wieder eine gerade Linie, Kopf und Blick sind der rechten Ecke des Raumes zugewandt (8-9).

Wiederholung mit Seitenwechsel: Aus dieser gestreckten Haltung seitrückwärts nach rechts fallen, dann federn, usw.

37. STRECKUNG MIT RÜCKFEDERN UND SUKZESSIVEM ARMHEBEN IN 9 ZÄHLZEITEN

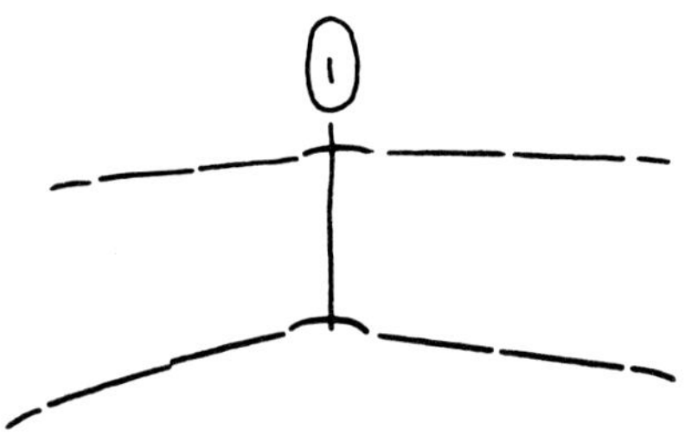

Anfang

Vorbereitung: . . . .

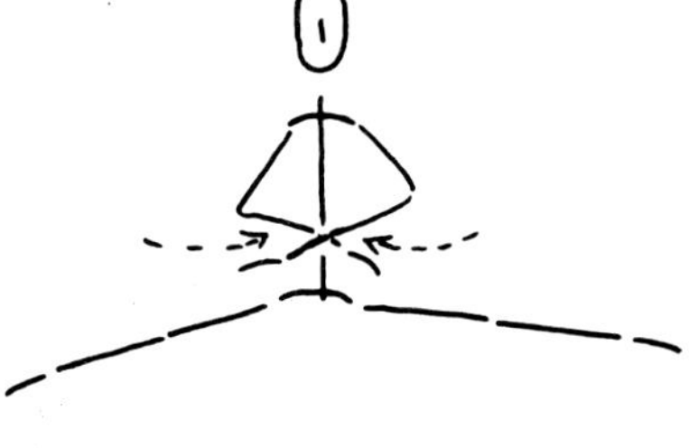

. . . *2*. . . . . *3*. . . . .

. . . . *4, 5, 6*

1; Rückfedern: 2, 3 . . . . *4* . . . .

Übung 37: Streckung in 9 Zählzeiten (3. Takt, Zählzeit 9); (Gail Corbin).

Übung 37: Streckung in 9 Zählzeiten. Wiederholung zur linken Seite (1. Takt, Zählzeiten 2-3); (Gail Corbin).

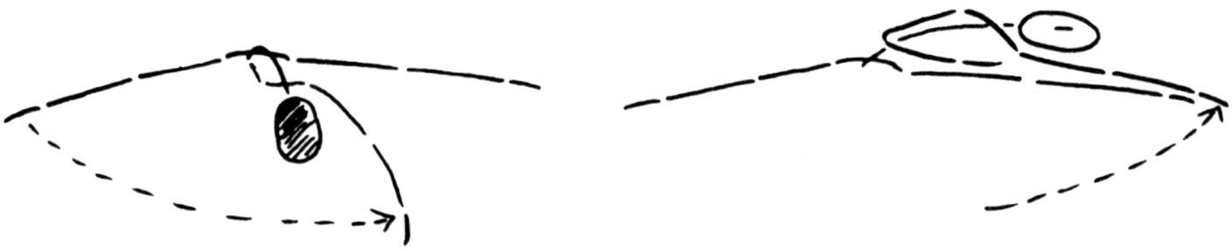

5 6

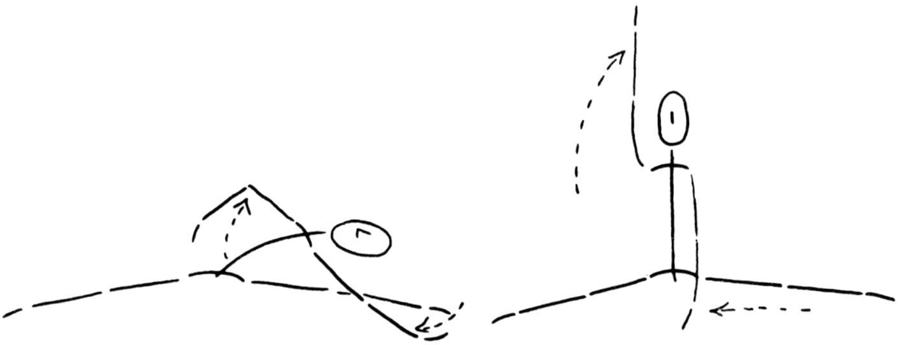

7 . . . . 8 9

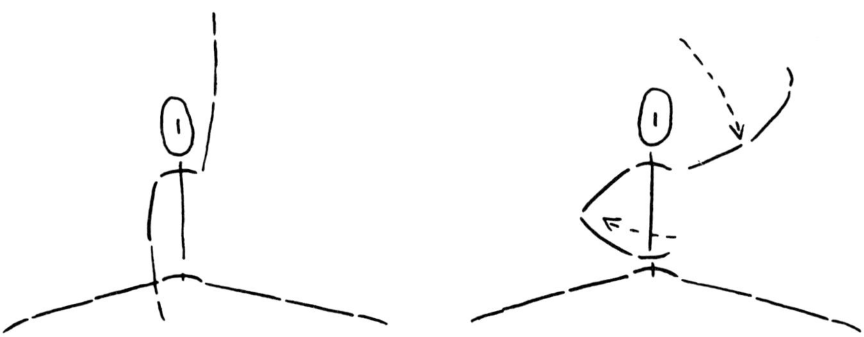

Abschlußsequenz 1, 2

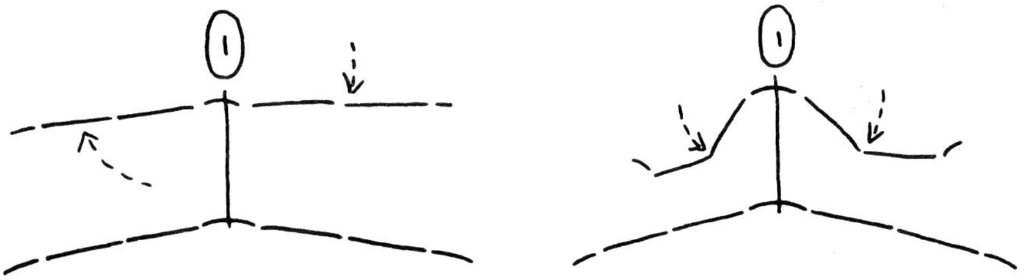

. . . .*3*. . . . . *4* . . . .

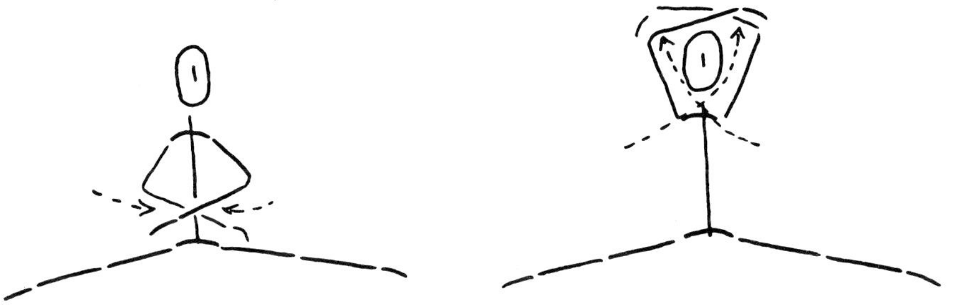

. . *5* . . . . *6* *7, 8, 9*

Variation: Drehung und Rückfedern

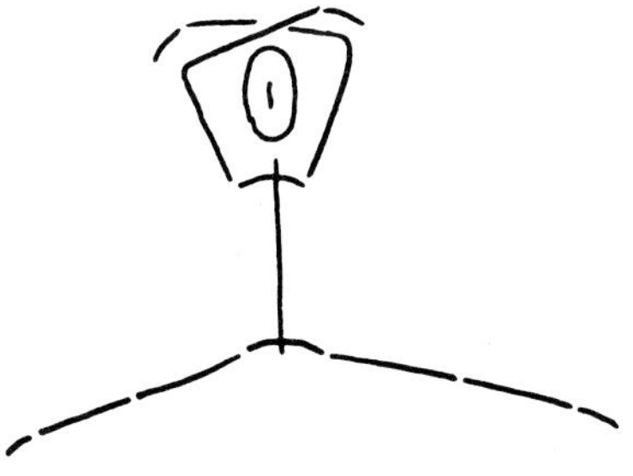

Anfang

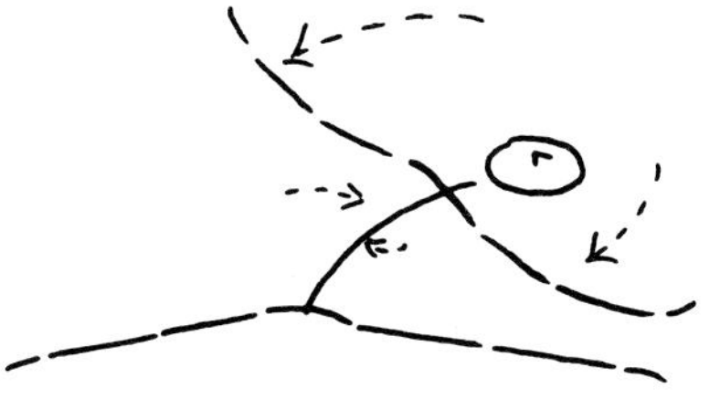

1. . . . . Federn: 2, 3 . . . .

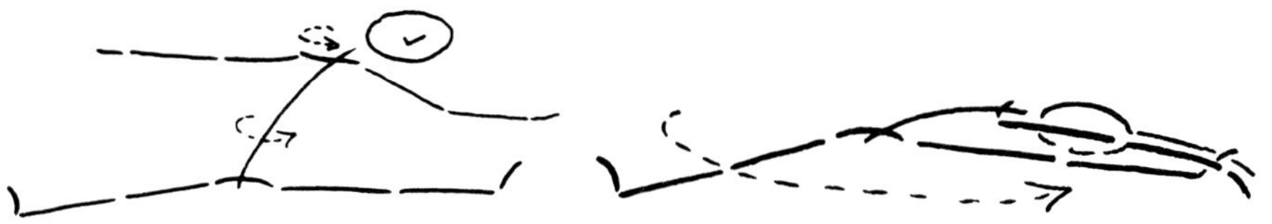

. . . . .4. . . . . .5. . . . . .6. . . . .

. . . . .7. . . . . .8. 9

ERSTE SERIE VON FALLBEWEGUNGEN

Diese frühen Humphrey-Fallbewegungen leiten sowohl bei den Aufwärts- als auch Abwärtsbewegungen die generellen sukzessiven Bewegungen ein; bei Fall und Wiederaufrichten agieren miteinander verbundene Körperteile in Sequenz. Obwohl es bei diesen Übungen im wesentlichen um Abspannung geht, ist Kontrolle, die sich in zeitlicher Koordination ausdrückt, von ebenso großer Bedeutung.
Wird die zeitliche Koordination in einem Tanz nicht als interpretatives Stilmittel eingesetzt, folgt sie auch in dieser Ersten Serie von Fallbewegungen den Gesetzen der Gravitation, die die rhythmischen Abläufe in den Kapiteln *Übungen im Stand* und *Übungen am Boden* bestimmten: die Fallgeschwindigkeit nimmt in dem Maße zu, in dem sich der Körper dem Boden nähert, im letzten Moment jedoch verringert sie sich. Das Wiederaufrichten geschieht zunächst langsam, es beschleunigt sich, je weiter der Körper sich hebt. Dabei ergeben sich Unterschiede aufgrund individueller Reaktionen der Muskeln auf die Schwerkraft. Daher sollte beim Zählen die Beschleunigung oder Verlangsamung zwischen den Zählzeiten berücksichtigt werden. Die angegebenen Zählzeiten bezeichnen die Dauer eines Bewegungsablaufes und

nicht so sehr eine zu einem bestimmten Zeitpunkt präzise einzunehmende Haltung. Ab Übung 38 werden keine Angaben mehr zum Ausatmen bei den nach unten gerichteten, und Einatmen bei den nach oben gerichteten Bewegungen gemacht, da wir davon ausgehen, daß Lehrer und Schüler nun das Prinzip der Koordination von Atmung und Körper verstanden haben und es wo immer möglich anwenden.

38. FALL NACH HINTEN

Zählweise: Eine Vorbereitung und 2 Phrasen mit jeweils etwa 6 Zählzeiten.

Tempo: Ad libitum. ***Akustische Begleitung:*** Zeitlich mit der Bewegung abgestimmte Akkorde, Trommel und/oder Gong. Zur Vorbereitung schneller Trommelwirbel, der leise beginnt und zunehmend lauter wird. Pause, dann beim Fallen des Körpers ein lauter Gongschlag. Ein in der Lautstärke abnehmender Trommelwirbel kann eingesetzt werden, wenn der Bewegungsablauf nach dem ersten Wiederaufrichten endet. Werden Fallbewegungen angeschlossen, können die Trommelschläge zur Vorbereitung wiederholt werden.

Ausgangsstellung: Körper nach vorne gerichtet, Füße parallel, Arme hängen locker.

Vorbereitung: *Senkrechte Anhebung des Körpers vor dem Fall.* Mit Impuls in den Knien werden die Arme sukzessiv nach vorne und nach oben geschwungen, Körper und Kopf heben sich gleichzeitig. Im Ballenstand bis zum äußersten Punkt anheben, der Oberkörper ist leicht gewölbt, das Becken nach vorne verlagert. Die Spannung nimmt sichtlich zu. Der Körper droht infolge der anhaltenden Wölbung und der Rückwärtsstreckung von Armen und Kopf, der nun zurückfällt, vornüber zu fallen. Ein Augenblick der völligen Schwebehaltung tritt ein.

1. Phrase: *Fall.* Der Körper verliert an Kontrolle und fällt nach vorne, der rechte Fuß fängt das Gewicht in einem tiefen Ausfallschritt nach vorne ab, der Körper streckt sich völlig (das rechte Knie tief gebeugt, Ferse vom Boden erhoben, das linke Bein durchgedrückt, Ferse ebenfalls vom Boden gehoben). Die Hände fallen auf den Boden, und der Kopf beugt sich über das Knie (1-2). Sofort das linke Bein hinter das rechte Bein ziehen (3) und das linke Knie seitlich in einem Winkel von (möglichst) 90 Grad beugen. Dabei muß der linke Fuß entspannt bleiben, damit er die Plazierung des Beckens hinter ihm auf dem Boden nicht behindert. Der Körper bleibt kurz auf dem Boden, beginnt dann, sich nach hinten zu öffnen, während die Hände auf beiden Seiten am Boden nach hinten gleiten (4). Bei dieser Bewegung fangen Hände und Becken das Körpergewicht auf, das linke Bein ist unter dem rechten abgewinkelt; der Rücken ist völlig gerade und das vordere (rechte) Bein streckt sich, wenn die Hände nach hinten reichen und sich auf dem Boden wie Flügel öffnen (5-6).

2. Phrase: *Wiederaufrichten I.* Den Oberkörper mit dem Brustkorb zuerst heben, wie in der 4. Phrase der Übung 36, dabei den Kopf nach hinten fallen lassen und die Arme locker mit nach vorne ziehen (1-2). Wenn der Körper eine fast sitzende Haltung erreicht hat, das rechte Knie nach oben ziehen (Fuß auf dem Boden). Die Hände sind noch immer hinter dem Körper, nun den Oberkörper nach vorne fallen lassen (3-4). Die Dynamik der Bewegung nimmt zu; mit einem Abstoß vom Boden wird das Gewicht vom linken Knie auf den rechten Fuß verlagert, weiter aufrichten (5), bis die Ausgangsstellung erreicht ist (6).

Wiederaufrichten II. An diesem Punkt kann das Wiederaufrichten in einer Stellung enden, in der die Arme sukzessiv über den Kopf erhoben werden, der Körper wird dabei mit nach oben angehoben (Ende von 6); aus dieser Stellung kann aber auch, wenn das Anheben abgeschlossen ist, der Fall wiederholt werden, indem der Rücken weiter gebogen wird, der linke Fuß einen Ausfallschritt nach vorne macht, und das rechte Bein nach hinten gestreckt wird.

38. FALL NACH HINTEN

Anfang *Vorbereitung: 1, 2 . . . . 3, 4 . . . .*

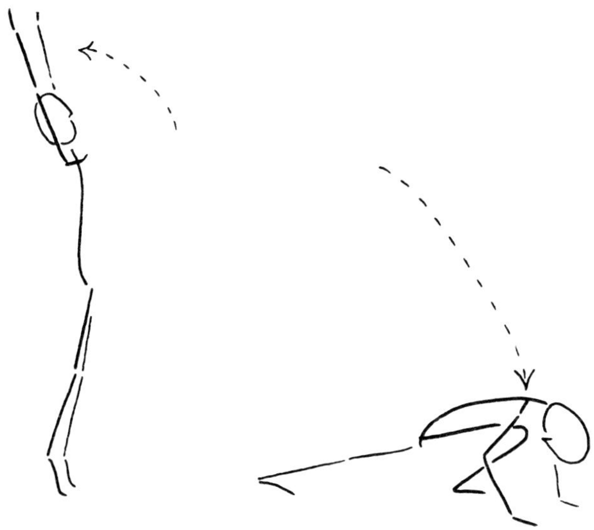

. . . .*5, 6* *1. Phrase / 1, 2* . . . .

. . . .*3*. . . . .*4, 5*. . . . .

. . . . *6* *2. Phrase / 1, 2* . . . . .

. . . . 3 . . . . 4 . . . . 5 . . . .

. . . . 6

39. FALL ZUR SEITE

Zählweise: 2 Phrasen mit jeweils etwa 4 langsamen Zählzeiten.

Tempo: Ad Libitum. ***Akustische Begleitung:*** Zeitlich mit der Bewegung abgestimmte Akkorde, Trommel und/oder Gong.

Ausgangsstellung: Körper nach vorne gerichtet, Füße parallel, Hände an der Seite.

Vorbereitung: *Fall nach rechts.* Blick nach rechts, mit dem linken Fuß einen Schritt nach links machen, das Knie ist für den kommenden Impuls gebeugt, und der rechte Arm schwingt in tiefem Bogen nach rechts, Handfläche nach außen, Finger voran, als winkten Sie jemanden herbei (1). Die Bewegung des rechten Arms wird nach oben fortgeführt, bis dieser über dem Kopf ist; das rechte Bein wird seitlich an das linke Bein herangezogen, der Körper ist nun von den geschlossenen Fußgelenken bis zu den Fingerspitzen der rechten Hand nach außen gewölbt (2). Der rechte Arm streckt sich immer noch über den Kopf nach links, wodurch der ganze Körper weiter in diese Richtung gestreckt wird. Der Atem wird angehalten, das Körpergewicht liegt hauptsächlich auf dem linken Fuß, der rechte Fuß hat den Boden fast verlassen. Während der gesamten Bewegung hängt der linke Arm locker an der linken Körperseite.

1. Phrase: *Fall.* Die angestaute Energie wird freigesetzt: der rechte Arm schwingt vor dem Rumpf, der immer noch weit nach links gebeugt ist, nach unten. Gleichzeitig beugt sich das linke Knie so tief, daß das rechte Knie den Boden berührt, der Fuß liegt direkt hinter dem Knie (die Fußzehen nicht einrollen, sondern entspannt halten). Wenn der rechte Arm vor den Knien von links nach rechts schwingt (2-»und«) gleitet das Becken — das nun fast in Sitzhaltung ist — nach rechts über die nach oben zeigende rechte Ferse (3). Mit zunehmender Schwungkraft wird die Energie völlig freigesetzt: die rechte Hüfte berührt den Boden, und die rechte Hand fällt vor dem Rumpf herab, der Körper gleitet, von den gespreizten Fingern gestützt, zu Boden (4).

Endstellung: Der Körper liegt ausgestreckt auf der rechten Seite, der linke Arm liegt vor dem Körper, die Hand auf dem Boden, das rechte Knie ist immer noch gebeugt, das linke darüber gestreckt (es darf zum Abschluß nicht nach oben federn), der rechte Arm ist in gerader Linie nach rechts gestreckt, der Kopf liegt auf der rechten Schulter. Der ganze Körper bildet nun eine gerade Linie.

2. Phrase: *Wiederaufrichten.* Der Körper richtet sich sukzessiv nach links auf (Rumpf und linker Arm ziehen zur Seite, der Kopf neigt immer noch zur rechten Seite und der rechte Arm ist noch immer nah am Boden) und erreicht eine halb sitzende Stellung, in der das Becken schnell über den noch immer umgedreht (auf dem Spann) liegenden rechten Fuß gleitet (1-2). Ohne Unterbrechung wird das Gewicht auf das linke Bein verlagert, das sich während der vorherigen Bewegungen langsam gebeugt hat. Einen seitlichen Schritt auf das linke Bein machen, während beide Arme nach links schwingen (3). Durch den Schwung der Arme kann sich der Körper geschmeidig in einem weiten Kreis von unten erheben, das rechte Bein wird durch das Becken mitgezogen. Mit Gewicht auf dem linken Bein erhebt sich der Körper, der rechte Arm schwingt kreisförmig weiter (der linke Arm hängt locker an der Seite), bis er am Ende von 3 hoch über dem Kopf gestreckt ist. Hier steht der Körper nun wieder völlig aufrecht und nach vorn gerichtet, die Füße sind geschlossen (3-»und«). Auf 4 fällt der Arm in weitem Bogen zu Seite.

Übung wiederholen, dabei Richtungswechsel zum Fall nach links.

39. FALL ZUR SEITE

Anfang *Vorbereitung: 1 . . . . 2.*

1. Phrase / 1 . . . . 2 und . . . . 3 . . . .

. . . . 4.

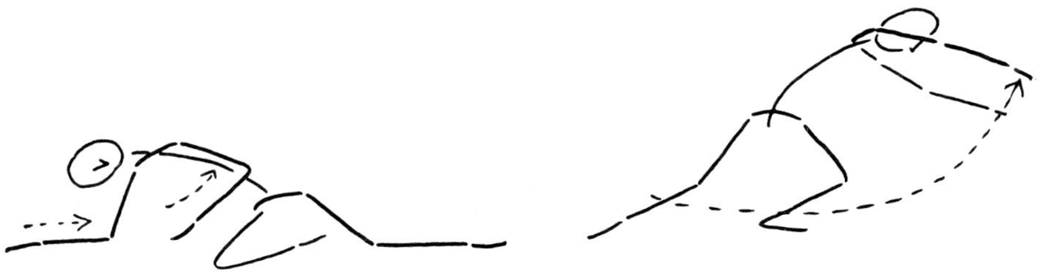

2. Phrase / Wiederaufrichten: 1 . . . . 2 . . . . 3 . . . .

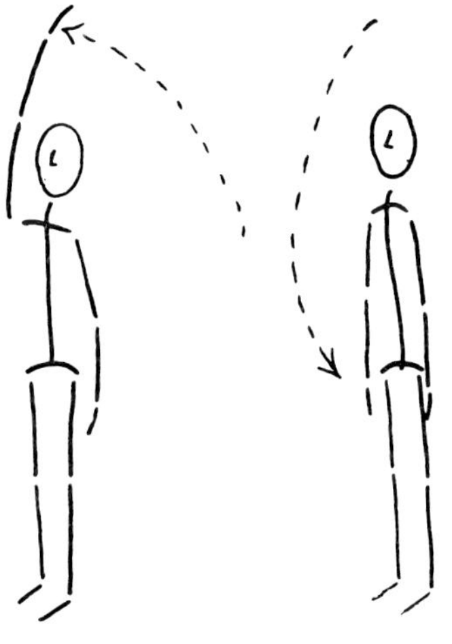

. . . . und . . . . 4.

40. FALL NACH VORNE

Zählweise: 2 Phrasen mit jeweils 4 Zählzeiten.

Tempo: Ad libitum. ***Akustische Begleitung:*** Zeitlich mit der Bewegung abgestimmte Akkorde, Trommel und/oder Gong.

Ausgangsstellung: Körper diagonal zur linken Ecke des Raumes mit viel Platz vor dem Körper, das Gewicht ruht auf dem linken Fuß, der rechte Fuß steht unbelastet auf dem Ballen dicht am linken Fußgelenk. Beide Arme hängen locker. Der Blick geht in die linke Ecke.

1. Phrase: *Fall,* mit vorbereitendem gegengleichen Schwung und einem Hüpfsprung. Zum Impulsgeben »und« vorzählen, dann auf den rechten Fuß hüpfen, dabei das linke Bein in Hüfthöhe nach vorne schwingen, das Knie ist in einem Winkel von etwa 45 Grad leicht gebeugt; der linke Arm schwingt gleichzeitig mit dem linken Bein nach vorne und oben in eine senkrechte Haltung über den Schultern; der rechte Arm bleibt am Körper (1). Wenn der linke Fuß etwa 45 Zentimeter vor dem Körper auf dem Boden auftrifft, beugt sich das Knie nach vorne und der Rumpf fällt über das Knie nach vorne. Die im Hüpfsprung angesammelte Schwungkraft bringt das Körpergewicht weit vor das linke Knie (das erst am Ende der Bewegung den Boden berühren wird), die linke Hand ist nach vorne und unten geschwungen, kann nun auf der Handaußenkante nach vorne gleiten und so das Körpergewicht auffangen (2). Mit Beginn des Gleitens berührt auch die rechte Hand den Boden und trägt das Gewicht mit, so daß der Körper nun diagonal über den Boden gleiten kann (3-4). Die Schwungkraft dieser Fallbewegung bewirkt ein Gleiten von mindestens 70 bis 80 Zentimeter.

Endstellung: Der Körper liegt zur linken Ecke des Raums hin ausgestreckt auf dem Boden. Beide Beine sind gerade und geschlossen, der linke Ellbogen gebeugt und in Taillenhöhe nahe am Körper, der Kopf ist nach links gedreht, der rechte Arm ist gerade und weist nach vorne.

2. Phrase: *Wiederaufrichten.* Mit gerundetem Oberkörper die Bewegung umkehren, der rechte Arm ist eng an der Seite angewinkelt, Handfläche nach unten, beide Knie auf den Boden setzen, die Fußzehen einrollen, das Gewicht so geschmeidig wie möglich von den Knien auf die Fußsohlen verlagern, die Hände werden als leichte Stütze benutzt (1-2). Wenn die Fersen den Boden berühren, mit sukzessiver Bewegung durch den Körper zum Stand aufrichten (3-4). Ist das Wiederaufrichten beendet, wendet sich das Gesicht zur rechten Ecke des Raumes, um den Fall nach vorne in die andere Richtung wiederholen zu können, dazu den Hüpfsprung mit dem linken Bein ausführen, der rechte Arm schwingt mit dem rechten Bein nach vorne.

40. FALL NACH VORNE

Anfang *1. Phrase / »und«* . . . . . *1* . . . .

. . . . *und* . . . . *2* . . . .

. . . . *3* . . . . *4 (Endstellung)*

2. Phrase / Cts 1, 2 . . . . 3. . . . . 4. . . . . . .

. . . . Ausgangsstellung für die Gegenrichtung

41. KREISFÖRMIGER FALL

Dieser Fall wird manchmal »Spirale« genannt und erinnert im dynamischen Bild an einen Strudel. Wenn die (abwärts gehende) Spirale einmal begonnen ist, wirbelt sie immer schneller um einen gedachten Mittelpunkt nach unten. Die folgenden Anleitungen sollen den Schüler anregen, die Bewegungsveränderungen auf eine Uhr zu beziehen, die er sich auf dem Boden vorstellen soll. Wird der kreisförmige Fall erst einmal völlig beherrscht, dann schwingt der Körper durch die Dynamik der Bewegung weiträumiger als in dieser Anleitung angegeben. Detailliert beschrieben, scheint dieser Fall sehr schwer ausführbar, wenn man jedoch die anfänglichen Beinbewegungen einmal beherrscht (1-2), folgen die anderen Bewegungen von allein, wenn dem Schüler nur das Bild der abwärts wirbelnden Spirale gegenwärtig ist.

Zählweise: Fall und Wiederaufrichten in jeweils 9 Zählzeiten.

Tempo: Ad libitum ***Vorschlag zur Begleitung:*** Zeitlich mit der Bewegung abgestimmte Akkorde, Trommel und/oder Gong.

Ausgangsstellung: Stand in der Mitte einer großen Uhr, die man sich auf den Boden gezeichnet denkt. »12 Uhr« ist hinten, »6 Uhr« vorne, »9 Uhr« rechts und »3 Uhr« links. Das Gesicht ist nach »7 Uhr« gewandt. Der Oberkörper ist gerade, doch nicht angespannt, Füße leicht gegrätscht und parallel, Arme hängen locker zur Seite.

Vorbereitung: *Ein Schwung im Halbkreis nach links auf »3 Uhr« in Vorbereitung für den Fall nach rechts.* Mit Kopf, Armen, Oberkörper und Beinen nach »3 Uhr« wenden, die Arme werden seitlich in Höhe des Brustkorbs gehoben und gegen den Uhrzeigersinn mit dem Oberkörper geschwungen, während der linke Fuß einen Ausfallschritt in dieselbe Richtung macht. Diese Bewegung ist kreisförmig, da der ganze Körper sich auf dem rechten Fuß, dessen Stellung sich nicht verändert, nach links dreht. Der Abstand zwischen den Füßen sollte etwa eine volle Beinlänge betragen: das rechte Bein ist hinter dem Körper aus der Hüfte gedreht, die Ferse hat den Boden verlassen. Das linke Bein trägt das Körpergewicht, das Knie ist tief über den Fuß gebeugt, die Ferse auf dem Boden. Die Arme sind seitlich geöffnet.

Fall. Im Uhrzeigersinn.

Zählzeiten 1-2: Mit einer schnellen Drehung des Kopfes nach rechts, in Vorbereitung auf die Gewichtsverlagerung vom linken auf das rechte Bein, Schultern, Oberkörper und Becken nach »7 Uhr« schwingen, dabei die Arme im Uhrzeigersinn aus der Taille heraus weit strecken (1). Um das zu erreichen, wird das rechte Bein aus der vorbereitenden Streckhaltung nach außen gedreht, die Ferse auf dem Boden, und das Knie in Richtung »8 Uhr« gebeugt. Das Körpergewicht liegt nun über dem rechten Bein. Gleichzeitig wird das linke Bein nach außen gedreht und kurz gestreckt, die Ferse hat den Boden verlassen. Die Richtung der vorbereitenden Streckung hat sich umgekehrt. Ferner deutet sich eine Abwärtsbewegung an, da das rechte Knie etwas tiefer gebeugt ist, und auch der Rumpf zur Spirale hin gesenkt wurde. Alles das geschieht auf 1. Das Drehen und die Abwärtsbewegung werden fortgeführt, der linke Fuß gleitet hinter das rechte Bein, bis der linke Fuß, entspannt und seitlich geneigt, fast den Boden berührt; währenddessen gleitet das gebeugte linke Knie hinter dem tiefer gebeugten rechten Knie nach rechts und befindet sich schließlich rechts davon. Die Arme, die noch immer weit nach außen schwingen, haben den Oberkörper nach »11 Uhr« gezogen. Diese Bewegungen sind mit 2 abgeschlossen, der Körper befindet sich in halber Höhe.

Zählzeiten 3-4: Der Zug in der Abwärtsbewegung verstärkt sich, das Gesäß und die Seite des linken Knies sowie des linken Fußes berühren in einer Sitzhaltung mit gekreuzten Beinen den Boden; die Arme sind noch immer weit nach vorne gestreckt und ziehen den Rumpf über das rechte Knie im Uhrzeigersinn nach unten (3). An diesem Punkt ist das rechte Knie immer noch nach oben gebeugt, die Ferse ist auf dem Boden, und die Arme schwingen über »1 Uhr«. Während der Rumpf noch stärker nach rechts zieht, fällt das rechte Knie seitlich in dieselbe Richtung und verhilft dem linken Knie so, in eine abwärts gerichtete Schräge an dessen Seite zu kommen. Die rechte Hand berührt nun leicht den Boden, die linke Hand zeigt, noch immer gestreckt, auf »2 Uhr« (4).

Zählzeiten 5-6: Das Körpergewicht wird auf der Außenseite der rechten Hand aufgefangen, dabei gleiten die rechte Seite des Oberkörpers und die des Beckens im Uhrzeigersinn in einem weiten Bogen an »5 Uhr« vorbei. Beide Beine fallen zur Seite — die Knie gebeugt, das rechte Bein liegt zuunterst und weiter vorne als das linke. Die Zehen zeigen nach hinten auf »9 Uhr«. Der linke Arm weist nun auf »6 Uhr« und bewegt sich parallel zum rechten Arm, der über den Boden geglitten ist (5). Das Becken rutscht sofort nach vorne und bildet mit dem Oberkörper einen Bogen, so daß der Körper sich nach außen öffnet und dabei in der Abwärtsbewegung der Spirale seitlich auf dem Becken und der rechten Schulter liegt. Die wachsende Zugkraft bringt den linken Arm über den Kopf und zieht ihn mit der Bewegung des Rumpfes zurück zu »11 Uhr« (6).

Zählzeiten 7-8-9: Die Dynamik läßt nach, die Bewegung wird langsamer. Nun berührt die linke Schulter den Boden, der rechte Arm beschreibt einen Bogen über dem Kopf und zieht den Oberkörper immer weiter nach links, während das Becken stark nach rechts gebogen bleibt (7-8). Die Hände liegen nebeneinander auf dem Boden und zeigen auf »2 Uhr«. Auf 9 bleibt der Körper entspannt in dieser Haltung, nachdem er sich in seiner Abwärtsbewegung aus der vorbereitenden Haltung fast zweimal um 360 Grad gedreht hat.

Wiederaufrichten

Zählzeiten 1-2: Die Bewegung wird in Form und Geschwindigkeit umgekehrt. Dazu den Oberkörper nach rechts ziehen, der rechte Ellbogen gleitet unter die rechte Seite. Die rechte Handfläche muß zum Boden zeigen, der Unterarm trägt einen Teil des Gewichts vom Oberkörper, während die rechte Schulter vom Boden erhoben wird. Gleichzeitig beugt sich der linke Arm über den Kopf von »2 Uhr« über »12 Uhr« zurück, das Becken hat sich nach dem starken Vorwärtsdrücken entspannt (1). Arme, Beine und Rumpf beschreiben nun den Weg des Falls in umgekehrter Reihenfolge und richten sich mit zunehmender Geschwindigkeit auf. Beim Übergang zu 2 beugen sich die Knie, die noch immer seitlich auf dem Boden ruhen, weiter zur rechten Hüfte (noch auf dem Boden) hin, während sich der Rücken aus der Wölbung heraus nach vorne rundet, und die Aufwärtsbewegung gegen den Uhrzeigersinn zu ziehen beginnt. Hier nun liegt die Betonung auf der Bewegung des linken Arms, der sich so weit wie möglich nach »9 Uhr« streckt. Das Körpergewicht ruht auf dem rechten Ellbogen, der Kopf wendet sich zu den Fingern der linken Hand hin (2).

Zählzeiten 3-4: Das Aufrichten vollzieht sich nun immer rascher; dabei weiterhin (jetzt mit beiden Armen) gegen den Uhrzeigersinn zum Kreisrand hin strecken, von »9 Uhr« über »7 Uhr« hinaus bewegen, beide Knie werden nun aufrecht und parallel vor dem Körper locker angewinkelt (3). Die Spiralbewegung setzt sich mit wachsender Dynamik nach links fort, das linke Knie fällt nach links und gibt den Fuß frei, über den das rechte Knie gebeugt wird, dabei wird der rechte Fuß neben den linken Oberschenkel in einem rechten Winkel auf den Boden gesetzt. Der Körper ist nun zu »5 Uhr« hin gewandt, die Arme jedoch — noch immer nebeneinander — bewegen sich, bei zunehmendem Zug der linken Schulter nach links, nach vorne auf »4 Uhr« hin. Die rechte Schulter ist nun höher als die linke, und die Schwungkraft nimmt ständig zu.

Zählzeiten 5-6: Mit der Verlagerung des Gewichts auf den rechten Fuß beginnt das Aufrichten, dabei von »4 Uhr« nach »2 Uhr« drehen und ständig mit Oberkörper, Kopf und Armen gegen den Uhrzeigersinn nach links ziehen (5). Die Bewegung bringt den Körper in eine fast aufrechte Stellung, in der die Arme höher sind als der Kopf, er ist aber noch immer nach links »geneigt«, um die Spiralbewegung fortzuführen (6). Nun sind Sie bei »12 Uhr« angelangt.

Zählzeiten 7-8-9: Mit wachsender Schwungkraft nach links wirbeln, die Füße geschlossen und auf den Ballen, beide Arme ziehen noch immer seitrückwärts (gegen den Uhrzeigersinn) aus der Taille, doch heben sie sich dabei langsam. Der Wirbel wird mit ausgestreckten Armen, die sich immer schneller nach oben drehen, fortgesetzt bis das Kreisen über dem Kopf angelangt und der Körper völlig gerade ist, nachdem er im letzten Aufrichten der Armbewegung gefolgt ist (7-8). Die Schwungkraft erreicht ihren Höhepunkt, der Wirbel bricht auf 9 ab, der Körper ist nach vorne gerichtet (»6 Uhr«) und nach oben gestreckt. Die Füße sind geschlossen und im Ballenstand, der Kopf gestreckt, der Blick geht an den Händen vorbei nach oben, die immer noch nebeneinander direkt über den Schultern gestreckt sind.

Übung in der Gegenrichtung wiederholen: Abwärtsbewegung gegen den Uhrzeigersinn, Aufrichten im Uhrzeigersinn.

41. KREISFÖRMIGER FALL

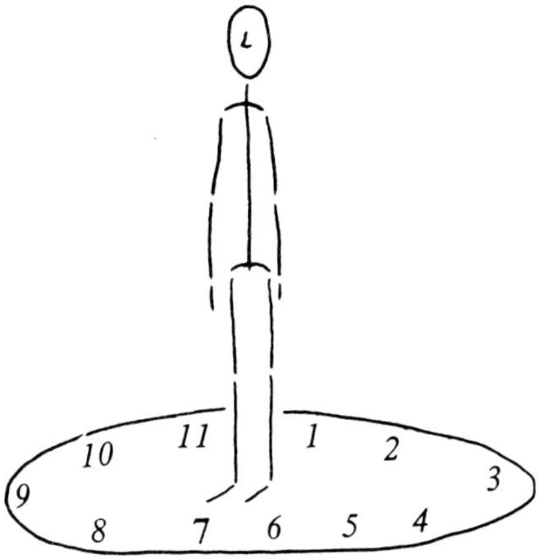

Anfang

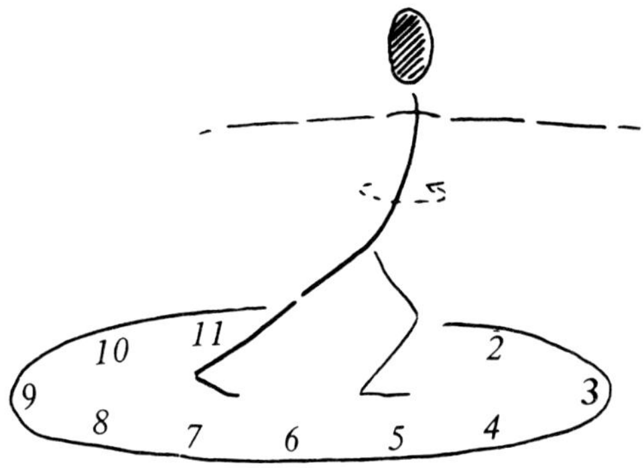

Vorbereitung

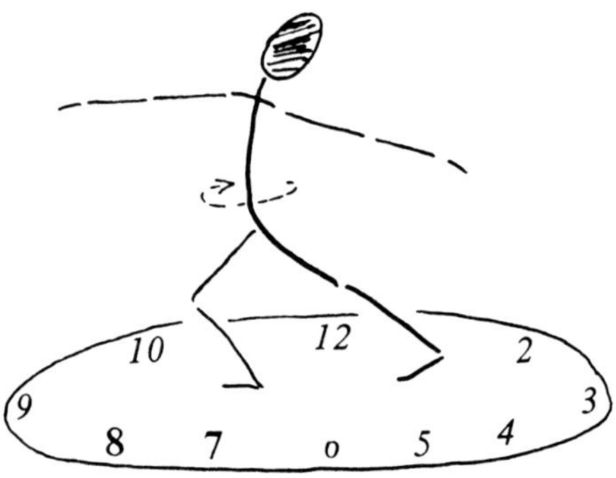

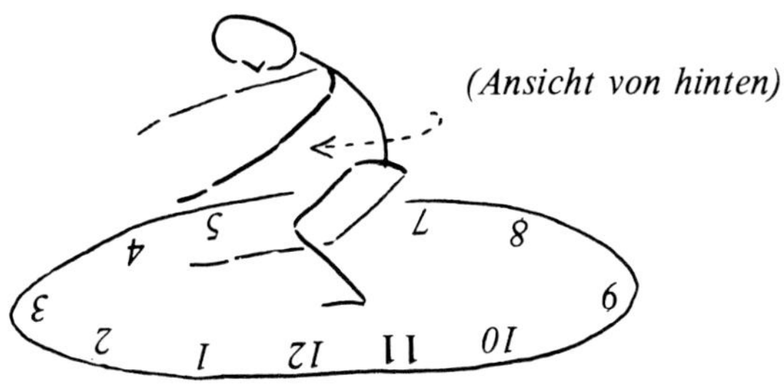

1. Phrase / 1 . . . . 2 . . . .

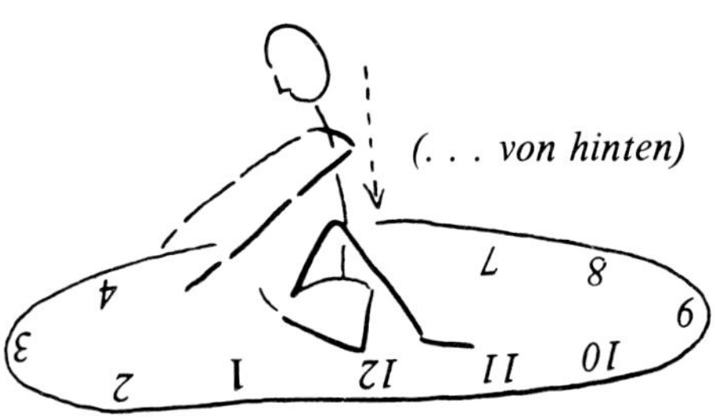

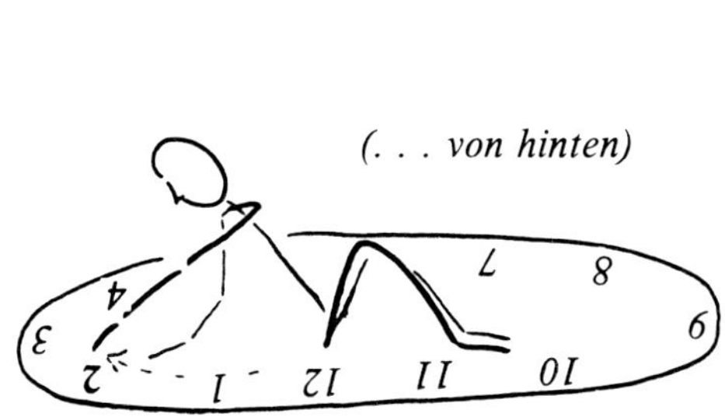

. . . . 3 . . . . 4 . . . .

(. . . von hinten)

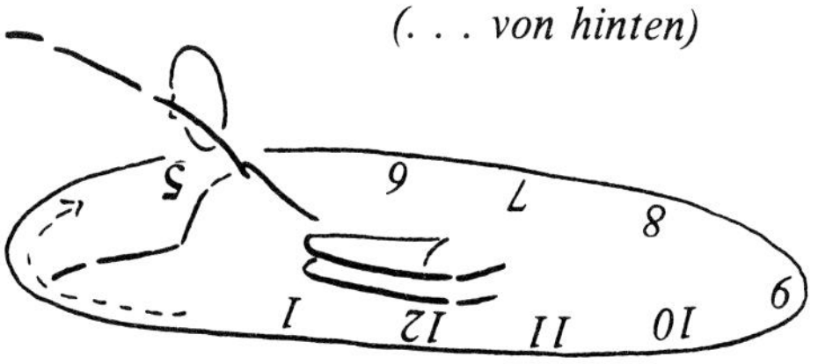

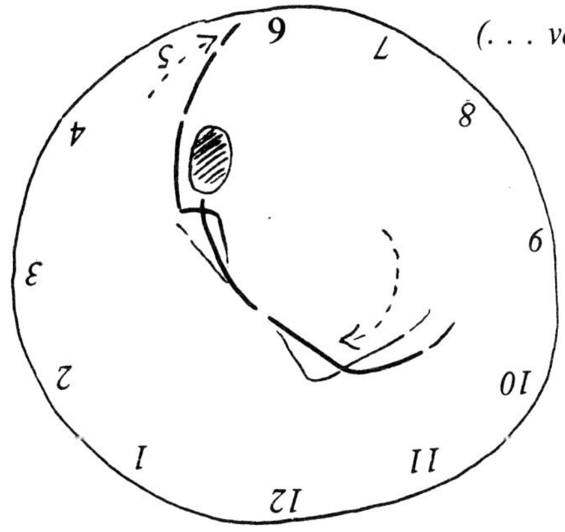

(. . . von oben)

. . . . 5 . . . .

(Ansicht von vorne)

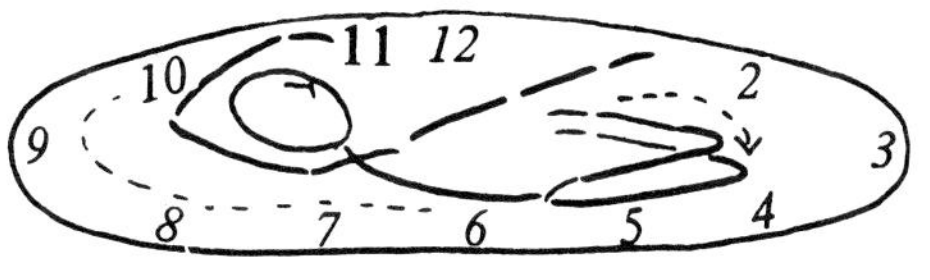

(. . . von oben)

. . . . 6 . . . . 7, 8, 9

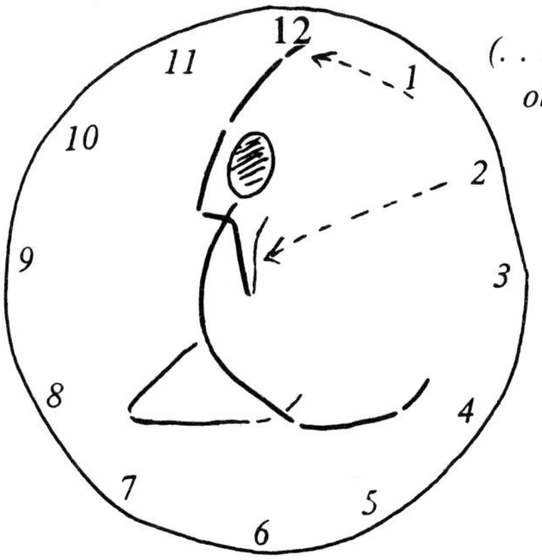

(. . . von oben)

(. . . von vorne)

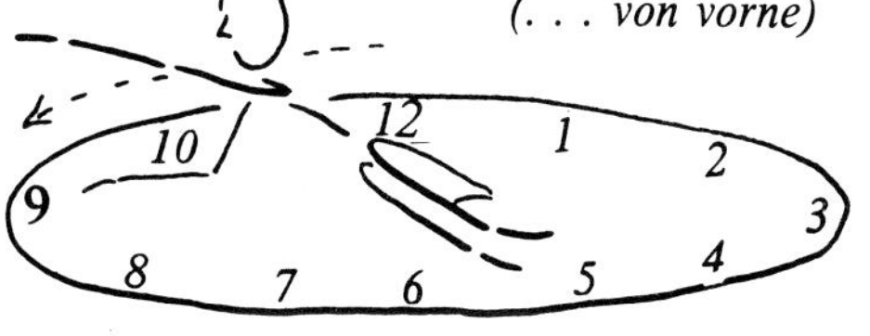

Wiederaufrichten / 1 . . . . 2 . . . .

. . . . 3 . . . . 4 . . . .

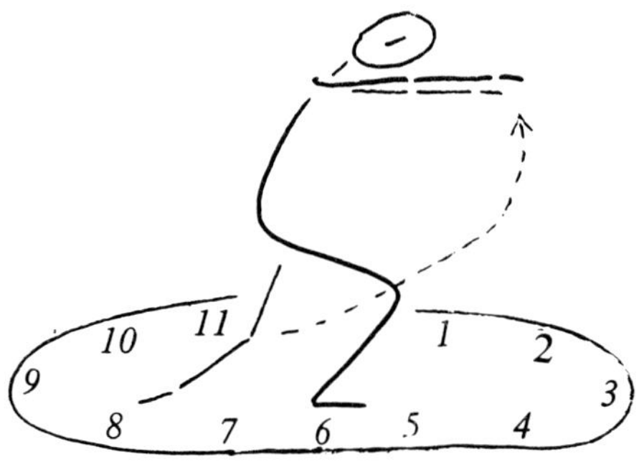

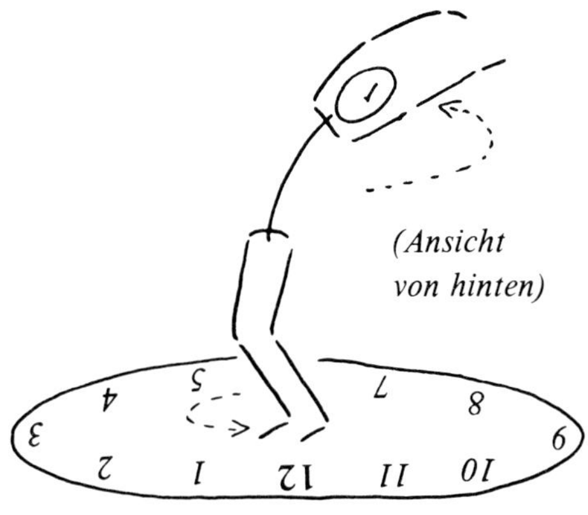

. . . . 5 . . . . 6 . . . .

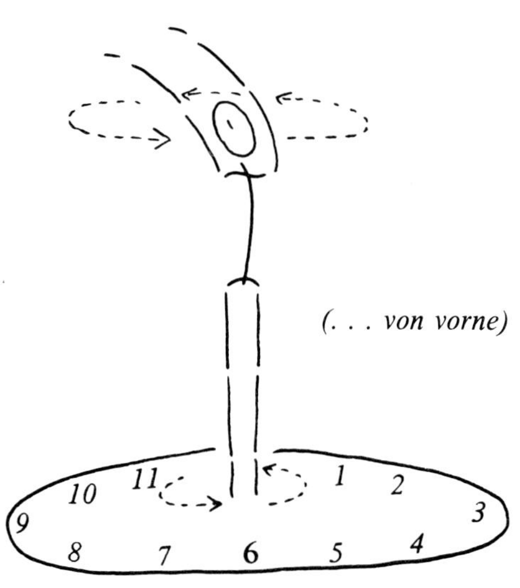

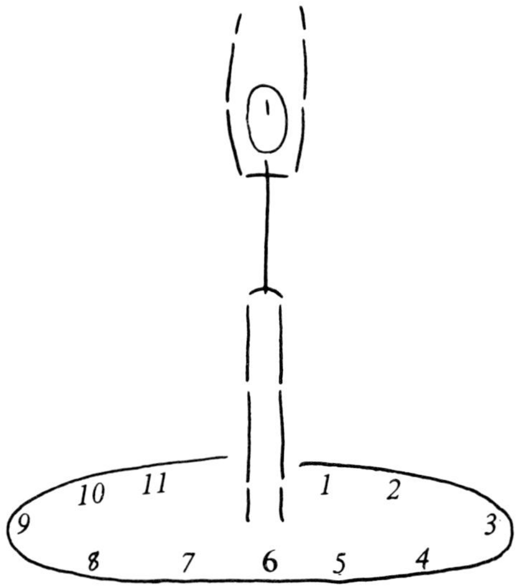

. . . . 7 . . . . 8 9

ÜBUNGSSTUDIE

42. STUDIE MIT VIERUNDZWANZIG ZÄHLZEITEN

Diese Übungsstudie hat zum Ziel, durch eine rhythmisch verbundene Serie von steigenden und fallenden Bewegungen die Geschmeidigkeit beim Phrasieren zu vergrößern.

Zählweise: 6 Phrasen mit jeweils 4 Zählzeiten, fortlaufend 1-24.

Tempo: 52 ***Musik:*** Lyrisch, fließend, mit einem Höhepunkt am Ende der 5. Phrase, Verzögerung und Auflösung in der 6. Phrase.

Ausgangsstellung: Körper nach vorne zur Raummitte gerichtet, Fersen geschlossen. Zehen in einem Winkel von nicht mehr als 30 Grad auswärts gedreht. Arme leicht konvex an der Seite. Blick nach vorne.

1. Phrase: *Abwärtsbewegung in Form einer feierlichen Verneigung.* Mit dem linken Fuß einen Schritt zurück setzen (Auswärtsdrehung beibehalten), dabei Impuls vom linken Knie aus, der eine kreisförmige Schwungbewegung des rechten Beins nach vorne, oben und rechts in Hüfthöhe initiiert; der rechte Arm bewegt sich gleichzeitig mit dem Bein erst nach vorne, dann über den Kopf und, mit entsprechender rhythmischer Phrasierung, auf die rechte Seite (1-2). Der Oberkörper folgt dieser Bewegung und hebt sich anmutig und feierlich, das Gesicht spiegelt die Stimmung der Geste wider. Auf 3 hat das rechte Bein den rückwärtigen Kreis vervollständigt und kreuzt hinter dem Standbein, beide Knie beugen sich nach außen, das rechte Knie ist hinter dem linken weit nach links geschwungen. Mit der Abwärtsbewegung des rechten Beins ist der rechte Arm zur rechten Seite gefallen, der Körper beugt sich leicht nach vorne, bis er auf 4 eine sitzende Haltung einnimmt. Der Kopf fällt nach vorne und vollendet so die Verbeugung, während der Körper am Boden zur Ruhe kommt. Am Ende der 1. Phrase ist das linke Knie direkt vor dem Brustkorb, der Fuß liegt flach auf dem Boden auf, beide Arme sind konvex gebogen, und die Fingerspitzen berühren den Boden.

2. Phrase: *Eine zweite, kreisförmige Verbeugung.* Wenn der Körper die Sitzhaltung erreicht hat, sofort das linke Bein nach vorne heben (5), das Knie durchdrücken, gleichzeitig den linken Arm mit leicht gestreckten Fingerspitzen parallel über das Bein führen. Oberkörper und Kopf heben sich in dieselbe Richtung. Das Gewicht ruht jetzt nur auf der rechten Hüfte; der Kopf ist nach vorne gerichtet, die Finger der rechten Hand berühren noch immer den Boden, der Arm ist seitlich konvex gebeugt. Auf 6 kreist das linke Bein nach links und schwingt umso höher, je weiter es sich zur Seite bewegt, gleichzeitig den linken Arm über die linke Schulter heben und den Oberkörper nach oben ziehen; die Kreisbewegung wird fortgesetzt, indem das linke Bein und der linke Arm nach hinten kreisen und den Rumpf zur linken Seite drehen, um die zweite »Verbeugung« ausführen zu können. Diese Bewegung bringt die rechte Schulter, den rechten Arm und die rechte Hand gegen den Uhrzeigersinn nach vorne. Dazu muß die rechte Hand im weiten Bogen über den Boden gleiten. Auf 8 fällt der Oberkörper auf den rechten Arm, die rechte Schulter und das gebeugte rechte Knie liegen auf der Seite. Das linke Bein ist in halb gestreckter Haltung auf dem Boden hinter dem gestreckten Oberkörper, der linke Arm liegt parallel.

3. Phrase: *Seitliche Dehnung mit dem linken Bein.* Zur rechten Seite ziehen, dabei gleitet die rechte Hand im Uhrzeigersinn über den Boden, bis sie etwa 35 Zentimeter von der rechten Hüfte entfernt ist. Dadurch kommt der Oberkörper in eine nach vorne gerichtete Stellung. Gleichzeitig wird das linke Bein, vom Boden erhoben, nach vorn geführt, das Knie weist nach vorn, dabei bewegen sich linker Arm und linkes Bein parallel (9-10). Auf 10 hebt sich das Becken, das Gewicht verlagert sich immer weiter auf die Seite des rechten Knies und der rechten Hand. Der Kopf hat sich in Richtung des linken Beines und Armes gewandt, der Rücken hat sich aufgerichtet. Auf 11 und 12 streckt sich das bislang gebeugte linke Bein, im Hüftgelenk auswärts gedreht, zur vollen Länge. Der Körper ist weit nach rechts gebeugt, das Becken noch immer in der Schwebe, nach vorne gerichtet und geneigt. Am Ende von 12 bildet der Körper — vom ausgestreckten linken Bein und Arm zum Becken hinab und nach rechts über den Oberkörper zum Kopf hinauf — einen rechten Winkel. Kopf und Blick gehen noch immer nach links oben.

4. Phrase: *Hohe, kreisförmige Streckung des linken Arms über den Körper von links nach rechts und zurück.* Das linke Bein bleibt seitlich aus dem Hüftgelenk gestreckt, der linke Arm streckt sich in hohem Bogen über den Kopf nach rechts; gleichzeitig hebt sich das Becken, um die Bewegung zu unterstützen. Während dieses Kreisens (13-14) ruht das Körpergewicht, wie zuvor, auf der rechten Hand und nun auch auf dem rechten Knie, das sich fest unterhalb der rechten Hüfte befindet. Das Becken hat sich aus der tiefen abgewinkelten Haltung in eine frontale Stellung gezogen, das Gesicht dreht, in Erwartung der Abwärtsbewegung des Armes, nach rechts. Auf 15 werden zwei Bewegungen miteinander koordiniert, um eine leichte Rückfederungsbewegung zu erzeugen: das linke Knie beugt sich, der Fuß federt direkt hinter dem Becken zum Boden hin, Oberkörper und linker Arm fallen mit einer Akzentuierung nach rechts, die auf die Umkehrung des Kreises über dem Kopf vorbereitet. Das Gesicht dreht sich unmittelbar darauf nach oben, der Blick verfolgt die Aufwärtsbewegung. Auf 16 wird der linke Arm (hinter dem linken Bein) auf Schulterhöhe gesenkt, das Becken fällt in die »geknickte« Haltung von 11 und 12 zurück, das linke Knie hat sich wiederum hoch in die Luft gestreckt; der Kopf weist nun in Richtung des gestreckten linken Fußes.

Übung 42: Studie mit 24 Zählzeiten (3. Phrase, Zählzeit 9); (Gail Corbin).

5. Phrase: *Wiederaufrichten zum Stand.* Aus der hohen Seitstreckung des linken Beins den Oberkörper langsam nach rechts ziehen (den Kopf in die gleiche Richtung drehen), während der linke Arm noch immer die Haltung von 16 beibehält. Das linke Bein in Koordination mit dieser Seitdrehung des Oberkörpers im Uhrzeigersinn nach vorne bringen, dabei das Knie beugen, wenn es vor dem Rumpf kreuzt. Der linke Arm bleibt unverändert seitlich gestreckt. Durch diese gleichzeitige Bewegung von Oberkörper und linkem Bein tragen nun das rechte Knie und die rechte Hand einen Teil des Körpergewichts (17). Den linken Fuß — auswärts gedreht, das Knie ist in gerader Linie mit den Zehen — flach auf den Boden stellen, und das Körpergewicht langsam vom rechten Knie auf den linken Fuß verlagern. Während dieser Gewichtsverlagerung stabilisiert der linke Arm den Oberkörper, indem er seine Haltung unverändert beibehält, der rechte Arm unterstützt diese Gewichtsverlagerung, indem er sich seitlich konvex beugt. Der Körper wird so nach oben gezogen, die Hauptlast des Wiederaufrichtens liegt auf dem rechten Oberschenkel (18), das Becken muß beim Wiederaufrichten unterhalb der Schultern bleiben. Dann sofort eine Rechtsdrehung beginnen, dazu die rechte Schulter, wie beim Wiederaufrichten aus dem kreisförmigen Fall, nach rechts ziehen, damit sich der Körper beim Aufrichten leicht drehen kann. Sie stehen nun im Ballenstand und drehen nach rechts. Während der Drehung nach hinten bleibt der linke Arm an der Körperseite, während die aufwärts gerichtete sukzessive Bewegung vor allem vom rechten Arm ausgeführt wird; auf 19, wenn der Körper bereits fast aufrecht ist, streckt sich auch der linke Arm sukzessiv nach oben, und das spiralförmige Aufrichten ist beinahe beendet. Auf 20 strecken sich beide Arme parallel über dem Kopf in die Höhe und der Körper steht diagonal zu »5 Uhr«. Das Becken ist direkt unterhalb der Schultern; der Kopf ist zur linken Ecke der Bühne hin erhoben; und die Füße, im Ballenstand, stehen parallel, der linke Fuß in bequemem Abstand (etwa 5 Zentimeter) vor dem rechten. Diese Stellung muß einen sicheren Stand für die kommende Abwärtsbewegung bieten. (Die Abstände müssen den individuellen Bein- und Körperproportionen angeglichen werden.)

6. Phrase: *Langsamer Halb-Fall.* Auf 21 werden die Schultern weiter nach rechts gedreht, ohne dabei den Winkel der Bein- und Beckenhaltung zu verändern, die Knie werden gebeugt, die Füße bleiben auf den Ballen. Der Oberkörper ist nun nach vorne, das Becken noch immer auf »5 Uhr« gerichtet. Mit Blick auf die linke Hand eine langsame Abwärtsbewegung beginnen, bei der der rechte Arm, Handfläche nach unten, mit dem Oberkörper seitlich zum Boden hinab kreist und sich nach außen streckt (22). Während dieser langsamen Fallbewegung beugen sich die Knie tiefer, der linke Arm beginnt sich im Ellbogen zu beugen, die Hand sinkt zur linken Schulter, Handfläche nach unten. Die rechte Hand berührt seitlich der rechten Schulter fast den Boden, der Körper bildet ab den Knien, ohne in der Hüfte einzu-

Übung 42: Studie mit 24 Zählzeiten (6. Phrase, Zählzeit 24); (Gail Corbin).

knicken, eine gerade Linie (23). Nun liegen die Knie, spitz angewinkelt, am Boden, das Becken ist erhoben und seitlich nach vorne gekippt (vgl. Übung 30, die der vorbereitenden Stärkung dient), die Fußzehen beider Füße sind eingerollt; der rechte Ellbogen, inzwischen auch am Boden, befindet sich in einer Linie mit der rechten Hand und trägt einen Teil des Körpergewichts (24). Mit dieser Bewegung ist die Studie abgeschlossen.

Die gesamte Studie mit vierundzwanzig Zählzeiten wiederholen, dabei den ersten Schritt rückwärts mit dem rechten Fuß setzen und den gesamten Bewegungsablauf umkehren.

42. STUDIE MIT 24 ZÄHLZEITEN

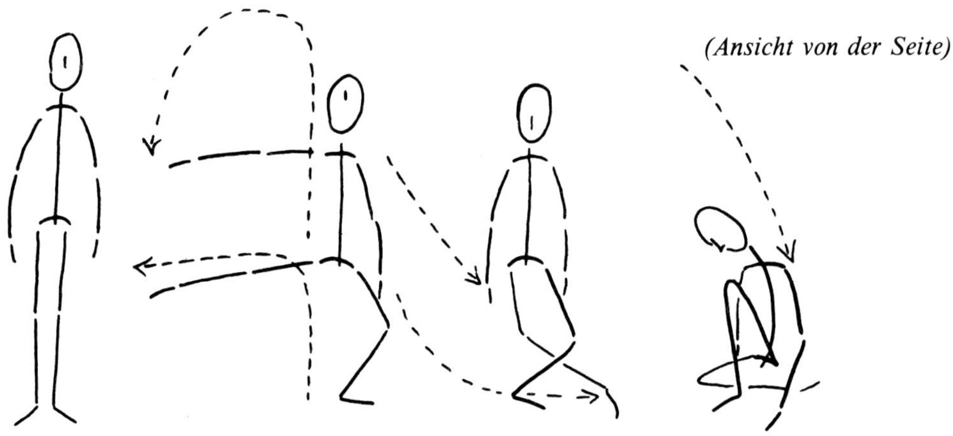

Anfang *1. Phrase / 1, 2 .... 3 .... 4 ....*

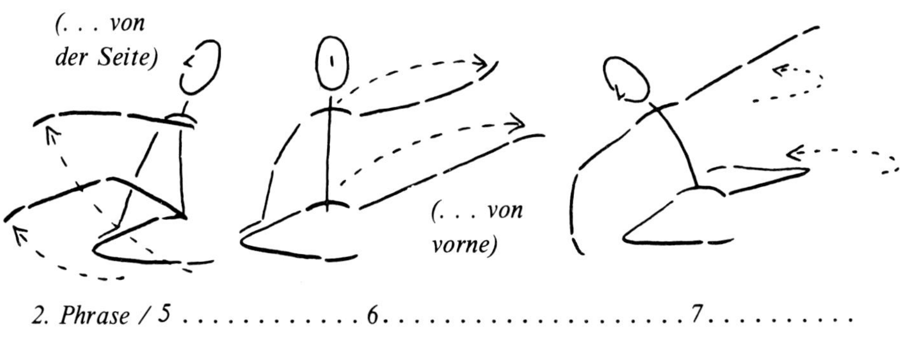

2. Phrase / 5 .... 6..................... 7..........

(. . . von der Seite)

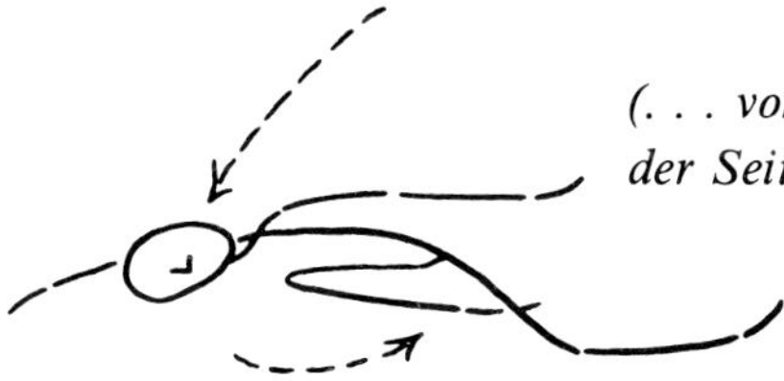

. . . . 8

(. . . von vorne)

3. Phrase / 9 . . . .

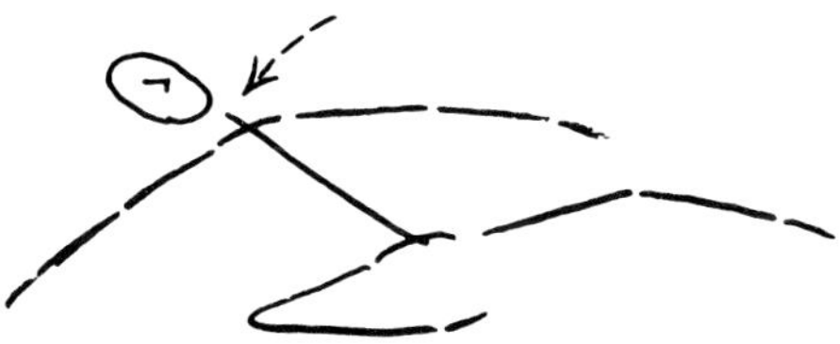

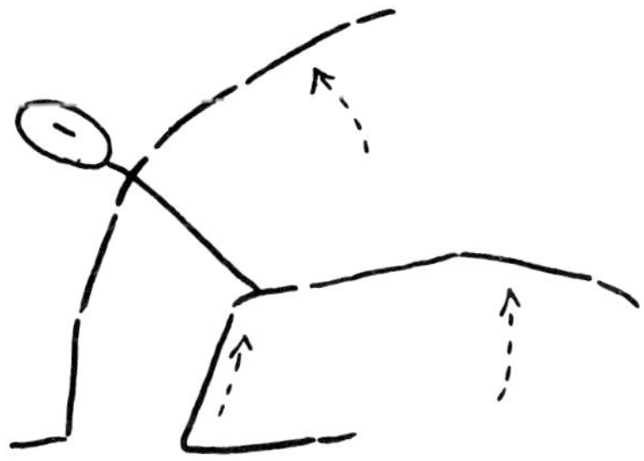

. . . . 10 . . . . 11 . . . .

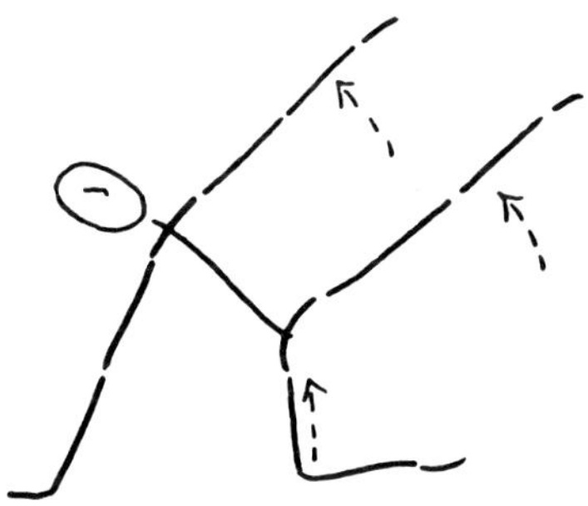

. 12

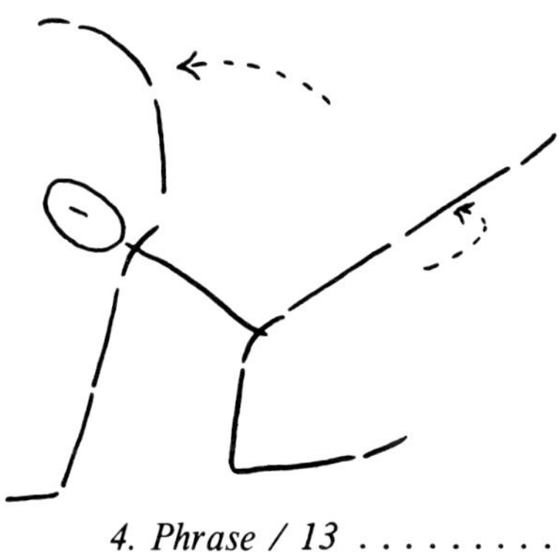

4. Phrase / 13 . . . . 14 . . . .

15

16

5. Phrase / 17 . . . . *18*

. . . . . 19 . . . . 20 . . .

6. Phrase / 21 . . . 22 . . . . 23 24

5. KAPITEL
ÜBUNGEN AN DER STANGE

EINLEITUNG

In der Anfangszeit arbeiteten wir nie an der Stange. Die Suche nach den Grundlagen natürlicher Bewegung führte zu anderen Methoden, das technische Potential des Körpers zu entwickeln. Technik als Selbstzweck sollte erst später Ziel von Modern Dance-Tänzern werden. Damals ging es uns vor allem darum, mit einem eigenen Bewegungsvokabular unsere Vorstellungen und Gefühle zu äußern.
»Die Technik zielt vor allem darauf ab, etwas auszudrücken . . . und nicht primär darauf, etwas losgelöst Eigenständiges zu sein«[1], schreibt Doris Humphrey in einem undatierten Manuskript, das sicherlich während der Jahre der intensivsten Suche entstanden ist. Dennoch hat die Humphrey-Technik, wie wir im dritten und vierten Kapitel sahen, eine für sie charakteristische Formensprache. In der Umsetzung der natürlichen Bewegung in all ihren Entwicklungsphasen bildete sich ein eigener Stil heraus; es war unumgänglich, daß sich damit auch besondere technische Fertigkeiten entwickelten. Das Können, das wir damals erwarben, läßt sich gewiß nicht mit dem der heutigen Tänzer von Modern Dance messen, aber uns war das »Ziel« stets wichtiger als der »Weg«.
Die Tänzer des Modern Dance erkannten irgendwann, daß die Stange ein Halt ist, durch den es sich besser arbeiten läßt, wenn die Beine nacheinander trainiert werden sollen. Die Stange ist eine Verbindung zwischen dem Körper und dem Gebäude, in dem das Training stattfindet und sie bringt dem Tänzer die Parallele von Wirbelsäule und Wand als lotrechtem Gegenüber ins Bewußtsein. Als die Tänzer aber gelernt

[1] Doris Humphrey Collection, Akte M—58.

hatten, sich Technik — immer als ein Mittel zum Zweck — anzueignen, kam die Stange überall in Gebrauch. Für solche Humphrey-Tänzer wie mich, die in ihrer Kindheit Ballettunterricht gehabt hatten, war die Arbeit an der Stange etwas durchaus Gewohntes.
Selbst in Humphreys frühen Tanzklassen gab es eine Stütze ersatzweise für die Stange (bei den »Doppelten Sukzessionen«): Zwei Tänzer standen einander gegenüber, hielten sich an der rechten oder linken Hand und führten, zunächst jeder allein, dann gemeinsam, eine kreisförmige Sukzession aus. Der Halt ihrer Arme bot den gleichen Halt wie eine Stange. Das war Doris Humphreys einfallsreiche Lösung zum Problem der Balance. Eine Reihe fundamentaler Ballettübungen, so zum Beispiel das Auswärtsdrehen des Beines aus dem Hüftgelenk, Beinstreckungen sowie die formalen vorbereitenden Armbewegungen, sind Teil einiger der folgenden Übungen und Studien. Dennoch sollte das grundlegende »Humphrey«-Gefühl der Ganzheitlichkeit das wesentlichste Merkmal aller Bewegungen bleiben.

SUKZESSIVE STRECKÜBUNGEN

Bei diesen Übungen wird das Körpergewicht weitestgehend von der Stange gestützt, so daß der Tänzer aufeinanderfolgende Körperstreckungen zur Seite, nach hinten und vorne, und zwar in konvexen wie in konkaven Bögen, ausführen kann.

Zählweise: Phrasen von 7 Zählzeiten (auch 8 Zählzeiten sind möglich).

Tempo: 54 ***Musik:*** Getragen.

43. STRECKÜBUNG ZUR SEITE

Ausgangsstellung: Etwa eine Armlänge von der Stange entfernt. Füße geschlossen, parallel, Rumpf gerade über den Beinen, linke Hand auf der Stange, rechter Arm hängt locker. Blick nach vorne.

1. Phrase: (1-7 [8]) Mit Impuls in beiden Knien eine sukzessive Bewegung aus den Fußgelenken weit nach rechts beginnen, und die Knie — leicht gebeugt nach vorne gerichtet — zur Mitte des Raumes hin fallen lassen. Träger der seitwärts und aufwärts gerichteten Bewegung ist das Becken, von dem eine starke Zugkraft nach außen ausgeht. Während der Sukzession von den Fußgelenken zum Becken gleicht sich der äußere Arm der Bewegung an und beschreibt — weit vom Körper entfernt — einen zweiten Bogen. Hier fällt der Tänzer buchstäblich von der Stange weg, der innere (linke) Arm hält das Körpergewicht. Die Bewegung setzt sich durch den Oberkörper fort, der rechte Arm streckt sich über dem Kopf, der sich nun in Richtung Stange geneigt hat. An ihrem Endpunkt beschreibt die seitliche Streckung eine fast elliptische Form.

Übung 43: Sukzessive Streckübungen, seitlich (1. Phrase, Zählzeit 7 oder 8); (Gail Corbin).

2. Phrase: In dieser extrem gewölbten Körperhaltung mit betonter Taillenstreckung — die Knie sind noch immer leicht gebeugt — 7 oder 8mal leichtes Federn. Das Becken bleibt nach vorne gerichtet, während der Oberkörper im seitlichen Bogen deutlich angehoben wird. Achten Sie darauf, die Schultern völlig gerade zu halten.

3. Phrase: (1-7 [8]). Die Bewegungsrichtung, d. h. die Streckung im seitlichen Bogen, wird nun umgekehrt. Dazu den rechten Arm zunächst nach oben heben, und ihn dann im weiten Bogen nach außen und unten führen; wenn der Arm den höchsten Punkt über dem Kopf erreicht hat, beginnt der Körper, in Hüfthöhe zur Stange hin zu fallen; wenn der Arm weit nach rechts gestreckt ist, berührt die linke Hüfte fast die Wand und der Körper beginnt, in konkavem, seitlichem Bogen nach innen zu fallen. Während dieses Falls beugt sich der linke Arm im Ellbogen, die Schulter zieht nach oben, der Kopf fällt zur rechten Seite hinüber. Die rechte Hand liegt nun auf dem rechten Hüftknochen, der Ellbogen ist seitlich abgespreizt.

4. Phrase: In dieser äußersten Streckung 7 [8]mal leichtes Federn.

Übung noch ein- oder zweimal wiederholen. Dann umdrehen und die Streckübung mit dem linken Arm wiederholen.

43. STRECKÜBUNG ZUR SEITE

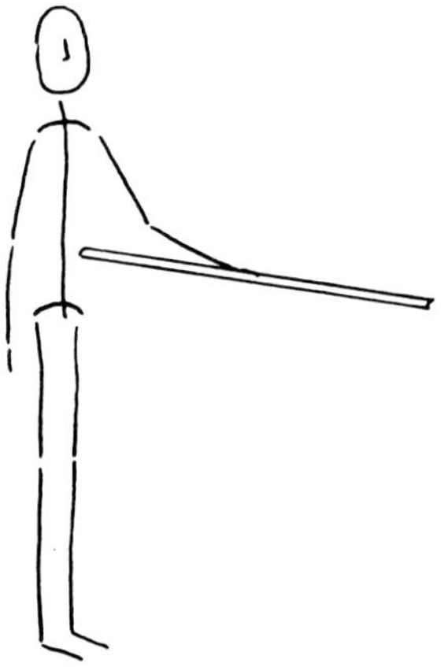

Anfang

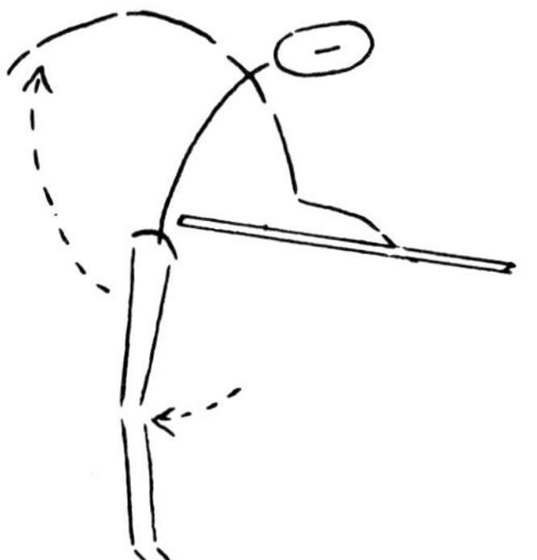

1. Phrase / 1 . . . . bis . . . .

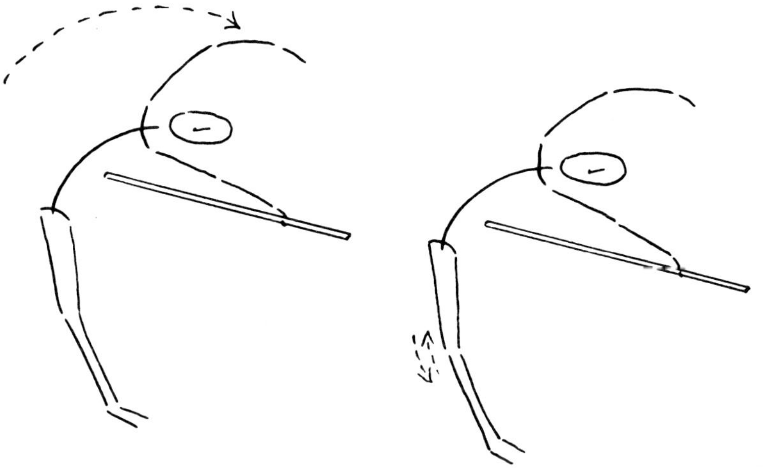

. . . . 7 (oder 8) *2. Phrase / Federn 1 bis 7 (oder 8)*

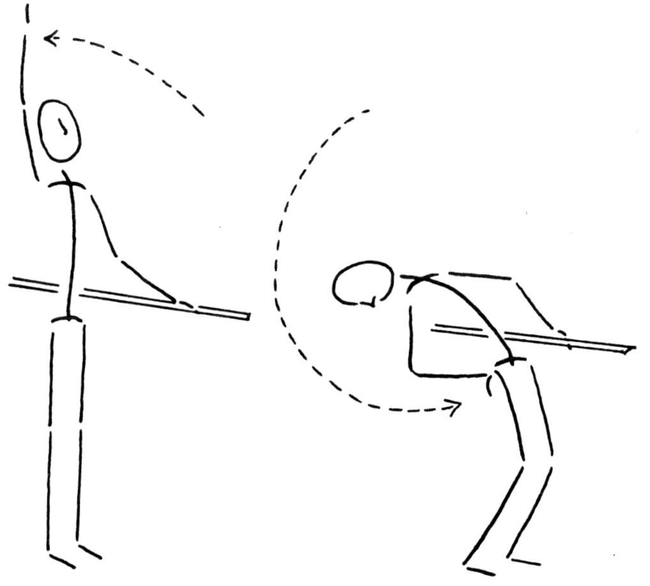

3. Phrase / 1, 2, 3 . . . . 4, 5, 6, 7 (oder 8)

4. Phrase / Federn 1 bis 7 (oder 8)

44. STRECKÜBUNG NACH HINTEN

Ausgangsstellung: Körper zur Stange hin, etwa eine Armlänge entfernt, beide Hände auf der Stange, Füße geschlossen.

1. Phrase: (1-7 [8]). Die Stange fest umfassen und den Rumpf nach vorne fallen lassen, dabei beide Knie zugleich zur Wand hin beugen. Aus dieser Stellung beginnt eine Sukzession von unten nach oben durch Becken, Oberkörper, Hals und Kopf, bis der Körper weit nach hinten durchgebogen ist (beide Hände liegen noch immer auf der Stange). Der Kopf fällt zurück; am äußersten Punkt der Streckung hebt sich der Brustkorb. Füße (nun im Ballenstand), Beine und Becken bilden eine gerade Linie, während der rückwärtige Bogen in Oberkörper, Hals und Kopf ausgeprägt ist.

2. Phrase: (1-7 [8]). Umkehrung der Streckung, dazu die Stange mit beiden Händen halten, das Becken nach hinten ziehen und den Rücken gerade nach vorne beugen, bis der Oberkörper waagerecht zum Boden gestreckt ist. Nun bildet der Körper einen spitzen Winkel. Die Fersen sind auf dem Boden und der Kopf ist nach vorne gesenkt, jedoch nicht tiefer als die Arme, die sich von der Stange straff strecken.

3. Phrase: (1-7 [8]). Aus dieser Stellung eine Wiederholung der 1. Phrase. Dazu ist ein nachhaltiger Impuls in den Knien erforderlich, um das Gewicht nach innen (zur Stange hin) zu verlagern. Danach jedoch ist der Bewegungsfluß wie in der 1. Phrase; die Sukzession endet mit einem weiten rückwärtigen Bogen des Oberkörpers.

Übung ein- oder zweimal wiederholen.

Variation: Am Ende der 3. Phrase eine Hand von der Stange nehmen und mit diesem Arm nach vorne, oben und hinter dem Körper einen ganzen Kreis beschreiben (1-4). Wenn die Hand auf 4 die Stange wieder umfaßt, läßt gleichzeitig die andere Hand die Stange los, und der Arm führt die gleiche rückwärtsgerichtete Kreisbewegung aus (5-7 [8]). Die Wirbelsäule ist nun stark durchgebogen, und das anschließende Zurückziehen des Beckens (2. Phrase) kann geschehen, sobald beide Hände die Stange von unten umfassen. Soll jedoch die Streckung nach hinten wiederholt werden, müssen die Hände die Stange wie anfangs von oben umfassen.

44. STRECKÜBUNG NACH HINTEN

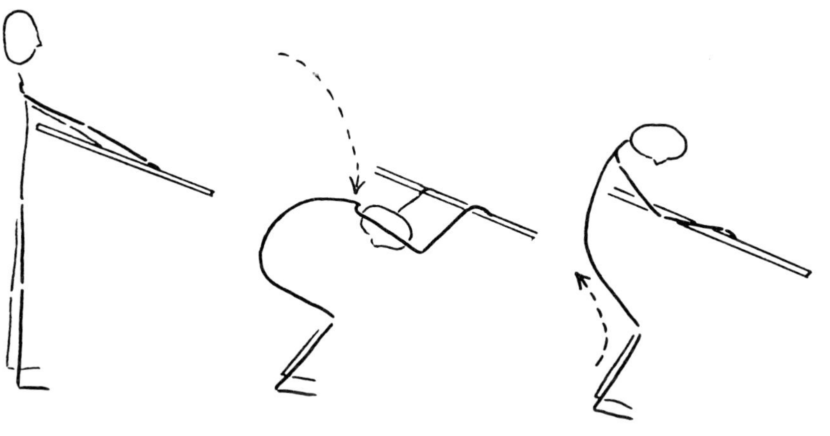

Anfang *1. Phrase / 1 . . . . 2 . . . . 3 . . . .*

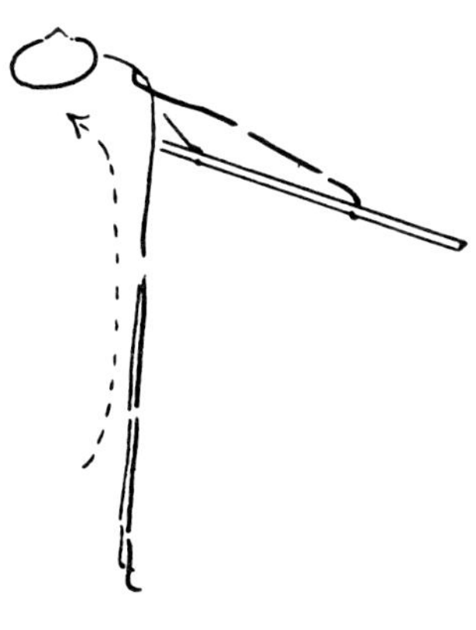

. . . . 4, 5, 6, 7 (oder 8).

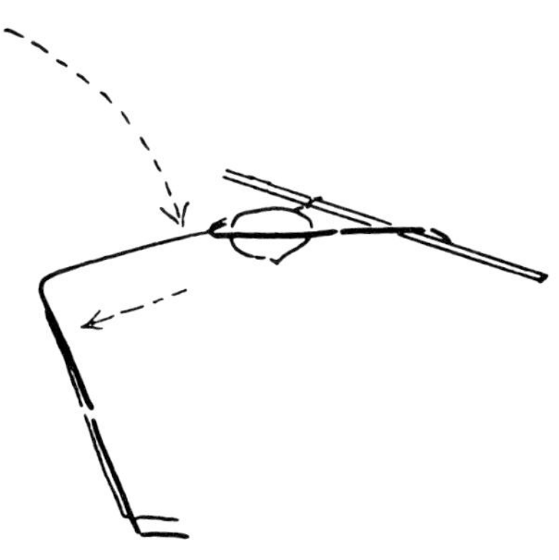

2. Phrase / Von 1 bis 7 (oder 8) aus der letzten Stellung der vorherigen Phrase in diese Stellung übergehen.

3. Phrase / 1 . . . . 2 . . . . 3 . . . . 4, 5, 6, 7 (oder 8)

Variation: Streckung nach hinten

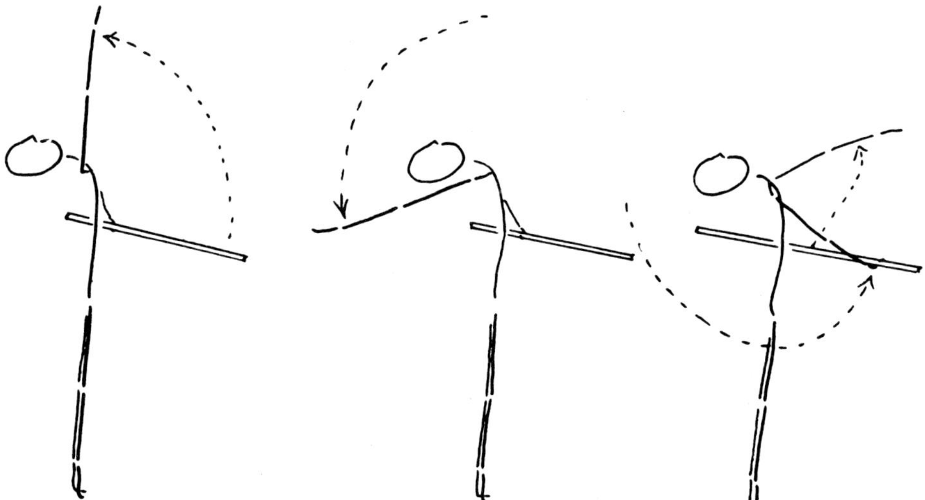

1, 2 . . . . 3 . . . . 4 . . . .

Links wiederholen

Hände umfassen die Stange von unten für die Gegenstreckung.

. . . 5, 6, 7 (oder 8)

45. STRECKÜBUNG NACH VORNE

Ausgangsstellung: Körper zur Mitte des Raums, etwa 25 cm vor der Stange, Füße geschlossen, die Arme sind aus den Schultern nach hinten gestreckt, die Hände, etwa eine Armlänge auseinander, umfassen seitlich die Stange.

1. Phrase: (1-7 [8]). Knie beugen, den Rumpf nach vorne fallen lassen, der Kopf ist nah am Oberschenkel; dann eine Sukzession nach vorne beginnen, durch Oberschenkel, Becken, Oberkörper, Hals und Kopf aufrichten, dabei verlagert sich das Becken zur Raummitte hin, die Hände bleiben zur Stütze auf der Stange. Die Endstellung ist ein konvexer Bogen von den Füßen (im Ballenstand) bis zum Scheitel, der Kopf fällt nach hinten.

2. Phrase: (1-7 [8]). Zur Entspannung in die Gegenrichtung beugen. Der Körper wird nach hinten in eine konkave Haltung gezogen, die Knie beugen sich, das Becken fällt nach innen, der Kopf zu den Oberschenkeln hin, die Hände noch immer an der Stange. Diese Bewegung ist fast identisch mit der 1. Phrase der Übung 44, nur halten hier die Arme die Stange hinter dem Körper.

Übung ein- oder zweimal wiederholen.

Variation: Eine langsame, getragene Vorwärtsbewegung mit Streckung des Beins nach vorne zur Mitte des Raums hin. Die Variation ohne Unterbrechung aus der zuvor beschriebenen Haltung anschließen.

Erste Vorwärtsbewegung mit dem rechten Fuß

Das rechte Knie bis in Hüfthöhe heben, dabei öffnet sich der Körper langsam aus dem Bogen (1-2); dann das rechte Bein nach vorne strecken, gleichzeitig den Rumpf von Becken bis Kopf aufwärts nach oben und zurück biegen (3-4). Das Gewicht liegt nun so weit vorne, daß die Hände die Stange loslassen können. In der Bogenhaltung des Oberkörpers und mit weit nach vorne verlagertem Becken nun auf den rechten Fuß treten, die Fußspitzen sind zum besseren Stand nach außen gedreht, und das Gewicht völlig auf den rechten Fuß verlagert (5-7 [8]). Die Arme sind hinter dem Oberkörper etwa in Schulterhöhe gestreckt.

Zweite Vorwärtsbewegung mit dem linken Fuß

Ohne Unterbrechung wird nun der linke Fuß, gleichzeitig mit den Armen (Ellbogen voran, Handfläche nach innen), nach vorne gezogen, tief vor den Körper und zur Raummitte hin geführt. Dabei fällt der Oberkörper nach vorn über das rechte Bein, auf dem das Körpergewicht ruht (1-2). Das linke Knie beginnt sich zu heben (3-4). Die Arme begleiten die Bewegungen im gleichen Rhythmus und helfen, den Körper zu balancieren. Sie werden in Koordination mit dem linken Knie angehoben und beschreiben, wenn das linke Bein sich nach vorne streckt, einen Kreis nach vorne und heben sich über den Kopf, wenn das linke Bein am weitesten gestreckt ist. Wenn der linke Fuß wieder den Boden berührt, öffnen sich die Arme weit hinter dem Kopf, die Wirbelsäule ist gebogen und das Becken nach oben verlagert (5-7 [8]).

Beide Vorwärtsbewegungen mindestens zweimal wiederholen, soweit genug Platz vorhanden.

Anmerkung: Die Streckübung nach vorne kann bei der Vorwärtsbewegung immer dann abgebrochen werden, wenn das Körpergewicht völlig auf den nach vorne ausschreitenden Fuß verlagert ist.

45. STRECKÜBUNG NACH VORNE

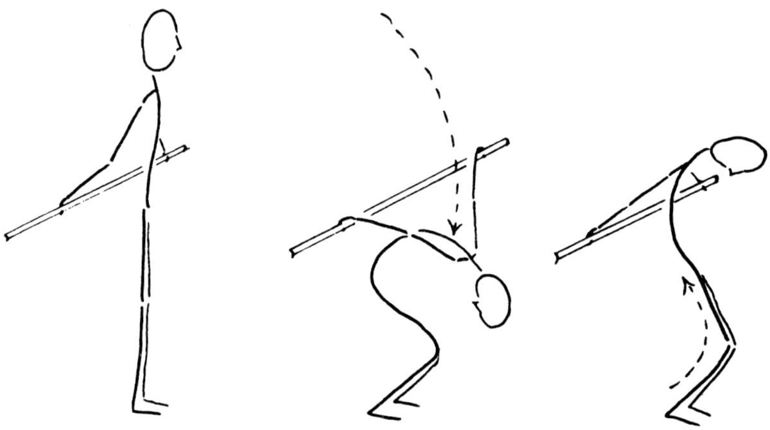

Anfang *1. Phrase / 1 . . . . . 2, 3 . . . . 4, 5. . . . .*

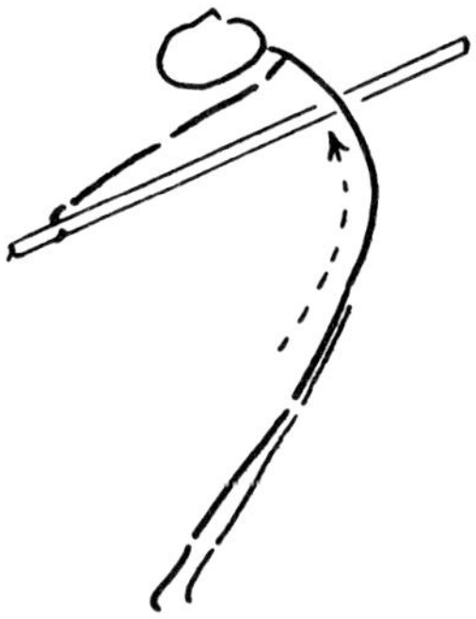

. . . . . . 6, 7 (oder 8)

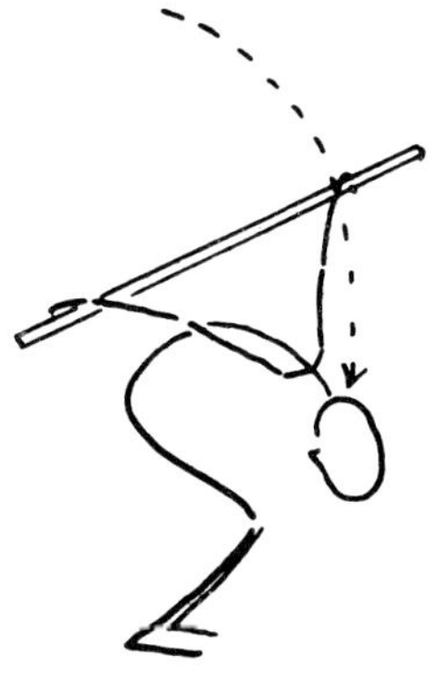

2. Phrase / Beugen in Gegenrichtung. In den Zeiten 1 bis 7 (oder 8) aus der letzten in diese Haltung wechseln.

Variation: Erste Vorwärtsbewegung mit dem rechten Fuß.

Anfang

1 . . . . 2 . . . .

. . . . 3 . . . . 4 . . . . 5, 6, 7 (oder 8)

Variation: Zweite Vorwärtsbewegung mit dem linken Fuß.

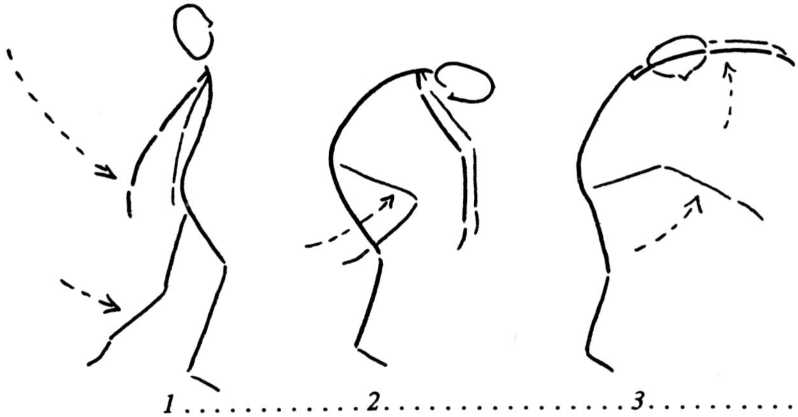

1 . . . . 2. . . . . 3. . . . .

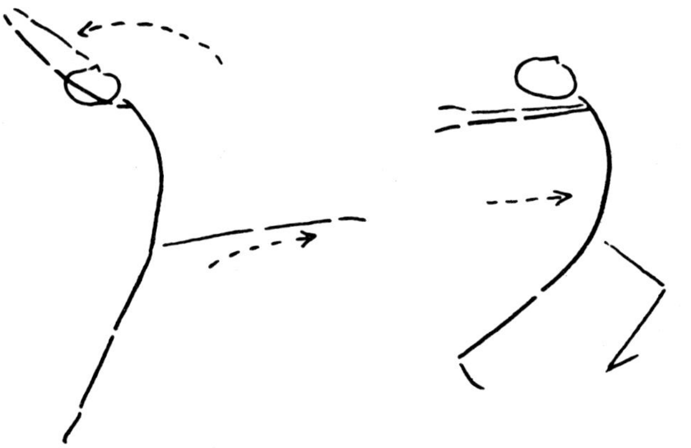

. . . . 4 . . . . 5, 6, 7 (oder 8)

SCHWÜNGE, KÖRPERBEWEGUNGEN MIT HALBEM FALL UND AUSFALLSCHRITT

Die noch verbleibenden Übungen des fünften Kapitels beinhalten als Teil des Gesamtablaufs das Drehen an der Stange.

46. BEINSCHWÜNGE NACH VORNE UND HINTEN, DAZWISCHEN FEDERN

Ein isolierter Schwung des Beines aus dem Hüftgelenk mit einer Rückfederung vom Boden, um ein zweites Federn zu ermöglichen. Die gesamte Übung, einschließlich der Drehung zur anderen Seite, ist in $^6/_8$ Takten phrasiert.

Tempo: 76 ***Musik:*** Lebhaft (6/8).

Ausgangsstellung: Linke Hand an der Stange, Füße in einem Winkel von 45 Grad nach außen gedreht, Knie gerade, Oberkörper gestreckt, das Becken befindet sich in einer Senkrechten mit den Schultern, rechter Arm an der Seite. Blick nach vorne. Der Oberkörper bleibt während der Schwungbewegungen in dieser lockeren, aufrechten Haltung.

Vorbereitung: 2 Zählzeiten pro Takt. Den rechten Arm bei 1-2 nach vorne heben und dann seitlich strecken, während der rechte Fuß nach vorne gestreckt wird (3-4), das Bein wird aus dem Hüftgelenk gedreht, die Fußzehen sind gestreckt. Das Knie ist jetzt und während aller folgenden Bewegungen gerade (aber nicht steif durchgedrückt).

1. Phrase: Eine 8-taktige Phrase ($^6/_8$ Takt) mit 8 Schwüngen und mit Federn. Für jeden Schwung einschließlich Federn in 6 Zeiten zählen. Das rechte Bein in einem Winkel von etwa 45 Grad aus der Hüfte nach hinten schwingen (1-3), den Fuß mit gestreckten Zehenspitzen leicht auf den Boden tippen (4) und in der Schwebe zurückfedern (5-6); die Richtung umkehren, das Bein bleibt auswärts gedreht (1-3), das Federn (4) wie bei der Vorbereitung in derselben Stellung nach vorne wiederholen (5-6).

Übung viermal komplett wiederholen.

2. Phrase: Eine 8-taktige Phrase mit 16 einzelnen Schwüngen. 3 Zählzeiten für jeden Schwung. Das Bein wie oben beschrieben aus der Hüfte frei vor und zurück schwingen lassen, die Phrase endet mit einem Schwung nach vorne, das Bein ist in der Luft gestreckt.

3. Phrase: *Schwebe-Streckungen.* Insgesamt 8 $^6/_8$ Takte. Jetzt nur 2 Zählzeiten pro Takt (auf 1 und 4), und die Schwebe-Streckung über weitere 2 Zählzeiten halten, was insgesamt 4 Zählzeiten für jede Bewegung ergibt. Das rechte Bein in der nach vorne gestreckten Stellung halten (1-4), dabei die gerade Haltung des Körpers mit gesenkten Schultern, angehobenem Oberkörper und geradem Becken beibehalten, das Standbein gerade; der rechte Arm bleibt zur Seite gestreckt. Das rechte Bein zur Seite führen und in der Schwebe halten, Knie nach oben (1-4). Dann das rechte Bein langsam senken, dabei gerade halten (1-4). Den rechten Fuß vor dem linken kreuzen, gleichzeitig auf den Ballen zur Stange hin wenden (1-2), bis eine Drehung von 180 Grad vollendet ist. Senken der Fersen, die Füße dabei auswärts drehen (3), dann das äußere (linke) Bein nach vorne strecken, um die Bewegung wiederholen zu können (4). Während 3-4 streckt sich der Arm ebenfalls nach vorne und zur Seite.

Phrase 1, 2 und 3 einschließlich der Drehung links wiederholen.

24. BEINSCHWÜNGE NACH VORNE UND HINTEN, DAZWISCHEN FEDERN

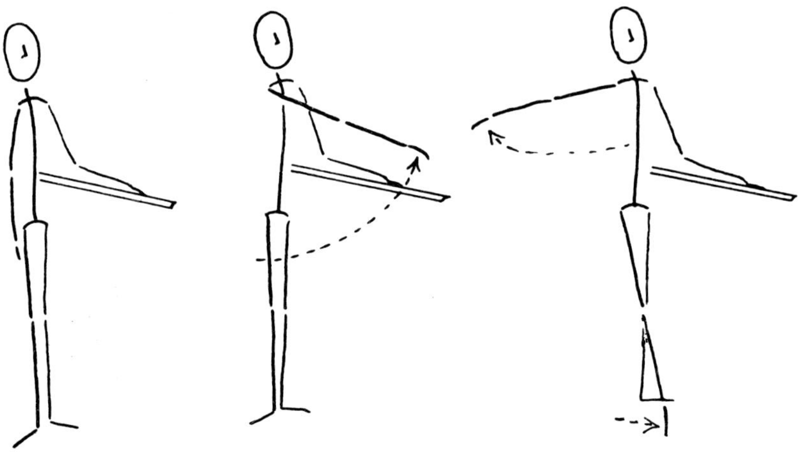

Anfang *Vorbereitung / 1, 2 . . . . 3, 4*

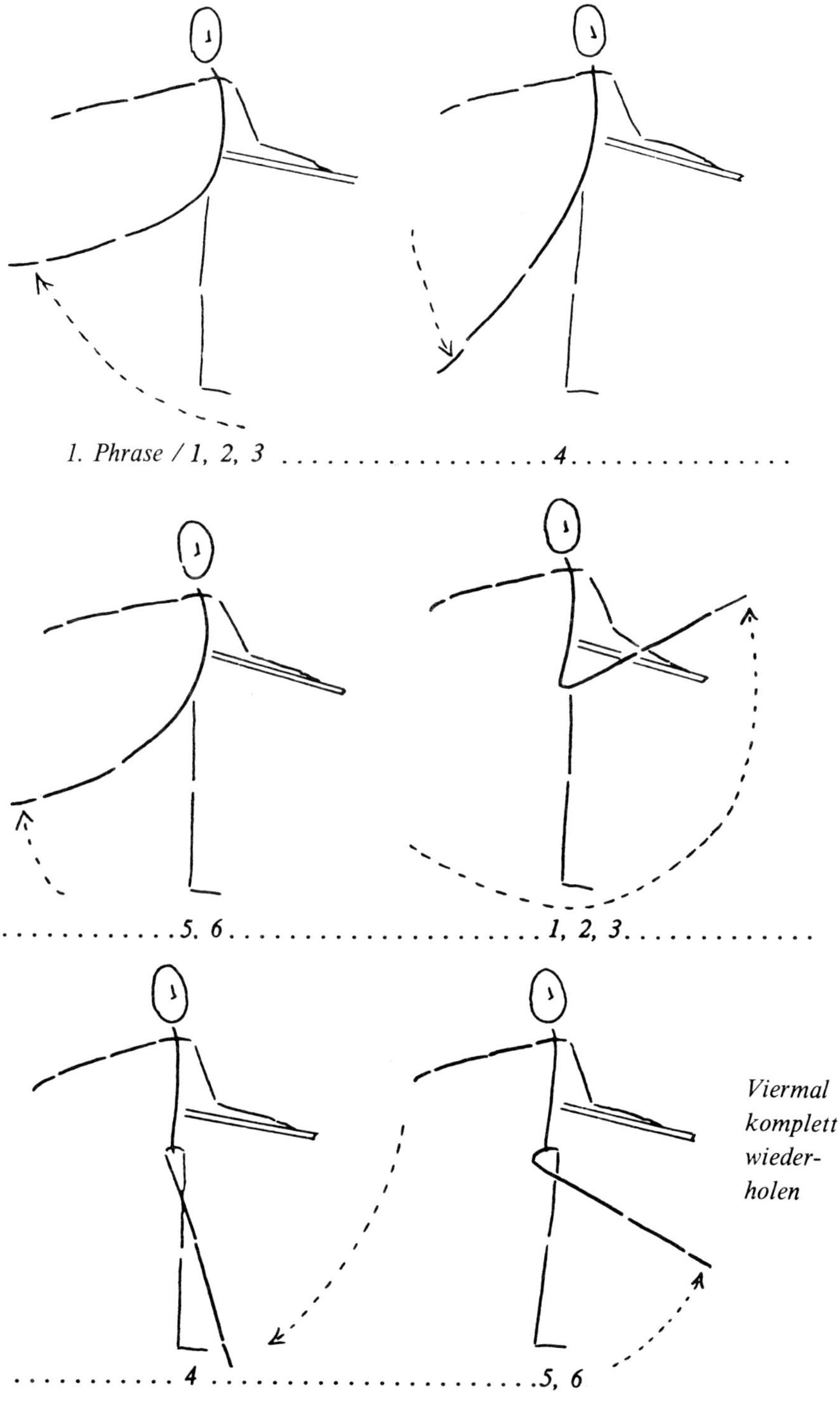
1. Phrase / 1, 2, 3 .... 4 ....
.... 5, 6 .... 1, 2, 3 ....
.... 4 .... 5, 6
Viermal komplett wieder-holen

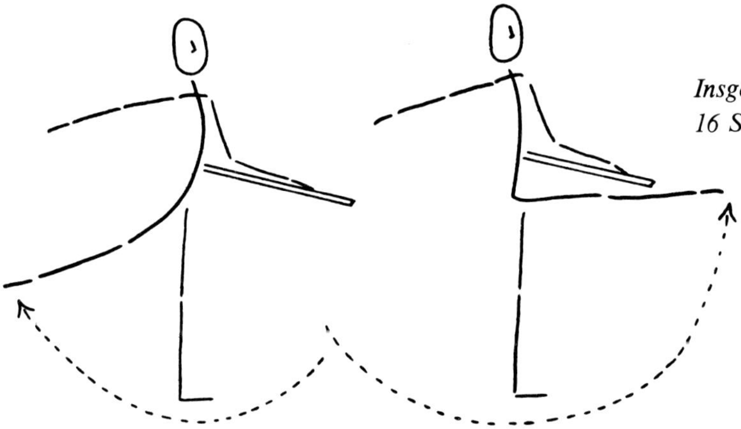

Insgesamt
16 Schwünge

2. Phrase / 1, 2, 3 . . . . 1, 2, 3

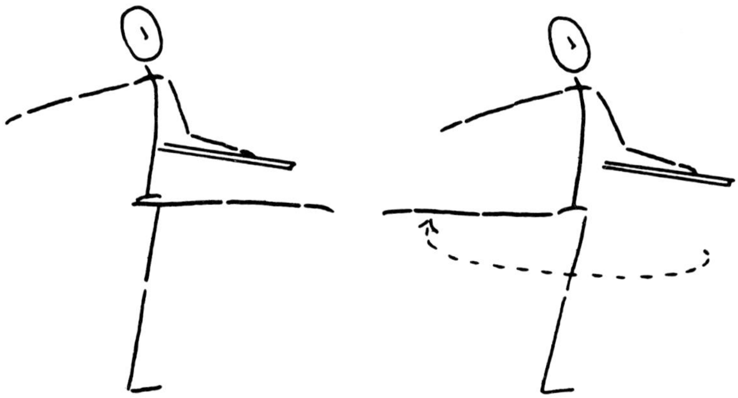

3. Phrase / Halten: 1, 2, 3, 4 . . . . 1, 2, 3, 4 . . . .

. . . . 1, 2, 3, 4 . . . . 1 . . . . 2 . . . .

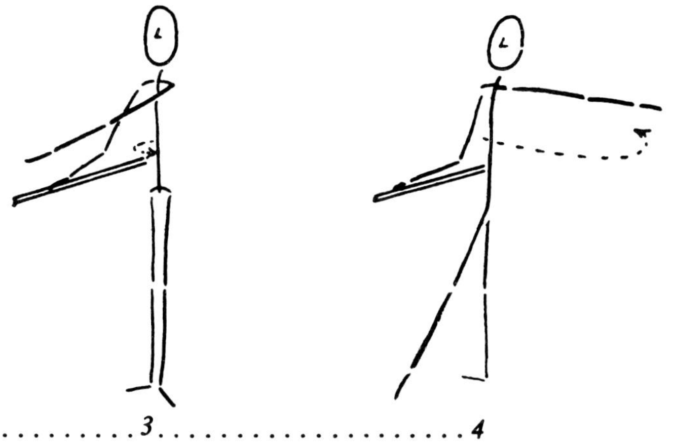

Links wiederholen

47. SEITLICHE SCHWÜNGE MIT SCHWEBE-STRECKUNGEN UND DREHUNG

Tempo: 66 ***Ausgangsstellung:*** Wie oben.

Vorbereitung: 2 Zählzeiten pro Takt, den rechten Arm während 1-2 nach vorne schwingen und dann seitlich strecken, dabei kreuzt der rechte Fuß, weit auswärts gedreht und mit gestreckten Zehen, vor dem linken Fuß (3-4). Becken und Hüfte bleiben nach vorne gerichtet. Das schwingende Bein ist wieder gerade, aber nicht steif durchgedrückt.

1. Phrase: Eine 8-taktige Phrase ($^6/_8$ Takt) mit 8 Schwüngen mit Federn. Für jeden Schwung einschließlich Federn in 6 Zeiten zählen. Das rechte Bein zur Seite schwingen (1-3), den Fuß mit nach außen gedrehtem Knie auf den Boden tippen (4), und in die Schwebe rückfedern (5-6). Ohne die Standposition zu verändern, das rechte Bein vor den Körper zurückschwingen, Knie nach oben und leicht gebeugt (1-3), den Fuß in der gleichen ausgedrehten Haltung wie bei der Vorbereitung auf den Boden tippen (4) und leicht rückfedern (5-6). Insgesamt 8 Schwünge mit Federn ausführen.

2. Phrase: Eine 8-taktige Phrase von 16 einzelnen Schwüngen. Das Tempo sollte etwas langsamer (66) sein als das der Schwünge nach vorne und hinten, um der größeren Beanspruchung des Körpers durch die Übungen Rechnung zu tragen, da Bewegungen zur Seite weniger natürlich sind als Bewegungen nach vorne und hinten.

Ohne Federn das Bein von *innen* nach *außen* hin und her schwingen, dabei wird die Bewegung in jeder Richtung weiträumiger. Beim Schwung nach innen sollte das Bein entspannt sein, das Knie leicht gebeugt. Der Rumpf bleibt während der ganzen Übung aufrecht, ohne steif zu sein.

3. Phrase: *Schwebe-Streckung und Drehung.* Insgesamt 10 Takte. 2 Zählzeiten pro Takt. Das rechte Bein wieder zur Seite schwingen und sofort mit der rechten Hand auffangen, dazu auf der Innenseite des Beins den Wadenmuskel umfassen (1); das Bein während 2-4 halten, dabei darauf achten, daß der Rumpf gerade und das Becken unter den Schultern bleibt. In dieser Haltung den ausgestreckten Fuß im rechten Winkel anziehen (1), die Zehenspitzen wieder strecken (2) und während 3-4 wiederholen. Die Hand vom Bein nehmen und das rechte Bein in dieser Stellung in der Luft halten (1-4), dabei die rechte Hand wieder seitlich in Schulterhöhe zurückbringen. Das rechte Bein langsam senken (1-4), über das Standbein kreuzen, dabei im Ballenstand zur Stange hin wenden (1-2) bis eine Drehung von 180 Grad erreicht ist, während 3-4 endet die Bewegung in einer auswärts gedrehten Position zur anderen Seite hin.

Vorbereitung für die Wiederholung: Gleiche Armbewegungen wie zuvor, das linke Bein kreuzt vor dem rechten Fuß (1-4). Phrasen 1, 2 und 3 links mit Drehung wiederholen.

47. SEITLICHE SCHWÜNGE MIT SCHWEBE-STRECKUNGEN UND DREHUNG

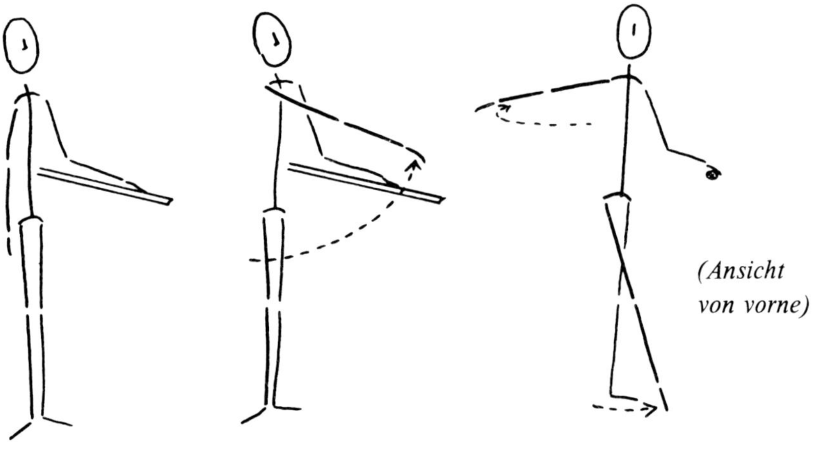

Anfang Vorbereitung / 1, 2 . . . . 3, 4.

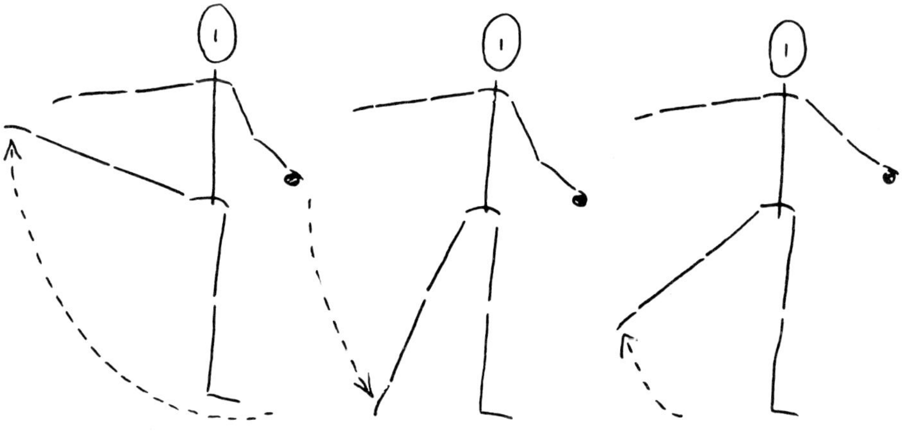

1. Phrase / 2, 3 . . . . 4 . . . . 5, 6 . . . .

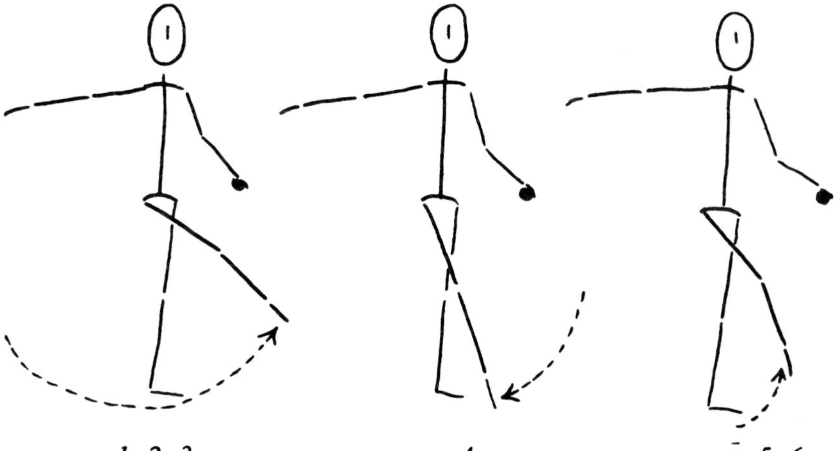

. . . . 1, 2, 3 . . . . 4 . . . . 5, 6.

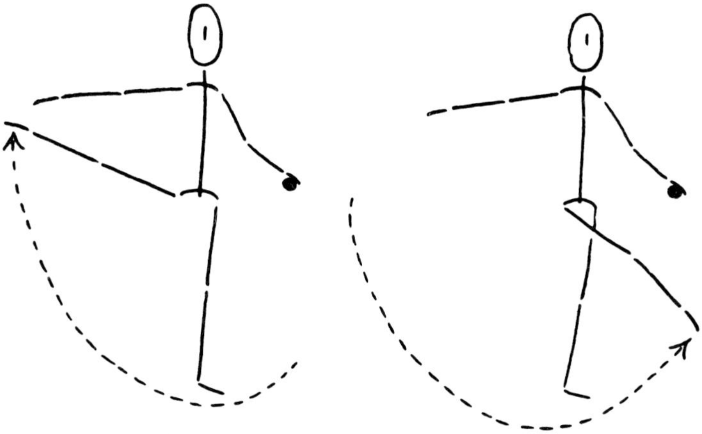

*2. Phrase / **1, 2, 3** **4, 5, 6.***

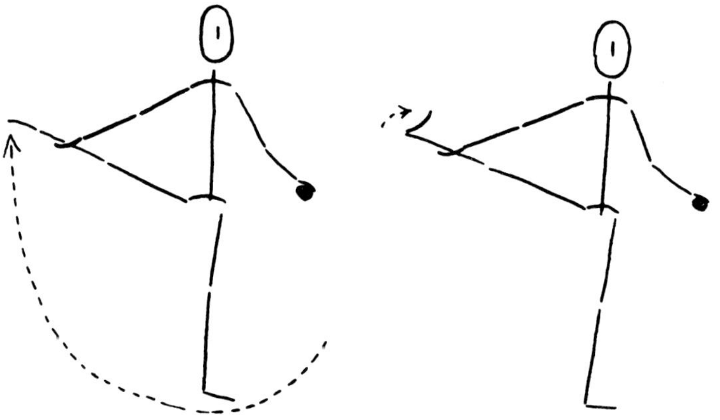

3. Phrase / 1 . . . . . Halten: ***2, 3, 4*** *. . . . .* ***1*** *. . . . .*

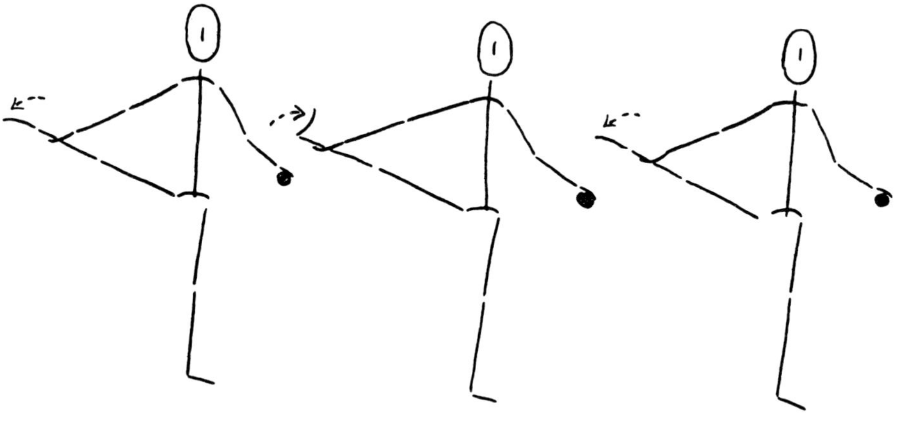

. . . . .2. . . . . .3. . . . . .4. . . . . .

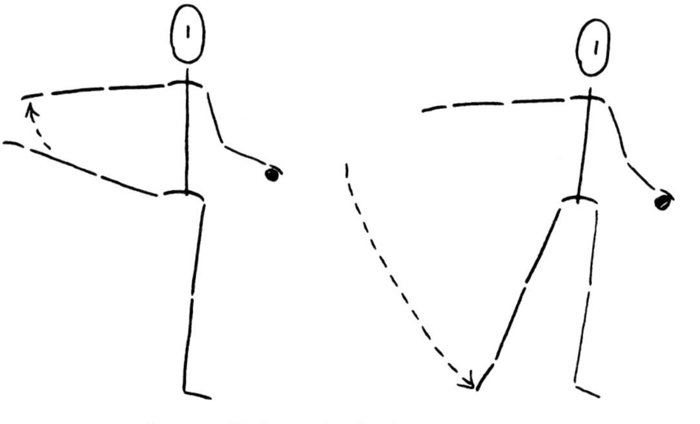

. . . . 1 . . . . Halten: ***2, 3, 4*** *. . . . .* ***1, 2, 3, 4***

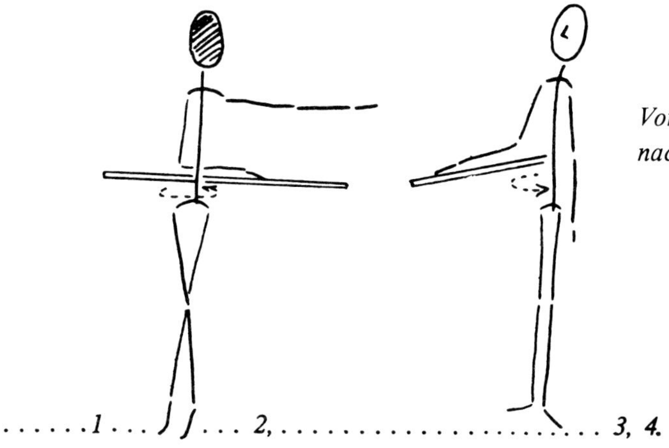

Vorbereitung und Sequenz nach links wiederholen

48. KREISSCHWÜNGE MIT FEDERN, SCHWEBE-STRECKUNGEN UND KIPPEN NACH VORNE IN EINEM 6/8 RHYTHMUS

Tempo: 69 ***Ausgangsstellung:*** Wie bei den Schwüngen nach vorne und hinten mit Federn.

Vorbereitung: 2 Zählzeiten pro Takt. Bei 1-2 den rechten Arm nach vorne heben, bei 3-4 nach außen drehen, gleichzeitig das rechte Bein mit auswärts gedrehtem Fuß und gestreckten Fußspitzen seitlich strecken. Das Becken und die Schultern bleiben nach vorne gerichtet. Das rechte Bein etwa 10 bis 12 Zentimeter vom Boden heben, um einen Schwung im Uhrzeigersinn vorzubereiten.

1. Phrase: Eine 8-taktige Phrase (6/8 Takt) mit 8 Schwüngen und Federn. Für jeden Schwung mit Federn 6 Zählzeiten. Das rechte Bein im Kreis nach innen, nach vorne, oben und außen schwingen, zum Ausgangspunkt zurückkehren (1-3). Mit den Zehen auf den Boden tippen (4) und in der Schwebe zur Seite rückfedern (Vorbereitungsstellung) (5-6). Während dieser ganzen Sequenz bleibt der rechte Arm seitlich gestreckt und der Körper in aufrechter Haltung.

2. Phrase: Eine 4-taktige Phrase. 2 Zählzeiten pro Takt. Wieder das rechte Bein schwingen, mit der rechten Hand auf der Innenseite des Unterschenkels an der Wade fassen, wenn es seitlich kreist (1-2). Diese Stellung mit geradem Rücken und gestrecktem linken Bein (Standbein) halten (3-4). Dann das seitlich gestreckte Bein mit der Hand weiter nach oben ziehen (1-2), die neue Stellung halten (3-4). Das Becken bleibt dabei gerade und nach vorne gerichtet.

3. Phrase: *Gleichgewicht und Vornüberkippen.* Eine 8-taktige Phrase. 2 Zählzeiten pro Takt. Die linke Hand von der Stange nehmen und im konvexen Bogen über den Kopf führen, dabei die aufrechte Körperhaltung beibehalten; Gleichgewicht halten (1-4). Nun die rechte Hand von der Stange nehmen und ebenfalls im konvexen Bogen über den Kopf führen, dabei die seitliche Schwebehaltung des Beines halten (1-4). Die linke Hand wieder auf die Stange legen, während sich das gestreckte Bein aus dem Hüftgelenk nach hinten dreht (1-2). Bei dieser Bewegung neigt sich der Oberkörper nach vorne, der rechte Arm bleibt in einem konvexen Bogen über dem Kopf. Die Bewegung endet in einem Kippen nach vorne, die rechte Hand berührt den Boden, und das rechte Bein ist hoch nach hinten gestreckt (3-4). Der Körper bildet nun eine schräge Linie, die gekippte Stellung besteht aus einer Streckung sowohl des Standbeins (links), das gerade bleibt, als auch des hoch nach hinten gestreckten rechten Beines. Diese Stellung 4 Zählzeiten lang halten.

4. Phrase: *Ein Unterschwung mit anschließender Drehung.* Eine 8-taktige Phrase, einschließlich Vorbereitung für die Wiederholung (dieselbe Zählweise). Das hintere Bein schwingt aus seiner hoch gestreckten Stellung nach unten und vorne (1-2); auf 2 federn Kopf und rechter Arm vom Unterschwung in eine aufrechte Haltung zurück. Das rechte Bein schwingt dann, wie zuvor, von vorne in eine seitliche Schwebe-Streckung (3-4). Die seitliche Streckung halten (1-4). Das rechte Bein senken, vor dem Fuß kreuzen (1-2), in den Ballenstand heben, und den Körper mit Ziehen nach links zur Stange hin drehen, der rechte Arm ist noch immer über dem Kopf (3); Endstellung ist die auswärts gedrehte Haltung in der Gegenrichtung (4).

Vorbereitung für die Wiederholung: Den linken Arm nach vorne (1-2) und dann in weitem Bogen zur Seite schwingen, dabei ist der linke Fuß seitlich auswärts gestreckt (3-4). Den linken Fuß in Vorbereitung auf den Schwung seitlich in die Luft strecken (4-»und«).

Die gesamte Sequenz mit dem linken Bein wiederholen.

48. KREISSCHWÜNGE MIT FEDERN, SCHWEBE-STRECKUNGEN UND KIPPEN NACH VORNE IN $^6/_8$ RHYTHMUS

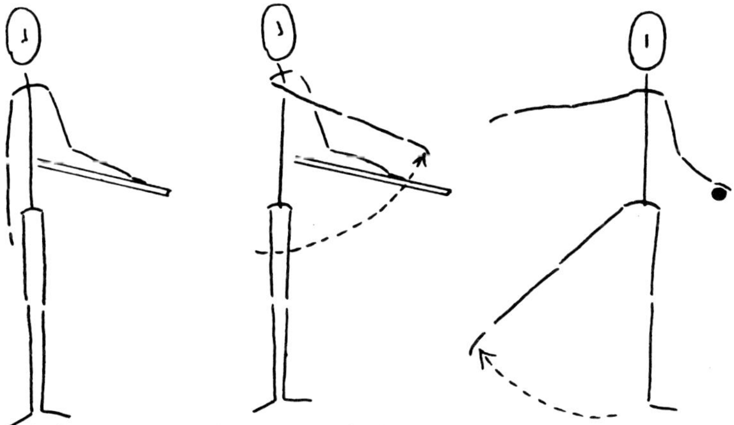

(Ansicht von vorne)

Anfang *Vorbereitung / 1, 2 . . . . 3, 4*

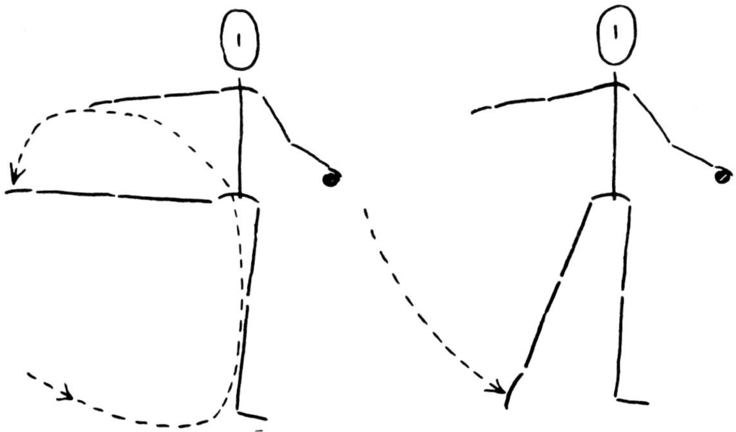

1. Phrase / 1, 2, $\bar{3}$ . . . . 4 . . . .

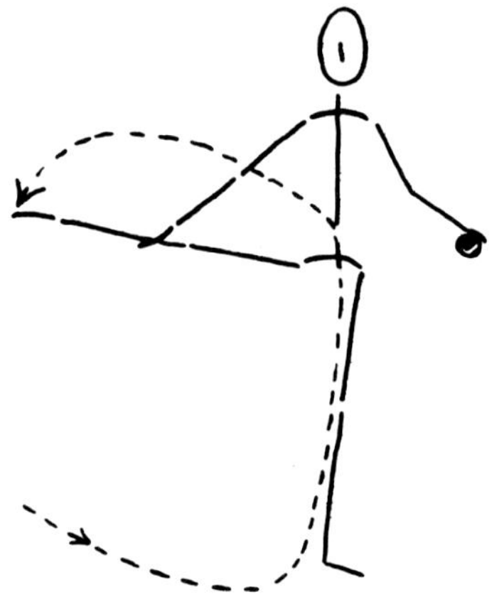

. . . . *5, **6.*** *2. Phrase / 1, 2 . . . . Halten: **3, 4**. . . .*

. . . . *1, 2* . . *Halten: 3, 4.*

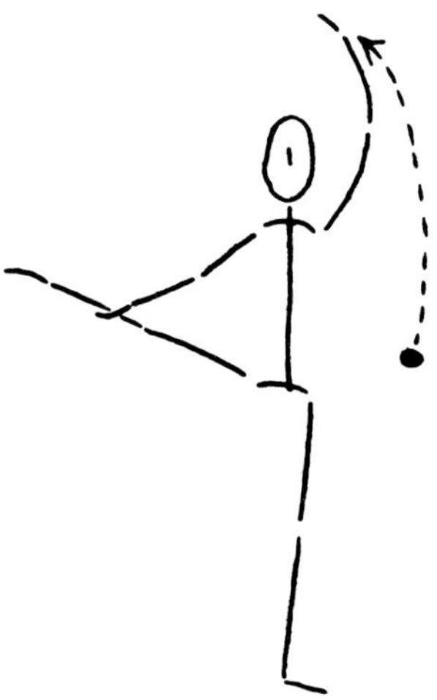

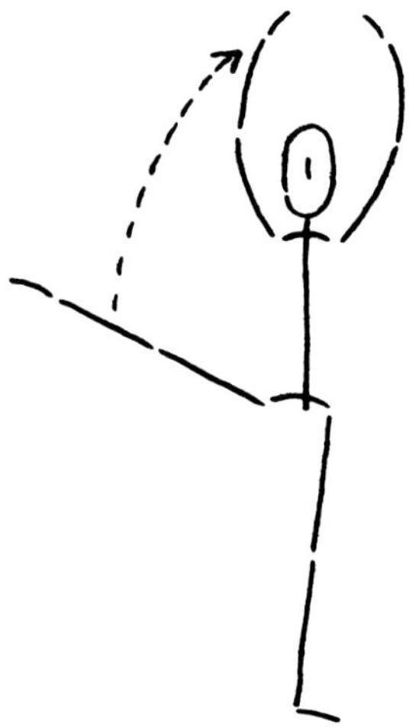

. . . *3. Phrase / **1, 2, 3, 4**. . . . .**1, 2, 3, 4**. . . . .*

. . . . . ***1, 2*** . . . . ***3, 4*** . . . . *Halten: 1, 2, 3, 4*

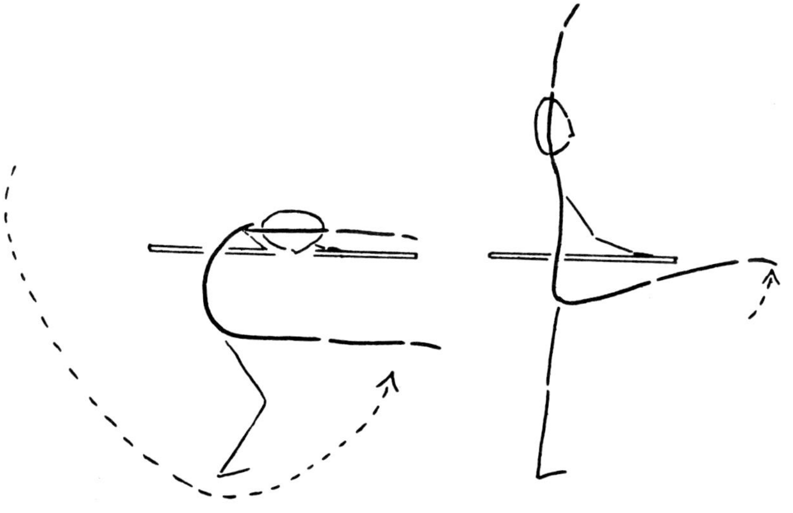

4. Phrase / ***1*** . . . . ***2*** . . . .

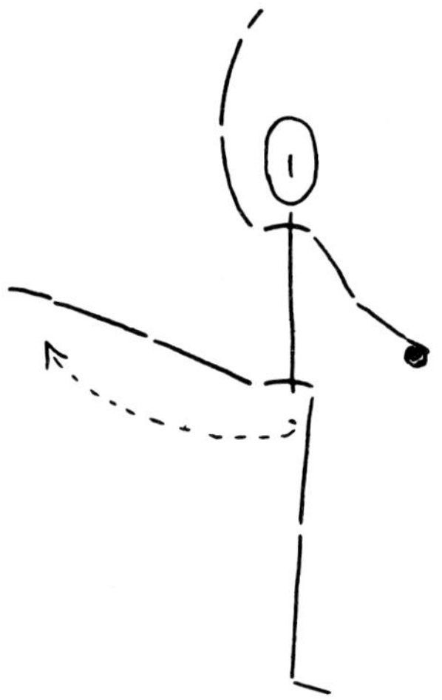

. . . . *3, 4* . . .   *Halten: 1, 2, 3, 4* . . . .

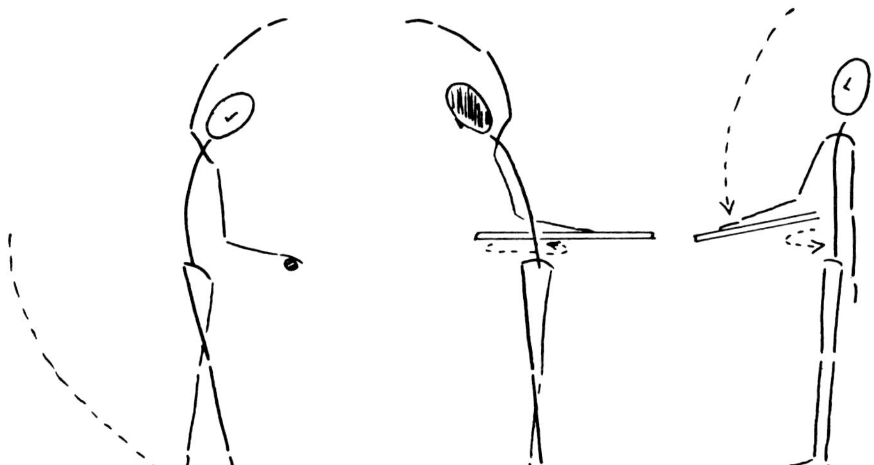

. . . . *1* . . . . *2, 3* . . . . *4.*

Links
wiederholen

ÜBUNGSSTUDIEN

49. BEWEGUNG DES GANZEN KÖRPERS MIT HALBEM FALL

Eine Übungsstudie, deren Kern ein »doppeltes« Rückfedern in der Körpermitte ist, und die mit einem nicht zu Ende geführten Fall abschließt. Die Anleitung umfaßt Sequenzen auf beiden Seiten, die ohne Unterbrechung aufeinander folgen.

Zählweise: Eine Phrase von 8, mit einer Vorbereitung von 4 Zählzeiten. Zunächst ohne Musik üben.

Tempo: 66 ***Musik:*** Volltönend und getragen, $^3/_4$ Takt empfohlen.

Ausgangsstellung: Linke Hand auf der Stange. Ellbogen entspannt, Füße geschlossen und parallel zur Wand, Oberkörper aufrecht, Konzentration nach vorne.

Vorbereitung: Ein Impuls in den Knien leitet auf der rechten Seite eine gemäßigte Körpersukzession ein, der rechte Arm hebt sich über Ellbogen, Handgelenk und Hand locker nach oben (1-4). Am Ende der Sukzession (4) richtet sich der Kopf an der erhobenen Hand vorbei zur Decke, und der Oberkörper ist wieder gerade, die Fersen sind am Boden geblieben.

Phrase: Den rechten Arm aus der erhobenen Haltung nach hinten kreisen, gleichzeitig den Oberkörper aus dem Becken gerade nach vorne beugen, bis er parallel zum Boden ist. Die Knie bleiben gestreckt, der rechte Arm liegt in einer geraden Linie seitlich am Oberkörper (1-4). In die Hocke fallen, dabei die Fersen vom Boden heben, bis sie das Gesäß fast berühren; der rechte Arm fällt, mit Ziehen im Ellbogen, auch nach unten, und bildet einen konvexen Bogen (5). Der Rücken ist in der tiefen Hocke gerundet, das Gesicht nahe bei den Knien, der rechte Arm ist in seiner Beugung der runden Körpergestalt angepaßt. Aus dieser fallenden Bewegung wird mit akzentuiertem Stoßen des Beckens unterhalb des Oberkörpers nach oben rückgefedert, der Oberkörper bleibt gerundet, hebt sich jedoch (6). Der Arm ist noch immer konvex gebeugt, aber ebenfalls höher als vorher. Der nach oben gekippte Winkel der Oberschenkel gleicht der Haltung in Übung 30. Das Rückfedern setzt sich weiter nach oben fort, die Knie beginnen sich zu strecken (6-»und«); bevor sie jedoch ganz durchgedrückt sind (der Rücken ist noch immer nach vorne gerundet), beginnt auf 7 ein zweiter »Fall«, bei dem der Oberkörper vom Becken aus nach hinten fällt, und der rechte Ellbogen sich in Schulterhöhe seitlich beugt. Der rechte Arm stößt mit der Handfläche sofort nach oben, während der Körper rückfedert (7-»und«). Bei diesem Wiederaufrichten sind beide Fersen auf dem Boden, eine vertikale Sukzession fließt durch Brustkorb und Kopf (siehe Übung 23, Variation mit vertikalem

Armstoß), während die rechte Hand sich gerade nach oben streckt, der Kopf fällt zurück, der Blick geht auf die Hand (8).

Übung zweimal wiederholen, d. h. die Sequenz wird insgesamt dreimal ausgeführt.

Drehung: Am Ende der Wiederholung den rechten Arm über dem Kopf gestreckt lassen und das rechte Bein mit auswärts gedrehtem Fuß und gestreckten Fußspitzen weiter nach außen ziehen — alles als Vorbereitung für eine halbe Drehung zur Seite (1-2). Den rechten Fuß vor dem Standbein kreuzen; in den Ballenstand heben und langsam links zur Stange hin drehen (3). Der rechte Arm zieht über den Kopf zur Wand hin; Füße parallel ausrichten, wenn Sie die Gegenrichtung erreicht haben (4).

Vorbereitung für die Wiederholung: Seitenwechsel. Wenn man den rechten Arm senkt, um nach der Stange zu greifen, den linken Arm seitlich in sukzessiver Bewegung heben, wie zuvor beschrieben (5-8).

Auf der Seite insgesamt dreimal ausführen, wie beschrieben (1-4) drehen, am Ende der Drehung jedoch soll der Oberkörper folgende Haltung einnehmen (5-8): Füße mit etwa 5 Zentimeter Zwischenraum parallel, der linke Fuß in bequemer Entfernung vor dem rechten (diese Anweisungen müssen den Bein- und Körperproportionen angepaßt werden). Der äußere Arm hebt sich langsam hinter dem Körper nach oben, Arm und Oberkörper bilden konvexe Bögen. Im Ballenstand stehen. Die linke Hand liegt auf der Stange.

Halber Fall und Wiederaufrichten

Vorbereitung: In dieser vorgebeugten Haltung die Knie noch weiter beugen und den Oberkörper in eine kauernde Haltung über die Knie fallen lassen (1). Dies ist die Vorbereitung zu einer sukzessiven Aufwärtsbewegung. Der rechte Arm beschreibt einen konvexen Bogen nach vorne. Auf 2 ist der tiefste Punkt der Hocke erreicht und durchlaufen, der Körper hebt sich sukzessiv mit gehobenen Fersen. Der rechte Arm zieht in konvexem Bogen hinauf und ist so in Koordination mit der Aufwärtsbewegung (3). Auf 4 ist die höchste Streckung erreicht, die Knie sind gerade, der rechte Arm ist über dem Kopf gestreckt, der Blick geht nach vorne.

Halber Fall: Schnell aus Schultern und Taille zur Raummitte hin drehen, das Becken bleibt, ebenso wie Kopf und Blick, nach vorne gerichtet (5). Der rechte Arm ist über den Kopf gebeugt und umrahmt ihn in Schulterhöhe von der Seite. Mit der linken Hand noch immer an der Stange, die Knie nach vorne beugen und den Oberkörper seitrückwärts ziehen. Das Becken bleibt erhoben, der rechte Arm öffnet sich seitlich nach unten, dabei nach hinten sinken (6-7). Auf 8 berührt die Hand den Boden, der Oberkörper ist seitrückwärts geneigt; beide Oberschenkel sind noch angehoben, nur das rechte Knie berührt den Boden. Das Becken trägt zusammen mit den Füßen (vor allem den Zehen) den größten Teil des Körpergewichts. Der rechte Ellbogen ist nach innen gebeugt, berührt jedoch nicht den Boden. Der Kopf ist nach oben gewandt, aber nicht nach hinten abgekippt; er ist in einer Linie mit der Neigung der Wirbelsäule.

Wiederaufrichten und Drehung: Spiralbewegung des Körpers, um den Seitenwechsel zu ermöglichen. Den Oberkörper mit akzentuierter Bewegung aus dem halben Fall nach oben ziehen, so daß das Körpergewicht hauptsächlich auf den linken Fuß verlagert wird (1). Es folgt eine spiralförmige Halbdrehung zur Stange hin, dabei Becken und Oberkörper weiter anheben, der rechte Arm rundet sich sukzessiv nach vorne. Handwechsel an der Stange, Oberkörper noch immer nach vorne gerundet, dabei weiter drehen, um auf der anderen Seite die Übung wiederholen zu können (2). Haltung der Füße wie zuvor — der innere Fuß vorne, der äußere zurück (3-4) — den linken Arm in einem konvexen Bogen nach oben und zurück ziehen, langsam in den Ballenstand gehen und den Körper heben (5-8).

Vorbereitung und halben Fall auf der anderen Seite wiederholen.

Variation: *Zu Ende geführter Fall.* Wenn der höchste Punkt der vorbereitenden Sukzession erreicht ist (1-4), die innere Hand von der Stange nehmen. Beide Arme sind nun parallel über dem Kopf gestreckt. Auf 5 die seitrückwärtige Drehung (siehe halber Fall) ausführen und nach hinten sinken, dabei beide Arme öffnen, bis sie mit dem Schultergelenk eine gerade Linie bilden (2). Wenn sich die rechte Hand dem Boden nähert (7), wird sie zur Seite gedreht, um das Körpergewicht auf der »Karate«-Seite der Handfläche aufzufangen; gleichzeitig werden die Zehen des rechten Fußes locker gelassen und damit der ganze Fuß entspannt (8). Langsam ganz zu Boden gleiten, bis der Körper ausgestreckt auf der Seite liegt (9-12). Dabei ist der linke Arm auf die linke Körperseite gefallen. Diese Stellung halten (13-16).

49. BEWEGUNG DES GANZEN KÖRPERS MIT HALBEM FALL

Anfang *Vorbereitung / 1, 2, 3 . . . . 4*

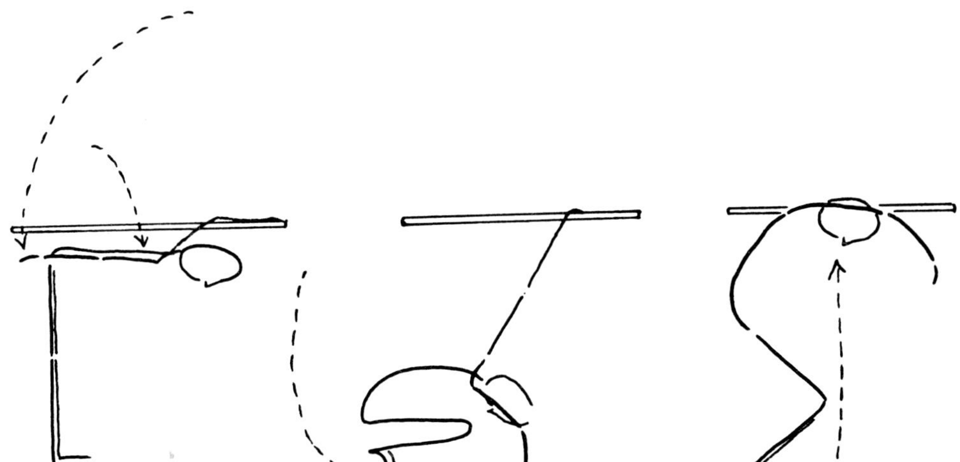

1. Phrase / 1, 2, 3, 4 . . . . 5 . . . . 6 . . . . . .

($^3/_4$-Ansicht)

. . . . 7 . . . . und 8

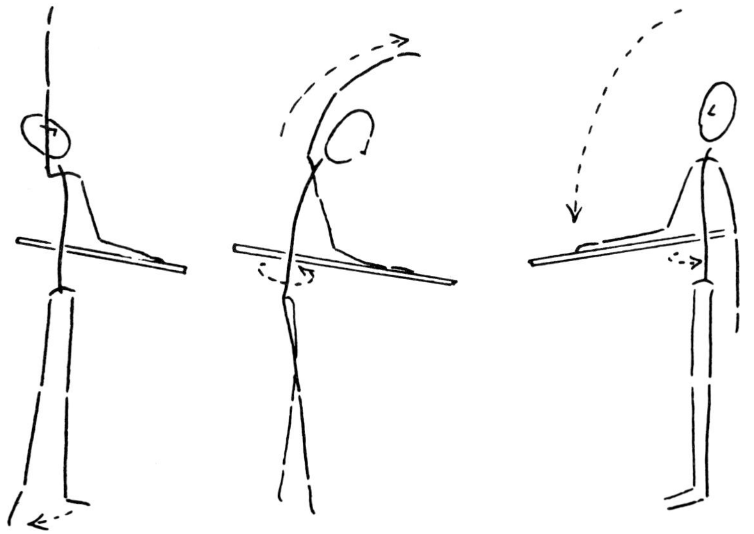

Drehung / 1, 2 . . . . 3 . . . . 4 . . . .

(Seitenansicht)

. . . . 5, 6, 7 . . . . 8.

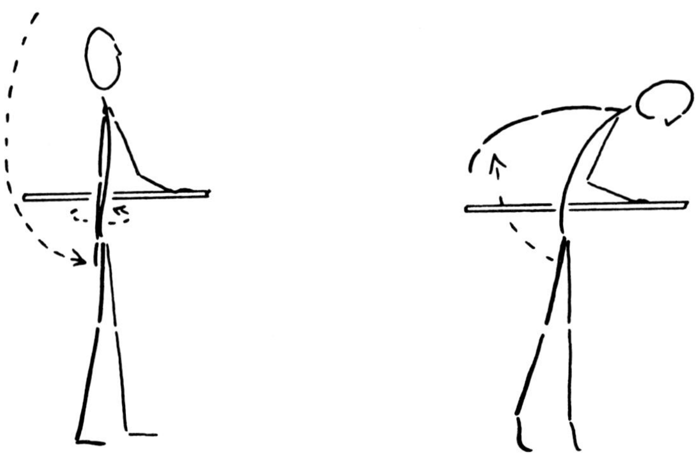

Letzte Wiederholung / Ende der Drehung auf 4, dann 5, 6, 7, 8

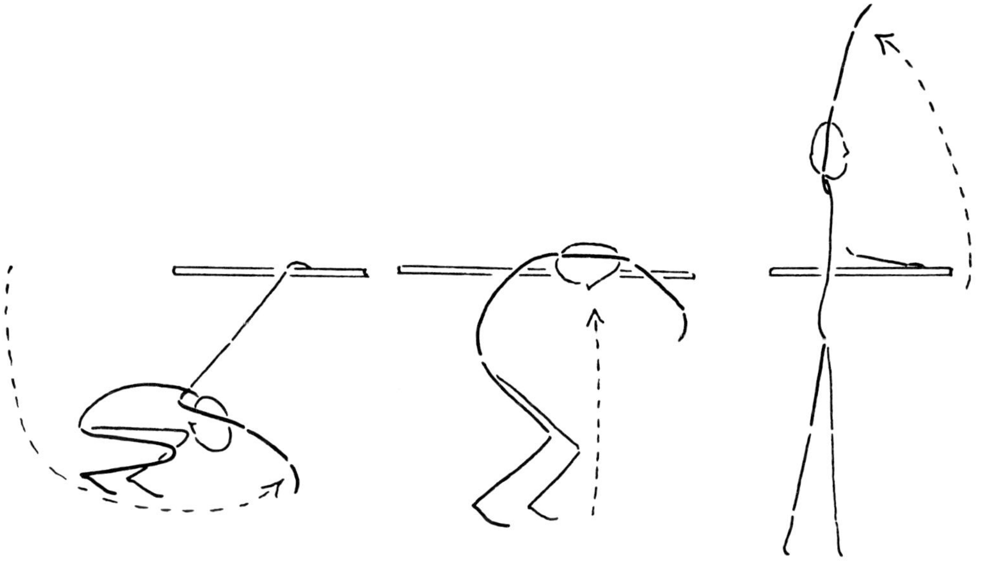

Vorbereitung für den halben Fall / 1, 2 . . . . 3 . . . . 4 . . . . . .

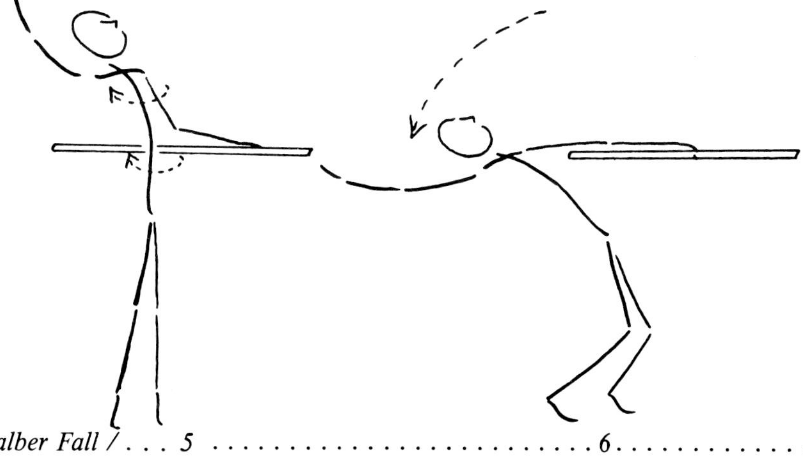

Halber Fall / . . . 5 . . . . 6 . . . . 7 . . . . . .

. . . . 8.

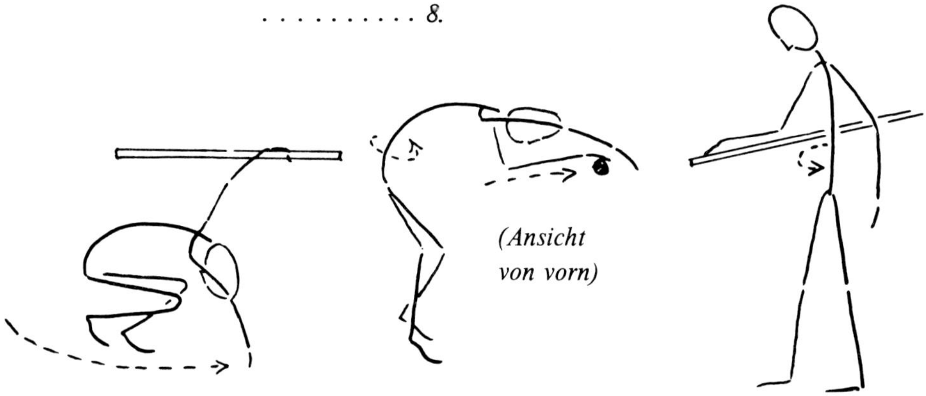

Wiederaufrichten und Drehung / 1 . . . . 2 . . . . 3 . . . . 4 . . . .

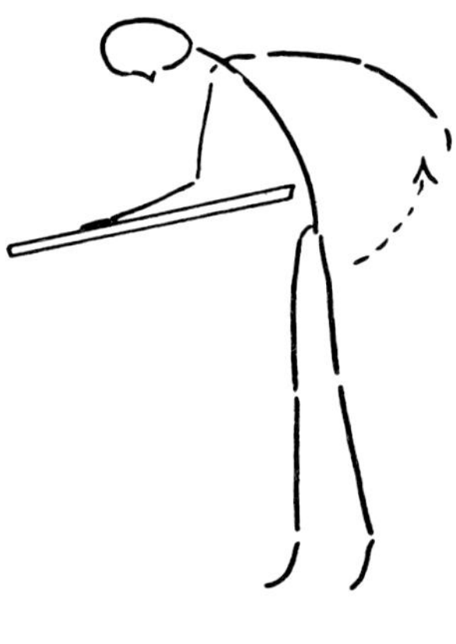

. . . . 5, 6, 7, 8

Variation: Zu Ende geführter Fall

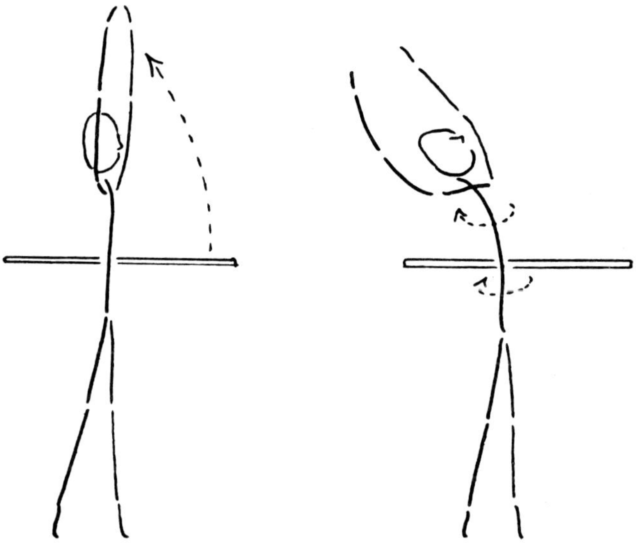

1, 2, 3 . . 4 . . . . 5 . . . .

. . . . 6, 7 8

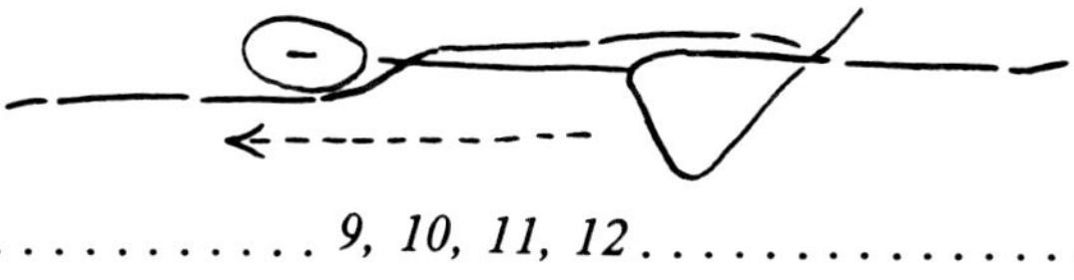

Diese Stellung halten

. . . . 9, 10, 11, 12 . . . . 13, 14, 15, 16

50. SCHWÜNGE MIT KREISFÖRMIGER SUKZESSION

Schwünge mit kreisförmiger Sukzession, die eine beachtliche Stärke der Oberschenkel- und Rückenmuskulatur sowie eine sichere Balance voraussetzen, sind das Merkmal der frühen Humphrey-Technik. Die Stange ist als Stütze bei der Einübung der Bewegungen erforderlich. Sie können ohne diese Stütze erst gemeistert werden, wenn der Tänzer völliges Verständnis für die gesamten Bewegungsabläufe erlangt und ihre perfekte Beherrschung erreicht hat. Zwei pendelgleiche Schwünge von vorne nach hinten und umgekehrt bereiten die kreisförmige Sukzession vor, d. h. die Übung umfaßt insgesamt drei Bewegungsabläufe.

Zählweise: 8 Zählzeiten pro Phrase. Die Übung, einschließlich der Drehung zur anderen Seite, umfaßt vier Phrasen. Eine Vorbereitung von 4 Zählzeiten.

Tempo: 63 ***Musik:*** Wogend, volltönend.

Ausgangsstellung: Linke Hand an der Stange, Füße etwa 5 Zentimeter voneinander parallel, der linke Fuß leicht vor dem rechten. Diese Haltung sollte einen sicheren Stand bieten und bequem sein. Sie muß den individuellen Bein- und Körperproportionen angepaßt werden.

Vorbereitung: Langsam in den Ballenstand heben, dabei den rechten Arm nach vorne in Taillenhöhe heben, Handfläche nach innen, Finger leicht gestreckt.

1. Phrase: Den äußeren Arm von vorne nach hinten (1-2) und zurück (3-4) schwingen, gleichzeitig mit gerundetem Rücken tief in die Hocke gehen.

Schwung von vorne nach hinten (1-2). Wenn der rechte Arm nach unten schwingt, beugen sich die Knie stark, dadurch verlassen die Fersen den Boden und der Oberkörper fällt rund nach vorne (1). Die rechte Hand schwingt dicht über dem Boden, das Gesäß berührt fast die erhobenen Fersen. Beim Schwung nach oben beschreibt der rechte Arm einen konvexen Bogen hinter dem Körper, während der Körper sich aufrichtet; die Bewegung verlangsamt sich deutlich. Diese Verlangsamung führt zur Schwebehaltung, in der sich die Knie strecken (ohne durchgedrückt zu sein). Während dieser Schwebehaltung ist der ganze Körper in weitem Halbkreis nach vorne gebeugt, der Kopf fällt nach vorne und ein starker, aufwärts gerichteter Zug durchpulst Oberschenkel, Becken und Oberkörper.

Umkehrung des Schwungs (3-4). Wenn der rechte Arm von hinten wieder nach vorne schwingt, den Körper erneut tief in die Hocke fallen lassen (3). Wenn der Arm in der Schwebe fast die Ausgangsstellung erreicht hat, heben Sie sich langsam wieder in den Ballenstand (4).

Übung 50: Schwünge mit kreisförmigen Sukzessionen (2. Phrase, Zählzeit 7); (Mira Pospisil).

2. Phrase: *Kreisförmige Sukzession* (5-8). Wenn der rechte Arm wiederum nach unten schwingt und der Körper tief in die Hocke fällt, lassen Sie den Körper von der Schwungkraft nach hinten statt nach oben ziehen und öffnen so den Rumpf. Das Becken hebt sich unmittelbar nach dem tiefsten Punkt des Schwungs aufwärts (6). Dies ist die Ausgangsstellung für den Anfang der sukzessiven Bewegung, die vom Becken durch Oberkörper, Arm und Kopf zieht. Wenn der Oberkörper sich öffnet und das Becken sich hebt, fällt der Brustkorb mit Kopf und Schultern nach hinten. Der Arm ist tief hinter den Körper geschwungen. Die Anstrengung des Aufrichtens ist deutlich zu sehen. Die Bewegung verlangsamt sich, ein Gefühl der Schwere ist während des sukzessiven Hebens von Oberkörper und Kopf spürbar (7). Auf 8 hat der Körper den höchsten Punkt der Schwebehaltung erreicht; der Arm ist über dem Kopf nach oben gestreckt, die Beine gerade (jedoch nicht durchgedrückt) und ein weiterer Fall nach vorne steht unmittelbar bevor. Die folgende Bewegung leitet die Wiederholung der kompletten Übung ein (1-8).

Wiederholung: Die 2. Phrase dreimal, gefolgt von einer langsamen halben Drehung (in der Gegenrichtung), die der halben Drehung in der vorhergehenden Übung (49) gleicht. Am Ende der Drehung über vier Zählzeiten die rechte Hand auf die Stange legen, den rechten Fuß (wie zuvor) vor den linken Fuß stellen, in den Ballenstand heben, während der äußere (linke) Arm sich wie zuvor nach vorne hebt (5-8).

Übung insgesamt, mit der Drehung, viermal wiederholen.

Anmerkung: Für die Balance und den Bewegungsfluß ist die Koordination der Atmung besonders wichtig.

Variation: *Streckung des Beins und rückwärtige Drehung* (1-8). Drei Phrasen der Schwünge mit kreisförmigen Sukzessionen wiederholen, doch am Ende der letzten Sukzession das äußere (rechte) Bein nach vorne führen, wenn der rechte Arm den höchsten Punkt des Kreises erreicht hat (8 der vorherigen Phrase). Auf 1 das rechte Bein nach vorne schwingen und gleichzeitig den rechten Arm und den Oberkörper zum rechten Bein hin fallen lassen. Das Bein hat sich schnell auf Hüfthöhe gehoben, der Arm berührt es fast. Die Körpergestalt ist elliptisch, das Gewicht ruht auf dem linken Bein. Auf 2 das gestreckte Bein mit nach oben gedrehtem und durchgedrücktem Knie in weitem Bogen nach außen bringen; gleichzeitig richten sich Oberkörper und Arm gerade auf (der Arm umrahmt den Kopf); das gestreckte Bein aus dem Hüftgelenk weiter nach hinten drehen (3), und den Fuß auf dem Ballen parallel zum Standbein hinter diesem aufsetzen; das Standbein hat sich in den Ballenstand gehoben. Auf 4 fällt der rechte Arm zur Seite und der Körper beginnt — wie beim halben Fall — seitrückwärts zu fallen. Die Bewegung wird jedoch nicht zu Ende geführt, da auf 5 ein »Rückfedern« einsetzt, das aus einer zusätzlichen Anhebung sowie aus seitrückwärtiger Drehung des Rumpfes besteht und in einer nach außen gerichteten halben Drehung nach hinten (als Seitenwechsel) endet (6). Während dieser im Ballenstand langsam ausgeführten Drehung muß der linke Arm die Stange loslassen, da der Oberkörper immer weiter nach rechts zieht. Wenn der Körper zur anderen Seite gerichtet ist, schwingt der linke Arm nach vorne und unten, um die Ausgangsstellung in der anderen Richtung einzunehmen (8).

Die 2. Phrase und die Variation wiederholen: Die Schwünge mit kreisförmigen Sukzessionen, die Streckung des Beins; dann die Drehung nach hinten zum Seitenwechsel auslassen und statt dessen mit dem halben Fall abschließen, dazu den inneren (rechten) Arm von der Stange nehmen und ihn in gerader Linie über der Schulter strecken, während der Körper seitrückwärts fällt (5-8). Der halbe Fall ist der gleiche wie in Übung 49.

50. SCHWÜNGE MIT KREISFÖRMIGEN SUKZESSIONEN

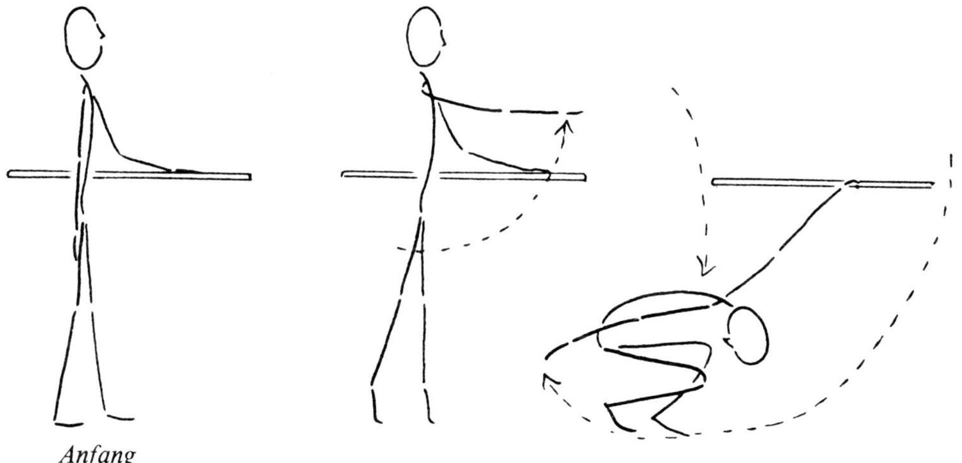

Anfang *Vorbereitung / 1, 2, 3, 4.* *1. Phrase / 1 . . . .*

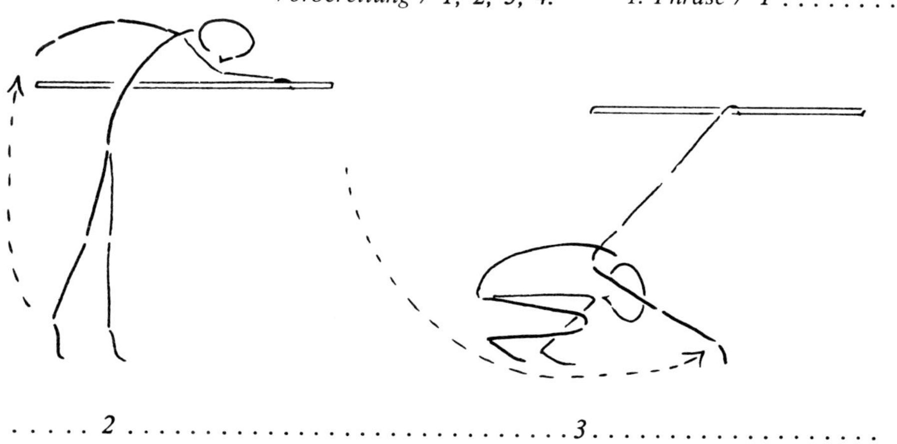

. . . . . 2 . . . . 3. . . . .

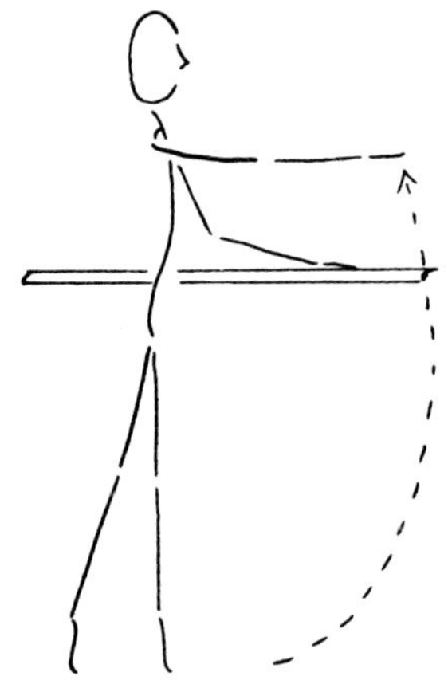

. . . . 4　　　　*2. Phrase / 5 . . . .*

. . . . 6 . . . . 7 8

Variation: Streckung des Beins und rückwärtige Drehung.

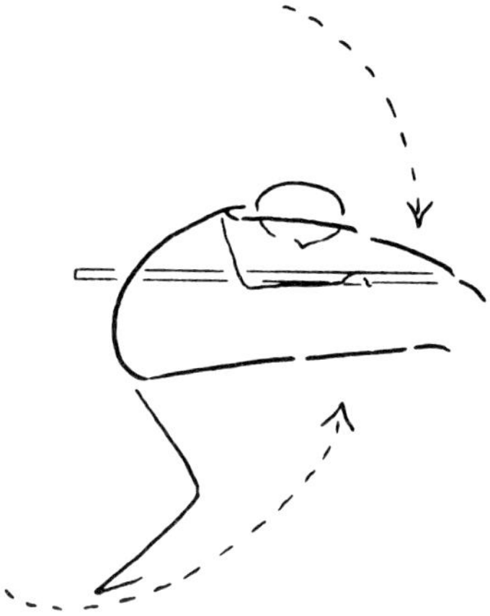

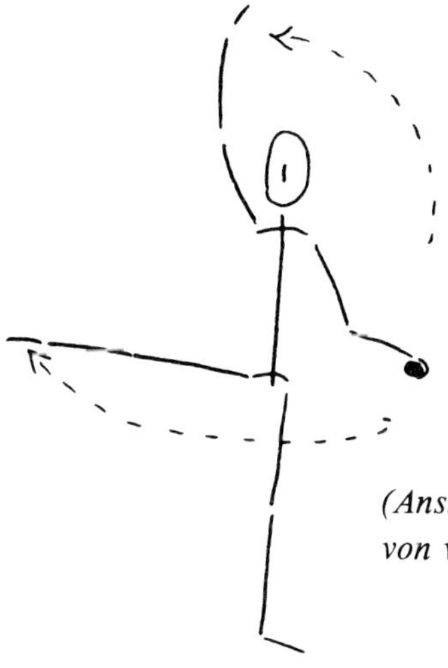

(Ansicht von vorne)

1 . . . . *2* . . . .

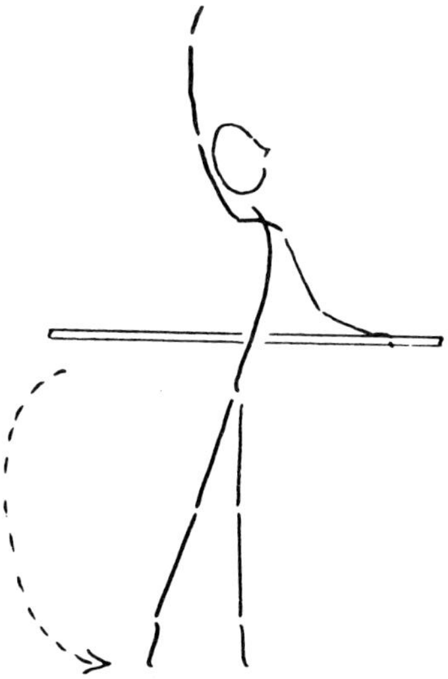

. . . . *3* . . . . *4* . . . .

. . . . 5 . . . . 6 . . . . 7 . . . . .

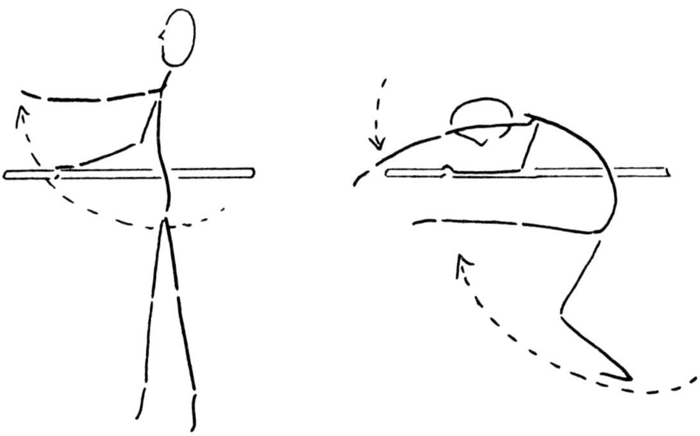

. . . . 8 *1 (letzte Phrase) . . . .*

2

3

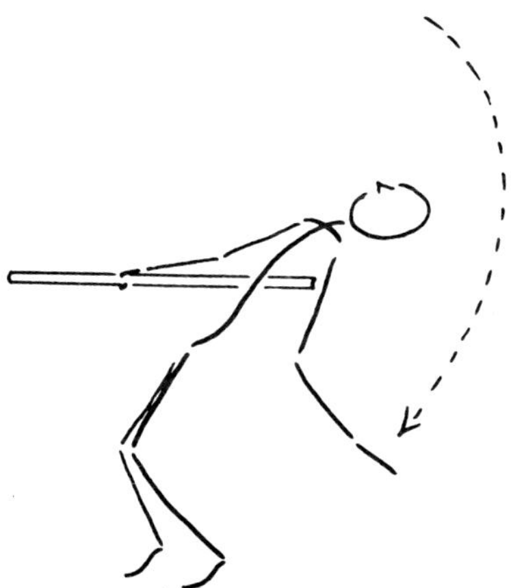

4

5

6, 7, 8

51. STUDIE MIT AUSFALLSCHRITT

Eine Übungsstudie, die sukzessive Körperbewegung mit Streckungen des Beines verbindet. Wesentliches Charakteristikum ist ihr stark akzentuierter Einsatz mit einer nachfolgenden, anhaltend vibrierenden Bewegung: der akzentuierte Einsatz füllt die erste Zählzeit der Phrase von 6 Zählzeiten aus (bei den seitlichen Streckungen die erste und vierte Zählzeit), die anhaltende Bewegung die verbleibenden Zählzeiten der Phrase. Der Effekt erinnert stark an das Schlagen eines Gongs und die davon ausgehenden Vibrationen.

Zählweise: Vorbereitung in 3 Zählzeiten. Acht Phrasen von 6 Zählzeiten.

Tempo: 44 (langsam) ***Musik:*** Getragene Töne, emphatische Akkorde.

Ausgangsstellung: Linke Hand auf der Stange, rechter Arm hinter der Schulter in einem konvexen Bogen, der Oberkörper gleicht sich diesem Bogen an. Linker Fuß im Abstand von ca. 5 Zentimetern parallel vor dem rechten. Fersen auf dem Boden. Blick nach vorne und leicht gesenkt.

Vorbereitung: In den Ballenstand heben und langsam mit einem Gefühl zunehmender Spannung aufrichten; der Oberkörper ist, wie der äußere Arm, leicht nach vorne gebeugt; Kopf und Blick richten sich nach unten, während der Zug nach oben weiter zunimmt (1-3). Das Körpergefühl ist das einer sich sammelnden Kraft.

1. Phrase: *Der Ausfallschritt.* Mit entschiedenem Nachdruck das (innere) linke Bein einen ausgreifenden Schritt nach vorne setzen und sofort in einem tiefen Ausfallschritt auf dieses Bein fallen (1). Der Rumpf ist nicht gerundet, sondern nach vorne gestreckt; der Blick geht geradeaus. Die linke Ferse ist am Boden, das rechte (gestreckte) Bein aus der Hüfte auswärts gedreht, der Fuß berührt seitlich leicht den Boden. Gleichzeitig ist der rechte Arm in Schulterhöhe nach vorne geschwungen und bildet nun, parallel zum Boden, eine gerade Linie. Blick nach vorne. Stellung während 2-3 beibehalten. Auf 4 langsam das rückwärtige Bein vom Boden abheben, das Knie bleibt gerade, und das Körpergewicht wird von der Oberschenkelmuskulatur des vorderen Beines getragen. (Das Becken muß als Teil des Rumpfes in gerader Linie unterhalb der Schultern bleiben und darf sich *nicht* nach hinten hochziehen.) Ohne den Vorwärtszug des Körpers zu verändern, das Standbein langsam strecken (5), auf 6 ist die Aufwärtsbewegung vollendet, das äußere Bein in arabesquer Haltung gestreckt, der Körper bildet von der Zehenspitze des rückwärtigen Fußes bis zur vorgestreckten Hand eine lange, gerade Linie.

2. Phrase: *Sukzessive Streckung in entgegengesetzter Richtung.* Mit stark betontem Impuls im linken Knie die Körpermitte zusammenziehen, den Rücken runden, den Kopf senken; gleichzeitig das rechte Bein spitz vor dem Becken anwinkeln, so daß der Rumpf völlig zusammengepreßt zu sein scheint (1). Den Atem während dieser

Bewegung ausstoßen; sofort aber findet eine Art Rückfedern statt (2-3), bei der in Koordination mit dem Einatmen ein anhaltendes Ziehen von Oberkörper und Beinen in die Gegenrichtung stattfindet. Man sollte die Vorstellung von einer nach unten gedrückten und dann hochschnellenden Sprungfeder haben — nur daß diese Bewegung sehr viel langsamer verläuft. Die Körpermitte öffnet sich immer mehr und zieht sich gespannt nach hinten, während der rechte Arm in progressiver Beugung von Ellbogen, Handgelenk und Hand über den Kopf nach hinten führt; gleichzeitig streckt sich das rechte Bein, vom Knie gezogen (das nun nach oben zeigt), gerade nach vorn (4-5). Auf 6 ist die Schwebe-Streckung beendet, der Körper bildet vom gestreckten Fuß zur gestreckten Hand eine waagerechte Linie, das Standbein ist leicht gebeugt. Wenn diese Stellung erreicht ist, wird langsam ausgeatmet.

3. Phrase: *Seitliche sukzessive Streckung.* Der Oberkörper rollt sich mit plötzlichem Zusammenziehen erneut ein (diesmal dabei einatmen), das rechte Knie wird gleichzeitig vor dem Körper und zur Stange hin angewinkelt. Auch das linke Knie beugt sich. Gleichzeitig zieht der hintere rechte Arm nach unten, zur Seite und dann scharf nach innen, Ellbogen voran, Unterarm seitlich gekippt und Handfläche nach oben gedreht (1). Diesem schnellen Zusammenziehen von Körper, Kopf und Arm folgt unmittelbar eine Aufrollbewegung, die schnell beginnt, doch langsam endet (2-3): das rechte Knie wird vor dem Brustkorb hochgezogen, während der rechte Arm in konvexem Bogen über den Kopf geführt wird, beide Bewegungen lösen eine parallele seitliche Streckung von Arm und Bein aus. Diese Aufroll-Streckungen werden sukzessiv durch Bein und Arm nach außen gemacht, dabei streckt sich das Standbein (links). (Während dieser Bewegungen ist das Gewicht auf dem linken Bein geblieben, Ferse gesenkt.) Die Wirkung ist wiederum die einer anhaltenden Vibration durch den ganzen Körper. Eine schnelle Wiederholung der Einrollbewegung und eine weitere Schwebe-Streckung des äußeren Arm und Beins zur Seite während 4-6.

4. Phrase: *Halber Fall und Drehung.* Vom höchsten Punkt der zweiten seitlichen Schwebe-Streckung kreist das rechte Bein nach hinten, der Fuß berührt mit dem Ballen den Boden in Vorbereitung auf den halben Fall. Bei dieser Bewegung wird der Oberkörper stark angehoben, der rechte Arm fast über den Kopf erhoben, während die Schultern sich auswärts zur Seite drehen (1). Der anschließende halbe Fall ähnelt dem halben Fall der Übung 49, ist jedoch nicht mit ihm identisch. Hier die detaillierte Beschreibung: Schultern und Becken drehen sich zur Raummitte hin, die Knie bleiben weiter nach vorne gerichtet (1). In den halben Fall sinken, dabei die rechte Hand zu Boden bringen, der Blick geht nach oben, Hals und Kopf sind in gerader Linie mit dem geneigten Oberkörper (2-3). Der Fall beschleunigt sich, so daß sich durch die Rückfederung der Körper auf 4 automatisch aufrichtet. Mit einem Aufwärtsschwung des rechten Arms nach vorn fällt der Oberkörper nach vorne, der rechte Fuß kreuzt vor dem linken, und beim anschließenden spiralförmigen Aufrichten wird die Drehung ausgeführt. Die Geschwindigkeit des Wiederaufrichtens nimmt ab, wenn der Körper sich langsam nach oben zieht (5) und zur anderen Seite gerichtet ist. Nun steht der rechte Fuß vor dem linken, der linke Arm beschreibt hinter der Schulter einen konvexen Bogen, die Übung kann auf der anderen Seite wiederholt werden.

5., 6. und 7. Phrase: Wiederholung der 1., 2. und 3. Phrase mit dem anderen Bein.

8. Phrase: *Zu Ende geführter Fall.* In Vorbereitung für diesen Fall eine seitliche Drehung des Oberkörpers bei Verankerung des Beckens, beide Arme werden parallel über den Kopf gehoben (1). Langsam abwärts bewegen, dabei bildet der Körper von den Knien bis zu den ausgestreckten Fingern eine gerade Linie (2). Weiter sinken, dabei beide Arme öffnen, bis sie mit dem Schultergelenk eine gerade Linie bilden (3). Auf 4 sind das linke Knie und die linke Hand auf dem Boden, und der Körper ist im spitzen Winkel seitrückwärts gebeugt. Auf der »Karate«-Seite der Hand gleitet der Tänzer in voller Länge weich auf den Boden, während sich der rechte Arm langsam senkt, an der Körperseite ausstreckt und schließlich leicht auf der rechten Hüftseite ruht (5-6). Zur Empfehlung: diese Studie mit einem Ritardando in der Musikbegleitung abschließen.

51. STUDIE MIT AUSFALLSCHRITT

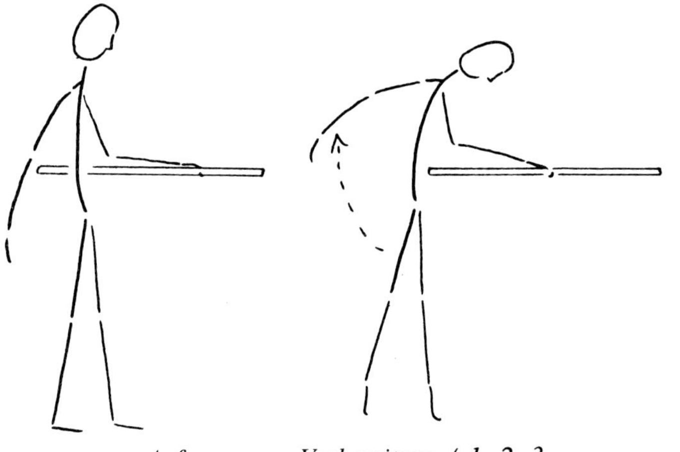

Anfang *Vorbereitung / 1, 2, 3*

1. Phrase / .Halten: / 2, 3 . . . . . .

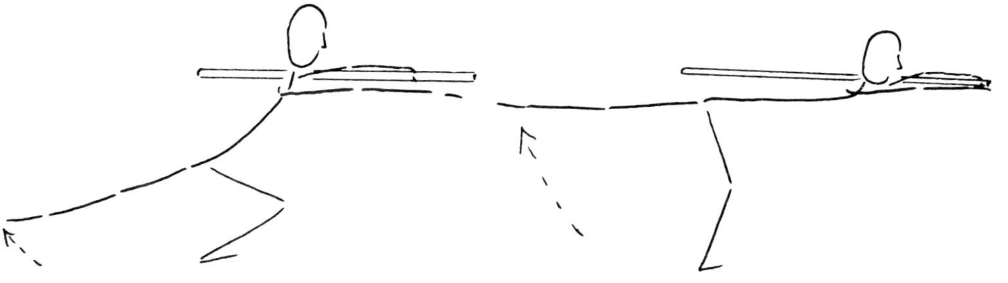

. . . . .4. . . . . .5. . . . . .6.

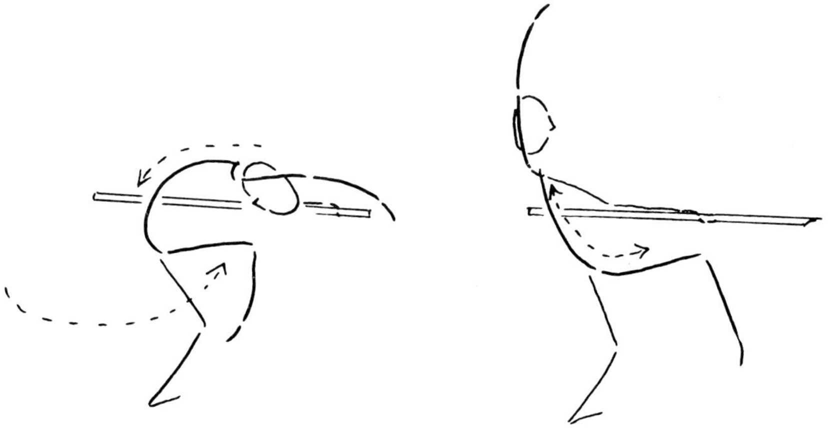

2. Phrase / 1 . . . . .2. . . . . .3, 4. . . . .

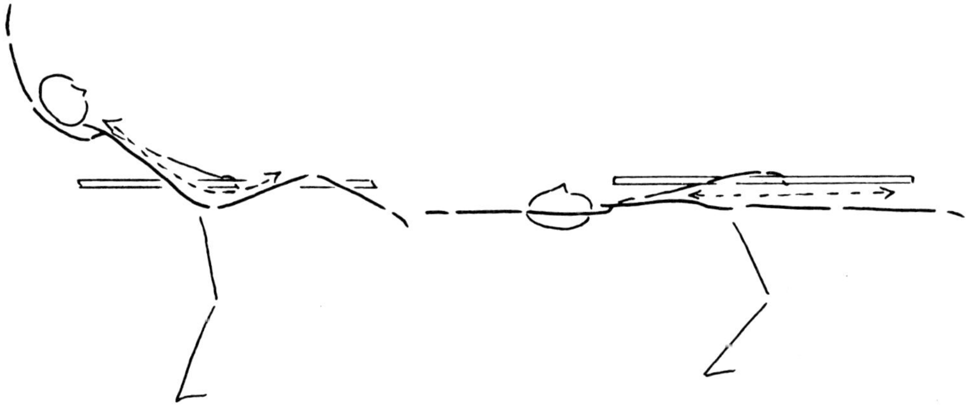

. . . . 5 6

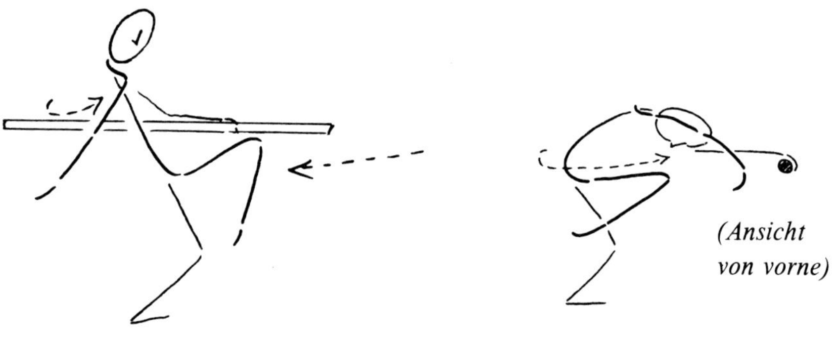

3. Phrase / . . . . 1 . . . .

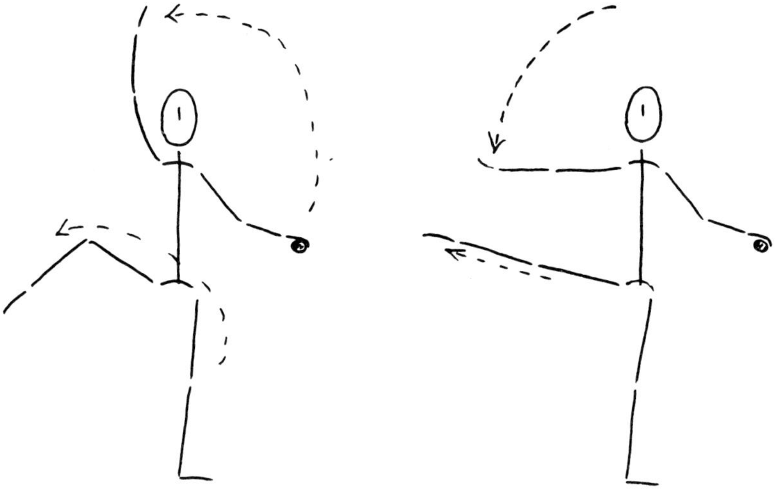

2 3

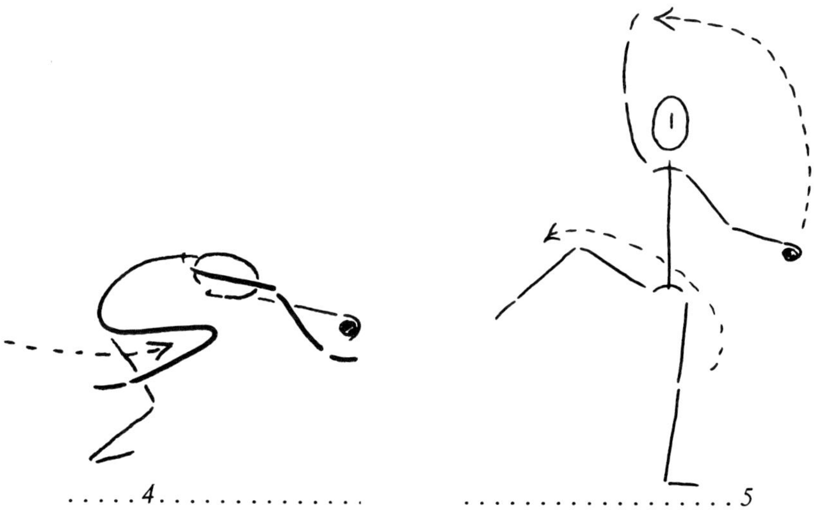

4 5

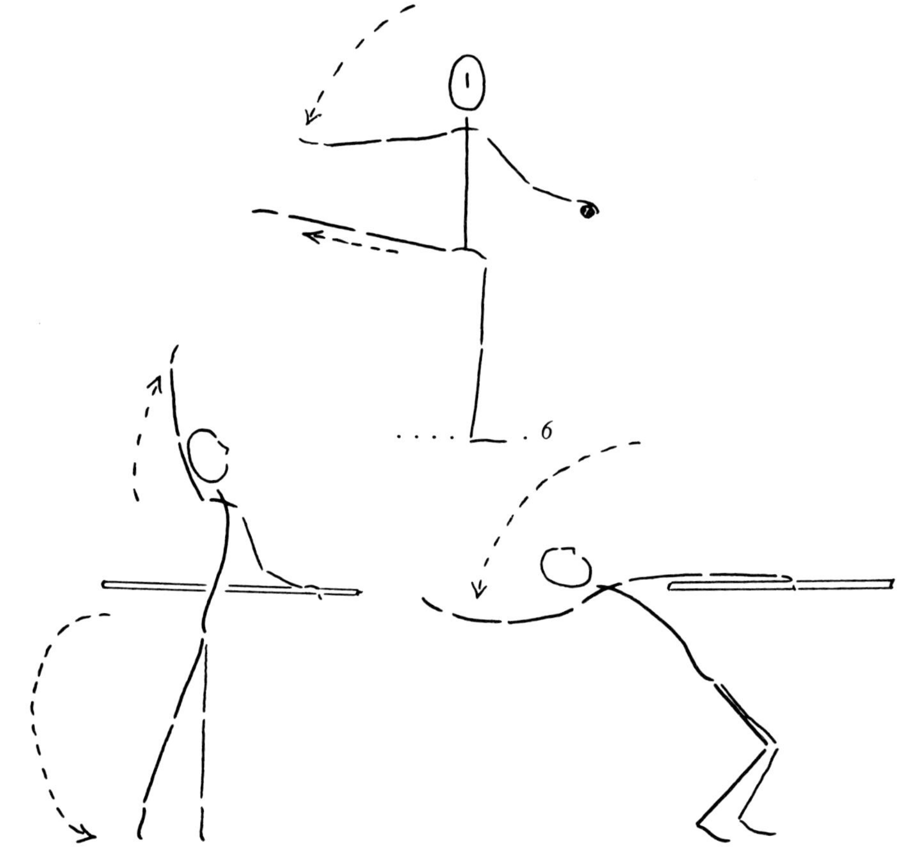

4. Phrase / 1 . . . . 2. . . . .

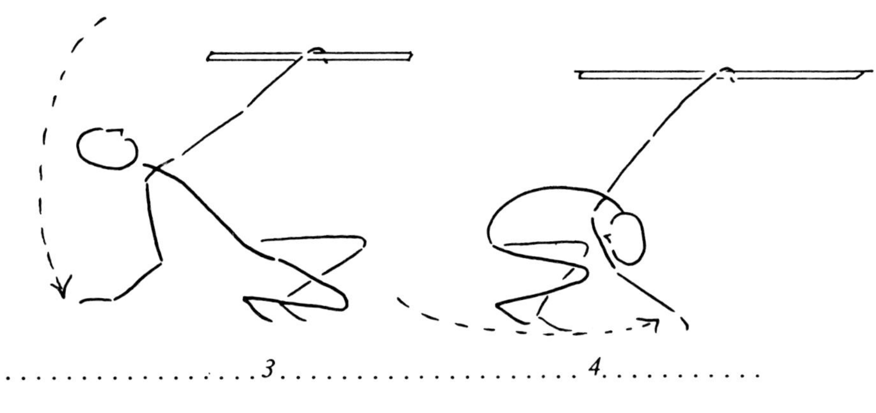

. . . . . 3. . . . . 4. . . . .

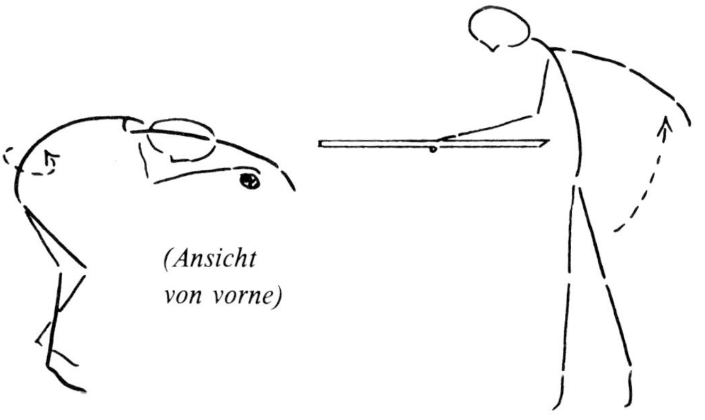

. . . . . . 5. 6

Die ersten drei Phrasen links wiederholen

5. Phrase . . . 6. Phrase . . . . 7. Phrase

8. Phrase / 1 . . . . 2. 3. . . . .

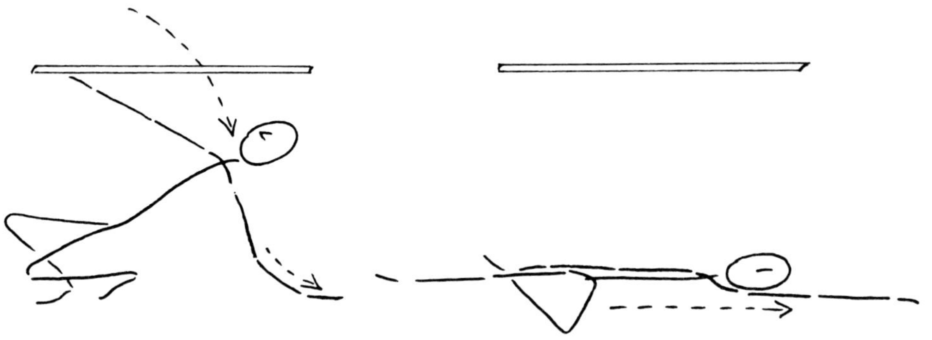

. . . . 4 . . . . 5, 6.

6. KAPITEL
SEQUENZEN IM RAUM

EINLEITUNG

Doris Humphreys Choreographie war am eindrucksvollsten, wenn sie ihre »Liebe zum Rhythmus« in Bewegungen ausdrückte, die über die Bühne wirbelten, die in atemberaubenden Sprüngen und Drehungen an Dynamik zunahmen, spielerisch die Richtungen wechselten oder, architektonisch gestaltet, immer wieder neue Formen annahmen. Die Gänge, die Humphrey durch den Raum zeichnete, pulsierten — gefüllt von komplexen, der Musik mitunter kontrapunktisch gegenübergestellten Rhythmen. Fehlte die Musik, dann gestalteten die Bewegungsphrasen sowohl Zeit als auch Raum. In Humphreys Tanzkompositionen war Rhythmus die treibende Kraft — Beweis des Lebens in dem »Bogen zwischen den beiden Toden«. Daher kommt dem rhythmischen Training beim Erlernen der Humphrey-Technik eine überragende Bedeutung zu. Mit dem Übergang von den im Prinzip stationären Übungen im Stand, am Boden und an der Stange zu Bewegungen durch den Raum wächst die Notwendigkeit der rhythmischen Akzentuierung. Aus diesem Grunde beginnt das Kapitel über Sequenzen im Raum mit einer Serie elementarer Rhythmen, die auf natürlichen Fortbewegungsarten wie zum Beispiel Laufen und Hüpfen basieren.

In diesen Grundbewegungen des menschlichen Körpers liegt das Geheimnis rhythmischer Koordination: der gegenläufige Bewegungsfluß, durch den die Balance erhalten bleibt, entsteht unwillkürlich. Daher tut der Tänzer im Grunde nichts anderes, als angeborene Koordinationen weiter zu entwickeln. Eine weitere grundlegende rhythmische Koordination wird mit der Gleitsprung-Sequenz eingeführt.

Dabei schwingen die Arme parallel und sind nur im Sprung auf die Beine abgestimmt. Wenn der Tänzer das angeborene Gefühl für rhythmisches Phrasieren bewußt als tänzerische Bewegungen erlebt, dann kann er schwierigere Aufgaben meistern: Triolen (langsame und schnelle, die mit Bewegungen der Arme, Drehungen, und so weiter verbunden sind) sowie komplexere Tanzbewegungen in unterschiedlichen Zählzeiten.
Nach einer Unterrichtsstunde mit Doris Humphrey gab es für ihre Schüler üblicherweise die gleichzeitig fordernde und bereichernde Gelegenheit, Sequenzen ihrer Kompositionen zu erlernen. Weil ich den in diesem Buch niedergeschriebenen Unterrichtsablauf so eng wie möglich dem Ablauf der von mir erinnerten Stunden angleichen möchte, habe ich mich entschlossen, das folgende Kapitel mit der Beschreibung von Bewegungsphrasen aus *Water Study, The Shakers* und *Passacaglia* abzuschließen. Wenn es auch schwer ist, den rhythmisch-dynamischen Inhalt — von der Aura ganz zu schweigen — von Humphreys für die Bühne geschaffenen Bewegungen in Worte zu fassen, so sollen diese Szenen dem Schüler die inspirierende Erfahrung mitgeben, zusammenhängende tänzerische Phrasen einzustudieren.

52. LAUFEN UND SPRINGEN IN 4/4 RHYTHMEN

Zum rhythmischen Training. Die Übung beginnt mit der Verwendung von 2 Takten für jeden Rhythmus, dann nur noch ein Takt. Sie soll die Schnelligkeit und Geschmeidigkeit in den natürlichen Koordinationen ausbilden. Die Arme schwingen bei jedem Viertelnotenschlag gegengleich und werden auf Achtelnoten gehalten. Viertelnoten für Sprünge, Achtelnoten für Laufschritte.

Bitte beachten: Beim Laufen und Springen ist das vordere Bein im Knie natürlich gebeugt und nicht, wie bei den Sprüngen des klassischen Balletts, gestreckt. Das rückwärtige Bein ist dabei so weit als möglich gestreckt. Wie schon zuvor in *Laufen und Springen als tänzerische Erfahrung* beschrieben, ist der Körper nach vorne geneigt.

Tempo: Allegro ***Musik:*** Stark akzentuiert. Trommelbegleitung ist sehr wirkungsvoll und kann, sobald die Übungen besser beherrscht werden, kontrapunktisch verwendet werden.

Bewegungsgang: Aus der linken Bühnenecke kreisförmig im Uhrzeigersinn; aus der rechten Bühnenecke kreisförmig gegen den Uhrzeigersinn.

Ausgangsstellung: Für die Richtung im Uhrzeigersinn in der äußersten linken Ecke der Bühne, der Peripherie eines gedachten Kreises zugewandt. Gewicht auf dem rechten Fuß, linker Fuß nach vorne gestreckt, um auf 1 einen Schritt zu setzen. Der rechte Arm ist gegengleich zum linken Bein locker nach vorne gestreckt, der linke Arm gegengleich nach hinten geschwungen.

Bei der Musikbegleitung sollte man eine zweitaktige Einleitungsphrase vorsehen. Zwei Takte für jeden Rhythmus. Beherrscht man das, folgt ein Takt für jeden Rhythmus und eine Wiederholung des letzten Rhythmus (Variation VI), um die Übung wirkungsvoll abzuschließen.

1. Rhythmus: Auf den Viertelnotenschlägen springen: 1-2-3-4
2. Rhythmus: Laufen in doppeltem Tempo: 1-»und«-2-»und«-3-»und«-4-»und«
3. Rhythmus: Variation I: 1-2-3-»und«-4
4. Rhythmus: Variation II: 1-»und«-2-3-4
5. Rhythmus: Variation III: 1-2-»und«-3-4
6. Rhythmus: Variation IV: 1-2-3-4-»und«
7. Rhythmus: Variation V: 1-»und«-2-3-»und«-4
8. Rhythmus: Variation VI: 1-»und«-2-»und«-3-4

Anmerkung: Beim zweiten Rhythmus (doppeltes Tempo) schwingen die Arme nicht, sondern werden fest an der Körperseite gehalten. In der letzten Variation (VI) werden die Arme in Schulterhöhe erhoben. Beim Lauf im Uhrzeigersinn führt der rechte Arm, beim Lauf gegen den Uhrzeigersinn ist es der linke Arm; dabei den Körper seitlich etwas nach außen drehen. Bei 3 des Laufes den hinteren Arm im Moment des Sprungs kreisförmig nach vorne schwingen, der vordere Arm ändert seine Stellung nicht. Dann den Lauf wieder aufnehmen und dabei beide Arme wie zuvor ausstrecken.

Gegen den Uhrzeigersinn wiederholen, dabei in der äußersten rechten Ecke des Raumes mit dem rechten Fuß beginnen.

Variation: Die Reihenfolge der Rhythmen verändern, die Lauf/Sprung-Sequenzen durch plötzlichen Wechsel zu Sequenzen im Gehen unterbrechen, in denen die Beine die Achtel zwischen den Vierteln akzentuieren, indem sie kräftiger oder leichter auftreten.

53. GLEITEN UND SPRINGEN IN 6/8 RHYTHMEN

Vorbereitendes Training für Bewegungen in der Luft.Die Bewegung besteht aus einem Gleiten, dem ein Hüpfschritt unmittelbar folgt. Da der Hüpfschritt sowohl nach vorne als auch nach oben gerichtet ist, wird diese Bewegung »Gleitsprung« und nicht »Gleithüpfsprung« genannt, weil sie dem »Fliegen« näher ist.

Bewegungsgang: Kreisförmig im Uhrzeigersinn oder diagonal über die Bühne von der linken oder rechten zur gegenüberliegenden Ecke.

Tempo: ($^6/_8$ Takt) Allegro Vivace ***Musik:*** Sprühend

Ausgangsstellung: Rechter Fuß in Bewegungsrichtung nach vorne gestreckt, Arme in Schulterhöhe seitlich gestreckt, Oberkörper und Gesicht erwartungsvoll erhoben.

Phrase: Zwei Takte, in der der Gleitsprung zweimal ausgeführt werden kann, mit dem rechten Fuß anfangen, 6 Zählzeiten. Mit dem rechten Fuß vorgleiten (1-3), dann den rechten Fuß zum Hüpfschritt belasten (4-5), auf 6 auf dem rechten Fuß landen. Beim Hüpfschritt auf das vordere (rechte) Bein, wird das rückwärtige (linke) Bein aus dem Hüftgelenk vom Boden gehoben, und es streckt sich locker zurück, die Zehenspitzen gestreckt. Der Oberkörper streckt sich beim Hüpfschritt, der Kopf dreht sich leicht zur linken Schulter hin, als ginge der Blick über die Schulter auf das Bein hinten. Wiederholen, dabei führt das linke Bein das Gleiten und den Sprung aus, der Kopf dreht sich während des Sprungs über die rechte Schulter.

Bewegung der Arme

Eine rhythmische Koordination beider Arme, die auf die 4. Zählzeit eines jeden Taktes zusammen von einer Seite zur anderen schwingen.

Ausgangsstellung: In Bewegungsrichtung, beide Arme nach links erhoben, während der Oberkörper sich aus der Taille nach rechts neigt; rechter Fuß nach vorne gestreckt.

Phrase: 1-6, mehrfach. Gleitsprung wie oben, jedoch die Arme auf 4 von links nach rechts schwingen, während Sie beim Hüpfschritt auf den rechten Fuß springen. Die Arme helfen dem Körper, sich vom Boden zu erheben. Die Taillendrehung ist bei dieser Bewegung sehr ausgeprägt, der Kopf wie vorher über die linke Schulter gedreht.

Übung wiederholen, dabei werden Gleiten und Sprung mit dem linken Bein ausgeführt, und die Arme schwingen auf 4 von rechts nach links.

Anmerkung: Auf 1, 2 und 3 werden die Arme in der Position des vorhergehenden Schwungs gehalten, gegen den Uhrzeigersinn wiederholen, dabei beginnt der linke Fuß mit dem Gleiten und dem Sprung, und die Arme schwingen erst von rechts nach links.

Mögliche Variation: Zwei Triolen, gefolgt von einem Gleitsprung, ergeben eine Rhythmuskombination über 2 Phrasen. Die Arme sind während der Triolen seitlich am Körper, während des Gleitsprungs seitlich gehoben.

Variation: *Mit Drehungen.* Eigentlich eine seitliche Bewegung, richtet sich der Gleitsprung mit Drehung auch nach vorne, während des Drehens wird jedoch aus dem

Gleiten ein Sprung. Beide Arme umfassen bei der Drehung locker den Körper (rechter Arm vorne, linker Arm hinten) (1-3) und werden dann, wie zuvor, während der Sprünge (4-6) gleichzeitig zu einer Seite hin geschwungen.

Tempo und ***Musik:*** Wie oben.

Ausgangsstellung: Nach vorne gerichtet, in der Mitte der hinteren Bühne; Arme seitlich, rechter Fuß diagonal nach rechts vorne gestreckt.

Phrase: Bei 1 leicht auf den rechten Fuß auftreten, dabei das Knie stark beugen, sofort abspringen, drehen (2), auf dem linken Fuß landen (3), Körper nach vorne gerichtet. Arme und Körper nach rechts schwingen, mit dem rechten Fuß springen (4-5), bei 6 auf dem rechten Fuß landen. Der linke Fuß ist während dieses Sprungs weit zur linken Seite gestreckt und kann sofort nach links gleiten, um den Gleitsprung ohne Drehung zu wiederholen, die Arme schwingen dabei nach links. In dieser Zickzack-Bewegung den Raum durchqueren.

Wiederholung mit Drehsprung, usw., nach links und den Gleitsprung ohne Drehung nach rechts.

54. TRIOLE MIT FALLMOTIVEN

Bewegung im $\frac{3}{4}$-Takt, die komplizierte kontrapunktische Körperrhythmen verlangt. In der Musik ist der Kontrapunkt ein auf der Bewegung mehrerer selbständiger Stimmen beruhender Tonsatz, vereinfacht gesagt, eine Kunst der Verbindung von Melodien. Der Kontrapunkt im Tanz, könnte man sagen, ist die Kunst, verschiedene Rhythmen durch Koordinierung von Bewegungen zu verbinden. Bei den Triolen mit Fallmotiven besteht die Aufgabe darin, mit den Füßen einen schnellen 3-Schlag-Rhythmus durchzutragen, während die Bewegungen der Arme und des Oberkörpers einem langsamen $\frac{4}{4}$ Takt folgen. Durch das Hinzufügen des Motivs von Fall/Wiederaufrichten entsteht eine ausgeprägte Dynamik, die einen zusätzlichen Aspekt schafft: Die Phrasierung, die innerhalb der vorgegebenen Dauer der jeweiligen Takte (hier 4 Takte) sozusagen ein Eigenleben führt. In der folgenden Anleitung wird versucht, den gesamten Bewegungsablauf in seine einzelnen Bestandteile zu zerlegen, so daß zunächst ein Rhythmus allein eingeübt werden kann, bevor er mit einem zweiten Rhythmus kombiniert und abgestimmt wird.

Vorbereitende Übung für Triolen

Zunächst eine Serie von Triolen, die zur Einübung rhythmischer Präzision und körperlicher Gewandtheit mehrfach ausgeführt werden sollten. Das Tempo steigt von langsam zu schnell an.

Tempo: ($^3/_4$ Takt) Andante, beschleunigt bis Allegro ***Musik:*** Zunächst ruhig fließend mit schwacher Betonung auf dem Schwerpunkt (1) der Triole, kraftvoll steigern, mit starker Betonung auf dem Schwerpunkt der Triole.

Bewegungsgang: Im Uhrzeigersinn und gegen den Uhrzeigersinn.

Ausgangsstellung: Für die Bewegung im Uhrzeigersinn ist der Oberkörper, locker aufgerichtet, der Peripherie eines Kreises zugewandt, der rechte Fuß ist nach vorne gestreckt, um den ersten Schritt setzen zu können. Arme hängen locker an der Körperseite.

Triole

Schrittfolge rechts-links-rechts (runter-hoch-hoch), mit fallendem Gewicht und gebeugtem Knie beim ersten Schritt, wenn der Fuß flach auf den Boden auftrifft, dann auf den Ballen, Knie gerade, beim zweiten und dritten Schritt. Die nächste Triole beginnt mit dem linken Fuß. Während der gesamten Bewegung bleibt der Oberkörper aufrecht, Schultern gesenkt, Arme seitlich. Achten Sie darauf, daß Schultern und Hüften nicht schlenkern, wenn das Tempo ansteigt.

Zur Übung gegen den Uhrzeigersinn wiederholen, dabei mit dem linken Fuß beginnen.

Vorbereitende Übung für Arme und Körper

Langsame 1-4 zählen. Füße geschlossen, Arme seitlich. Arme vor dem Körper kreuzen (1), sie dann sukzessiv vor dem Gesicht über den Kopf heben (2); bis auf Schulterhöhe seitlich öffnen (3), und dann zur Ausgangsstellung senken (4).

Triolen kombiniert mit Bewegungen der Arme und des Körpers

Bewegungsrichtung: Im Uhrzeigersinn und gegen den Uhrzeigersinn.

Ausgangsstellung: Wie bei der Triolen-Übung. Die Arme bewegen sich kontrapunktisch in einem langsamen $^4/_4$ Rhythmus gegen den schnellen $^3/_4$ Rhythmus der Füße. Beim Üben vor allem auf weiche Artikulation und Synchronisation achten.

Vorbereitung von Armen und Körper für Fallbewegungen

Ausgangsstellung: Arme über den Kopf erhoben, Handfläche nach außen. Oberkörper ebenfalls angehoben, nach vorne gerichtet. Beine weit gegrätscht, Füße im Winkel von 45 Grad auswärts gedreht. Die Armbewegung ähnelt den Fall- und Rückfederbewegungen in Übung 18.

Ohne Musikbegleitung: Zunächst den linken Arm seitlich fallen lassen, Oberkörper und Kopf fallen ebenfalls zur Seite. Abweichend von Übung 18, schließt sich kein Rückfedern an, bei dem die Fallbewegung umgekehrt wird, sondern der Schwung setzt sich kreisförmig nach innen fort, der Arm schwingt vor dem Körper und nach oben in die Ausgangsstellung. Während des Phrasierens sind Beschleunigung und Verlangsamung des Gewichts sowohl im Arm als auch im Oberkörper deutlich spürbar. Nun die gleiche Bewegung nach rechts, den rechten Arm fallen lassen (mit Oberkörper und Kopf) und kreisend wieder aufrichten. Der Blick geht während des Falls nach oben und bei der Rückkehr zur Ausgangsstellung wieder nach vorne.

Triolen kombiniert mit Fallbewegung

Bewegungsrichtung: Im Uhrzeigersinn und gegen den Uhrzeigersinn.

Ausgangsstellung: Für die Bewegung im Uhrzeigersinn ist der Körper der Peripherie eines Kreises zugewandt. Der rechte Fuß ist nach vorne gestreckt, um den ersten Schritt zu setzen. Oberkörper angehoben, Arme über dem Kopf gestreckt. Handfläche nach außen. Blick nach oben.

Triolen beibehalten, auf die folgenden Zählzeiten die Armbewegungen hinzufügen: Die Arme 2 Zählzeiten (2 Triolen) lang über dem Kopf gestreckt halten, auf 3 die Fallbewegung nach links beginnen, während des vierten Taktes den tiefsten Punkt der Abwärtsbewegung mit wachsender Fallgeschwindigkeit durchlaufen und wieder aufrichten, dabei zum höchsten Punkt des Kreises hin langsamer werden.

Den Ablauf der ganzen Sequenz wiederholen.

Anmerkung: Bei allen Bewegungen im Uhrzeigersinn wird die Fallbewegung nach links ausgeführt. Bei der Bewegung gegen den Uhrzeigersinn ist die Fallbewegung rechts, dabei kreist der rechte Arm nach unten.

55. DREHUNGEN

Die Drehungen bei Humphrey sind sehr vielfältig in der Art und Weise, wie Oberkörper, Kopf und Arme die Koordination mit den Beinen und Füßen bewältigen. Die Drehung jedoch, die die Choreographin in ihren reinen Tanzmotiven am häufigsten einsetzte, ist eine Art der Spirale, bei der sukzessive Bewegung in bezug zur Gravitation gesetzt wird. Dreht der Körper sich um seine eigene Achse, dann entsteht der Eindruck von fließendem Schweben. (Die »Achse« ist natürlich eine gedachte Linie, die in der Mitte des Rumpfes liegt, analog der gedachten Erdachse.) Bei der sukzessiven Drehung oder Spiraldrehung — wie beim kreisförmigen Fall in Übung 41 — ändert sich die Geschwindigkeit je nach Art der Gewichtsverlagerung innerhalb des Bewegungsablaufs. Auch die Bewegungen der Arme und des freien

Beins sind unterschiedlich. Die ungezählten Drehbewegungen des Humphrey-Stils umfassen Konfigurationen, die unorthodox sind.[1] Hier müssen wir uns allerdings auf zwei Grundformen der Drehung beschränken: auf die »nach außen« und auf die »nach innen«[2], sowie auf die, die während der Triolen ausgeführt werden.

Drehung nach außen: Eine Drehung in eben die Richtung des Beins, auf dem der Körper dreht, z.B. nach rechts auf dem rechten Bein.

Drehung nach innen: Eine Drehung in die Gegenrichtung des Beins, auf dem der Körper dreht, z.B. nach rechts auf dem linken Bein.

Vorschlag für das Training der Drehung nach außen

Zählweise: 6 (2 Triolen), schließt 5 Schritte innerhalb der Bewegung ein.

Tempo: Andante bis Allegro, nach den Erfordernissen der Balance und der Drehungen.

Schrittfolge nach vorne: links, rechts, links (1-2-3), auf 3 das Gewicht — mit Impuls vom linken Knie und schnellem Heben des rechten Fußes in den Ballenstand — vom linken auf den rechten Fuß verlagern (4). (Beim Training wird das gestreckte (linke) Bein vom Boden erhoben, mit leicht gebeugtem Knie in der Schwebe gehalten und während der Drehung hinter dem Körper auswärts gedreht.) Die kurze Beugung des rechten Knies zu Anfang ermöglicht es dem Oberkörper, sich nach oben zu ziehen, während das rechte Knie sich streckt und der Körper sich dreht (5). Das Strecken von Oberkörper, Hals, Kopf und der Arme, die ganz natürlich nach außen schwingen, sollte atemvoll sein und schwebend einem Vogel im Flug gleichen. Das Gewicht nach einer (oder nach zwei) Drehungen mit einem Schritt auf den linken Fuß auffangen (6). Nun hat die Richtung der Fortbewegung sich geändert; ausgehend von der Schrittfolge rechts-links-rechts wird die Drehung auf dem linken Fuß nach links ausgeführt.

Vorschlag für das Training der Drehung nach innen

Zählweise und ***Tempo:*** Wie oben.

Schrittfolge nach vorne: rechts, links, rechts (1-2-3), das Gewicht vom rechten auf den linken Fuß verlagern, das linke Knie beugen, den Fuß kurz belasten (4), dann sofort in den Ballenstand heben, um nach rechts zu drehen (5). Das rechte Bein ist, nach vorne gerichtet, vom Boden erhoben und bleibt für die Dauer der Drehung in

[1] Ein besonders bemerkenswertes Beispiel dafür war Doris Humphreys Solo in *Gigue* (nach Joh.Seb.Bach): sie zeigte rasch aufeinander folgende Hüpfsprünge mit Drehungen auf einem Bein bei gleichzeitig fließenden Bewegungen der Arme und des Körpers.

[2] Die Terminologie dieser Drehungen ist der des klassischen Ballets entgegengesetzt: »en dehors« und »en dedans«.

der Luft. Während der Drehung schwingen die Arme locker nach außen. Auf 6 nach vorne auf den rechten Fuß.

Übung wiederholen, dabei die Bewegungsphrase mit dem linken Fuß beginnen und die Drehung auf dem rechten Fuß nach links ausführen.

Triolen, kombiniert mit Drehungen

Um die Drehungen der Triolen mit Dreh- bzw. Fallmotiven ausführen zu können, muß zunächst die Sequenz mit den Drehungen, doch ohne die begleitenden Armbewegungen, geübt werden.

Bewegungsrichtung: Im Uhrzeigersinn mit Drehungen nach rechts.

Ausgangsstellung: Rechter Fuß nach vorne gestreckt, Arme seitlich. Blick in Bewegungsrichtung.

1.-4. Phrase: 2 Triolen nach vorne, bei der 3. Triole fast auf der Stelle rechts drehen. Darauf achten, daß der linke Fuß auf den Schwerpunkt der 4. Triole einen Schritt nach hinten macht, damit der Tänzer sich so dreht, daß er wiederum im Uhrzeigersinn steht.

Übung gegen den Uhrzeigersinn wiederholen, dabei Drehung nach links mit umgekehrter Fußbewegung.

56. TRIOLEN MIT DREH-/FALLMOTIVEN

Die oben beschriebenen Drehungen werden mit Bewegungen der Arme und der in Übung 54 beschriebenen Fallbewegung verbunden. Die Drehung wird nun mit größerer Leichtigkeit ausgeführt, denn wenn der Körper sich entspannt fallen läßt, nimmt der Schwung der Drehung zu.

Bewegungsrichtung: Im Uhrzeigersinn bei rechten, gegen den Uhrzeigersinn bei linken Drehungen.

Ausgangsstellung: Im rückwärtigen linken Teil der Bühne, einem gedachten Kreis zugewandt. Der rechte Fuß ist nach vorne gestreckt, Arme seitlich herunterhängend.

1.-4. Phrase: Die Arme werden nun, wie in Übung 54, kontrapunktisch in einem langsamen $^4/_4$ Rhythmus gegen den schnellen $^3/_4$ Rhythmus der Füße bewegt, hinzu kommt die Drehung bei der 3. und 4. Triole. 2 Triolen nach vorne, im zweiten Takt die Arme über den Kopf heben (2). Auf 2 beginnt die Drehung nach rechts, dazu Oberkörper und Kopf zur linken Seite fallen lassen; die Arme öffnen sich in konkavem Bogen zur Seite. Wenn Sie rückwärts auf den linken Fuß treten (4), ziehen Sie die rechte Schulter in die Richtung der Drehung nach rechts. Bei dieser letzten Bewegung gibt der rechte Arm die Öffnung auf und fällt vor den Oberkörper, während der linke Arm sich hinter dem Rücken beugt (die Bewegung der Arme gleicht der Silhouette eines weiten Rockes, der sich um den Körper seiner Trägerin wickelt, wenn sie sich schnell dreht). Am Ende der Bewegung stehen Sie wieder in der Richtung Ihrer Vorwärtsbewegung (im Uhrzeigersinn) und können die ganze Sequenz wiederholen.

Übung gegen den Uhrzeigersinn wiederholen, dazu mit dem linken Fuß beginnen und nach links drehen, Fallbewegung der Arme und des Körpers zur rechten Seite.

Anmerkung: Mit zunehmender Geläufigkeit (fließende Bewegung) sollte diese Sequenz in einem schnelleren Tempo getanzt werden.

Variation: *Mit einem Arm.* Mit dem langsamsten Tempo beginnen und im Uhrzeigersinn bewegen. Die Arme sind nun über dem Kopf und vor dem Gesicht in seitlich konvexem Bogen erhoben, Handflächen nach außen. Zwei Triolen nach vorne ohne Änderung der Armhaltung (1-2). Auf 3 fällt nur der *linke* Arm seitlich nach links, zusammen mit dem Körper. (Die Triolen werden mit der Bewegung während 3-4 fortgesetzt.) Auf 4 beginnt das Wiederaufrichten, indem der linke Arm mit dem Körper nach oben gezogen wird; der Kopf richtet sich zuletzt auf, die gesamte Bewegung aber ist am Ende der 4. Triole abgeschlossen, der Körper ist wieder in Bewegungsrichtung mit dem Uhrzeigersinn. Am Ende der Phrase sind beide Arme, wie am Anfang, über dem Kopf erhoben.

Gegen den Uhrzeigersinn wiederholen, mit dem linken Fuß beginnen und nach links drehen, dabei fällt der Oberkörper seitlich nach rechts.

Anmerkung: Ist dem Tänzer die Übung geläufig, kann sie in schnellerem Tempo getanzt werden.

57. SEITLICHER SPRUNG MIT VARIATIONEN

Der seitliche Sprung im Humphrey-Stil — in *Passacaglia* eine lyrische Aussage — beginnt mit einem Kreuzschritt des Fußes, von dem der Tänzer abspringt. Bei einer Bewegung nach rechts kreuzt der linke Fuß etwa 5 Zentimeter diagonal vor die Fußzehen des Standbeins (rechts) (1). Der Tänzer springt in die Höhe (2) und landet mit tief gebeugtem Knie auf dem rechten Fuß (3). Während des Sprungs bleibt der Körper »frontal«, d.h. er wird nicht nach rechts gedreht; darum ist dieser Sprung eine seitliche Bewegung. Der Kopf jedoch dreht in die Richtung, in die sich der Tänzer bewegt. Der linke Fuß kreuzt wieder zu einem zweiten Sprung.

Übung 57: Seitlicher Sprung mit Variationen (Variation I — 5. Zählzeit); (Gail Corbin).

Beine und Füße

Beine und Füße sind in einem Winkel von 45 Grad aus dem Hüftgelenk auswärts gedreht (eine gemäßigte Erste Position), und das Standbein (rechtes Bein) bleibt in dieser auswärts gedrehten Haltung, während das linke Bein kreuzt. Die Distanz des Kreuzens (5 Zentimeter) ist mit einem leichten Beugen des linken und einer (lockeren) Streckung des rechten Knies leicht zu erreichen. Die nach außen gerichtete Haltung wird auch beim Landen beibehalten, das rechte Knie beugt sich seitlich über den rechten, das linke Knie über den linken Fuß.

Arme, Rumpf und Kopf

Becken und Oberkörper bleiben während des Bewegungsablaufs in gerader Linie, der Oberkörper ist im leichten Winkel in die Richtung des Sprungs geneigt. Bewegt sich der Tänzer im Kreis, dann ist der Körper nach »außen« zur Peripherie des Kreises hin gerichtet. Geht die Bewegung in die andere Richtung, verändert der Körper seine vorwärts gerichtete Stellung entsprechend. Die Arme sind seitlich in Schulterhöhe gestreckt und befinden sich etwas vor den Schultern. Den Kopf, in die Richtung des Sprungs gedreht, weder übertrieben hoch noch gesenkt halten, der Blick geradeaus.

Tempo: ($^3/_4$ Takt) Allegro vivace ***Musik:*** Volltönend, lyrisch, doch mit deutlichem Akzent auf 1.

Bewegungsrichtung: Mit dem Uhrzeigersinn im Kreis, wenn mit dem linken Fuß begonnen wird; gegen den Uhrzeigersinn, wenn mit dem rechten Fuß begonnen wird.

Empfohlene Wiederholung: Aufeinanderfolgende seitliche Sprünge im Uhrzeigersinn, dabei mit dem linken Fuß abspringen und mit dem rechten aufkommen. Wiederholung gegen den Uhrzeigersinn, dabei mit dem linken Fuß beginnen.

Variation I: *Kreisförmige Armbewegung bei jedem zweiten Sprung.* In 6 Zählzeiten über 2 Takte zählen (2 Sprünge). Im Uhrzeigersinn mit seitlich in Schulterhöhe gestreckten Armen den ersten Sprung mit dem linken Fuß ausführen; die Haltung der Arme bleibt unverändert (1-3). Beim zweiten Sprung schwingt der linke Arm nach rechts vor den Körper, wenn das linke Bein den Boden verläßt (4). Auf 5 erreicht der Arm den höchsten Punkt und beendet den Kreis, wenn der rechte Fuß auf dem Boden landet (6). Mit den gleichen Bewegungsabläufen fortfahren, die Armschwünge mit den wechselnden Sprüngen koordinieren.

Übung nach links wiederholen, dabei den rechten Arm schwingen, wenn der Sprung vom rechten Fuß ausgeführt wird.

Variation II: Drei Sprünge und eine Drehung. Eine Phrase von 4 Takten, in zweimal 6 Zählzeiten eingeteilt. Den Abschluß bildet eine Drehung. Nun wird der erste Sprung mit dem Armschwung verbunden, dazu mit dem linken Fuß abspringen und mit dem linken Arm kreisen (1-3). Beim folgenden Sprung beide Arme in Schulterhöhe halten (4-6). Wiederum springen, den linken Arm schwingen (1-3), bei der Landung sofort den linken Fuß vor dem rechten kreuzen (4) und im Ballenstand eine ganze Drehung nach rechts machen, Schwebehaltung auf 5; das Körpergewicht mit einem Schritt auf den rechten Fuß in die Richtung der Bewegung auffangen (6) und dann die gesamte Phrase wiederholen.

Übung gegen den Uhrzeigersinn wiederholen, dazu auf 1 mit dem rechten Fuß über den linken kreuzen und mit dem rechten Arm kreisen.

58. SZENE: ZWEI WELLEN AUS »WATER STUDY«

Water Study[1] ist eine der Natur nachempfundene Darstellung des Meeres in seiner Wechselhaftigkeit — von völliger Stille bis hin zu heftigen Bewegungen durch Gezeiten und stürmische Winde. Diese Tanzkomposition wird ohne Musikbegleitung aufgeführt und erfordert eine präzis abgestimmte Zusammenarbeit des Ensembles: die völlig synchrone rhythmische Koordination zwischen den Tänzern.
Aus *Water Study* habe ich die Szene »Zwei Wellen« (Bezeichnung von mir, E. St.) gewählt, weil sie aus Bewegungen besteht, die als Übungen im Stand und an der Stange bereits trainiert wurden. Ein weiterer Grund ist, daß diese Bewegungsabfolge, die ohne Musikbegleitung von zwei Tänzergruppen gleichzeitig getanzt wird, gründliche Kenntnisse der Rhythmik voraussetzt, die auf der Dynamik des Prinzips Fall/Wiederaufrichten und dessen Beziehung zur sukzessiven Bewegung beruht. Die Bewegung kann von vier oder acht Tänzern erarbeitet und kontrapunktisch aufgeführt werden, so wie sie in *Water Study* von zwei aufeinander bezogenen Gruppen aufgeführt wurde.
Die Szene besteht aus sechs Bewegungsphrasen, die zwei Tänzer von entgegengesetzten Bühnenseiten aus aufnehmen. Es gibt keine Zählzeiten. Die aufeinander abgestimmten Bewegungen der Tänzer versinnbildlichen das Zusammenströmen hoher Wellen auf einem stürmischen Meer. Sie schlagen gegeneinander, brechen sich plötzlich, werden vom Sog in die Tiefe zurückgezogen.
Die Anleitung beginnt mit einer »Sogbewegung«, nachdem die beiden Tänzer von der Mitte aus auf die entgegengesetzten Seiten der Bühne gelaufen sind. Die Tänzer stehen nach vorne gerichtet in ausreichendem Abstand zur seitlichen Bühnenbegrenzung, damit sie genügend Platz für einen weiten seitlichen Schwung haben; sie bewegen sich synchron-gegengleich.

[1] *Water Study* wurde am 28. Oktober 1928 im Civic Repertory Theatre in New York uraufgeführt.

Bewegungsgang: Jede Gruppe bewegt sich auf der jeweiligen Bühnenseite zur Mitte und zurück.

Ausgangsstellung: (Die folgenden Anweisungen gelten nur für *einen* Tänzer; ersetzen Sie für die Bewegungen des zweiten Tänzers jeweils rechten Fuß durch linken Fuß, usw.) Tänzer auf der linken Bühnenseite: Füße weit gegrätscht, Knie zur linken Bühnenbegrenzung gebeugt, Oberkörper teilweise nach vorne gerichtet, doch zur linken Bühnenbegrenzung hin geneigt, Arme der Körperneigung entsprechend seitlich gerundet. Kopf nach links gedreht, der Blick geht auf einen weit hinter der Bühnenbegrenzung liegenden Punkt.

1. Bewegungsphrase: Beide Arme tief nach links schwingen, dabei die abwärts gerichtete Bewegung stark akzentuieren. Sie gleicht einem starken Sog, der den Körper zur Seite reißt (und Oberkörper und Arm nach links fast ins Profil zieht). Das rechte Bein ist ab den Zehen bis zur Hüfte gestreckt; das linke Knie tief gebeugt, die Ferse fest auf dem Boden; die Arme sind zur Bühnenbegrenzung hin gestreckt.

2. Bewegungsphrase: Genauso akzentuiert nach unten und in Richtung Bühnenmitte zurückschwingen. Beide Arme befinden sich vor dem Körper, auch das Becken ist zur Bühnenmitte hin ausgerichtet. Die Arme sind ganz gestreckt. Unmittelbar nach dem Schwung verändert sich die Beinhaltung aus der Grätsche wie folgt: der der Bühne zugewandte (rechte) Fuß steht leicht seitlich vor dem der Bühne abgewandten (linken) Fuß (siehe Übung 50: Vorbereitung); das Körpergewicht ruht auf den Ballen, die Tänzer blicken einander über die Bühne hin an.

3. Bewegungsphrase: Eine kreisförmige Sukzession, so tief wie an der Stange eingeübt; nun schwingen jedoch beide Arme und balancieren den Körper. Die Dynamik gehorcht dem Rhythmus eines starken rückwärtigen Ziehens durch den Körper, der während des Aufrichtens langsamer wird und die Schwebehaltung erreicht, wenn die Arme über dem Kopf angelangt sind. Diese Bewegung wird von den Partnern synchron ausgeführt, in der Schwebehaltung blickt jeder Tänzer zur anderen Bühnenseite, den bevorstehenden »Fall« des anderen antizipierend.

4. Bewegungsphrase: Mit einem plötzlichen Vornüberfallen, Ellbogen und Hände ziehen nah am Körper nach unten, in gebeugter Haltung auf den Partner zulaufen (der auf Sie zuläuft). Der Lauf, eine mit dem rechten Fuß begonnene Schrittfolge, besteht aus etwa vier Laufschritten (rechts-links-rechts-links) — abhängig von der Größe des Bühnenraumes. Diese Schrittfolge endet mit einem Sprung auf beide Füße (5. Schritt), unmittelbar gefolgt von einem senkrecht hochschnellenden Sprung direkt vor dem Partner. Der Absprung erfolgt mit beiden Füßen, die Landung auf einem Fuß (rechts). Am höchsten Punkt des Sprungs sind die Gesichter der Tänzer in der Luft nahe beieinander. (Der Sprung gleicht dem Wellenkamm, der unmittelbar anschließende Fall erinnert an das plötzliche Brechen der Welle.) Aus der Höhe des Sprungs sofort seitlich nach links fallen, dabei die Arme nach unten schwingen, um das Körpergewicht aufzufangen (siehe Übung 39).

*5. **Bewegungsphrase:*** Aus dieser hingestreckten Haltung nach dem Fall zur Seite auf die linke Hüfte ziehen, die das Körpergewicht trägt, das rechte Bein mit gebeugtem Knie zur linken Bühnenseite kreuzen, und mit zunehmender Schwungkraft aufrichten; die Arme sind tief zur Seite gestreckt, wie auch der ganze Körper sich niedrig hält; der folgende schnelle Lauf zur linken Bühnenseite versinnbildlicht den Sog; dessen Richtung kehrt sich um, wenn der Tänzer weit links (am Ausgangspunkt der Szene »Zwei Wellen«) angelangt ist. Die Umkehrung des Sogs führt zur Wiederholung der Schwungbewegung.

*6. **Bewegungsphrase:*** Wiederholung der ersten Phrasen, nun jedoch etwas schneller bewegen, da die Sogbewegungen des Meeres an Kraft zunehmen.

Anmerkung: In *Water Study* wird diese Lauf/Sprung/Fall-Passage viermal wiederholt (zwei Gruppen, die sich zweimal nach innen und außen bewegen).

59. 9/8 RHYTHMUS AUS »THE SHAKERS«

Während *Water Study* vor allem weich artikulierten Bewegungsfluß darstellt, besteht das Vokabular von *The Shakers*[1] aus harten, kantigen, abrupten, stoßenden Bewegungen.

In *The Shakers,* einem Tanz, der die religiösen Riten einer frühen amerikanischen Sekte zum Thema hat, nehmen die schroffen Bewegungen unterschiedliche Gestalt an. Zunächst zeigen sie sich in der Erstarrung der Körper, wenn zwei Tänzer, ein Mann und eine Frau, sich von den Knien erheben und einander gegenüberstehen — getrennt durch eine imaginäre Linie, die die Bühne in zwei Hälften teilt. Entlang dieser Trennungslinie zwischen den Geschlechtern gehen sie mit ruckartigen seitlichen Schritten zur hinteren Bühne, wobei sie sich ansehen, jedoch nicht berühren. Die Hände in Hüfthöhe vor dem Körper, beginnen sie eine zuckende Schüttelbewegung, »das Abschütteln der Sünde«[2]. Die Atmosphäre der Ekstase verdichtet sich, während die anderen Tänzer symmetrisch verteilt auf der Bühne stehen.

Alle Bewegungen erstarren augenblicklich, als die »Älteste« der Gemeinde beginnt, entrückt »in fremder Zunge« zu reden. Die Tänzer fallen auf die Knie und sehen sie ehrfürchtig schweigend an, dann beginnen alle das oben beschriebene zwanghafte Ritual der Selbstreinigung.

[1] »Tanz der Erwählten«, später *The Shakers*, wurde am 12. November 1930 im Hunter College in New York uraufgeführt.

[2] Aus diesem Ritual leitet sich der englische Name der Sekte ab (engl. to shake: schütteln). [Anm. d. Ü.]

Plötzlich verfällt ein Tänzer in einen neuen Rhythmus. Es ist halb ein zügiges Gehen, halb ein Laufen, das sich in den Boden zu graben scheint. In einem synkopierten $^9/_8$ Rhythmus phrasiert, wird die Bewegung nacheinander von allen Tänzern übernommen, bis die ganze Bühne von der wuchtigen Bewegung des Laufens und Fallens zu beben scheint.

Im folgenden die Beschreibung des $^9/_8$ Rhythmus, wie er in der Originalversion der *Shakers* aufgeführt wurde.

Tempo: Etwa 60 ***Empfohlene Begleitung:*** Trommelschlag[1].

Bewegungsgang: Von der linken Bühnenseite (der Seite der Tänzer) zur Bühnenmitte und zurück. Von der rechten Bühnenseite (der Seite der Tänzerinnen) zur Bühnenmitte und zurück. Die folgenden Anweisungen gelten für die Tänzerinnen.

Ausgangsstellung: Die Tänzerin steht, zur Bühnenmitte gewandt, im Profil zum Publikum. Die Ellbogen sind eng am Körper angewinkelt. Die Unterarme liegen senkrecht und eng, mit wenig Abstand parallel zueinander, am Brustkorb. Der Oberkörper ist ab Oberschenkel bis zur Schulter nach hinten geneigt, die Haltung wird unbeweglich, beinahe steif. Auch der Kopf ist im gleichen Neigungswinkel »festgefroren«. Die Hände sind locker zur Faust geballt.

Bewegungsrichtung, Bewegungsdynamik und Fußarbeit

Bewegungsphrase: Mit dem linken Fuß beginnend, mit schweren Schritten und gebeugten Knien in schnellen Gehschritten zur Bühnenmitte bewegen, links (1), rechts (»und«), links (2), rechts (»und«), links (3). Auf 3-»und« das rückwärtige (rechte) Bein dicht an den linken Fuß heranziehen, auf 4 den Körper über das sich tief beugende Bein nach vorne fallen lassen. (Diese Bewegung sowie die Zählzeiten 4-»und«-5-»und« sind fast mit Übung 5 identisch, die *Shaker*-Bewegungen unterscheiden sich jedoch in der Betonung des nach unten ziehenden Gewichts.) Auf 4-»und« über eine Schwebehaltung nach oben zurückziehen, dazu den rechten Fuß in einer weiten Bewegung nach hinten setzen und bei 5 das Gewicht seitrückwärts auf dieses Bein fallen lassen, das in einem Winkel von 45-50 Grad auswärts gedreht ist. Sofortiges Rückfedern, das rechte Bein kreist in hohem Bogen nach rechts ([5]-»und«-6). Bei dieser Bewegung hebt der belastete Fuß in den Ballenstand, der Körper dreht in einer Viertel- bis halben Drehung nach links. Im Rückfedern schwingt diese Bewegung kraftvoll nach oben und neigt den Körper nach links aus dem Gleichgewicht, während das rechte Bein mit zunehmender Anspannung in die Höhe geht. Die Richtung der Bewegungen kehrt sich nun um: Das erhobene Bein schwingt und dreht sich, die Tänzerin ist zur rechten Bühnenseite hin gewandt, von wo die Bewegung

[1] *The Shakers* ist für Stimme, Akkordeon und Trommel geschrieben.

begann. Auf (6)-»und« fängt sie mit einem Fall des Körpers nach vorne ihr Gewicht auf dem rechten Bein und setzt, noch immer fallend, Schritte: links (7), rechts (»und«), links (8). Auf 8 rückfedern, dabei springt die Tänzerin (nicht sehr hoch) in die Luft und wendet sich in einer halben Drehung nach rechts zur Bühnenmitte. Landung mit beiden Füßen auf 9, die Bewegungsphrase kann nun komplett wiederholt werden.

Oberkörper, Arme und Kopf

Bewegungsphrase: Während der schwer nach unten ziehenden, drei Zählzeiten dauernden Phrase des Gehens-Laufens, in der der Körper starr nach hinten geneigt ist, sind die Arme parallel (aus der Haltung mit gebeugten Ellbogen) und straff nach vorne und oben gestreckt worden; die Bewegung erinnert an ein flehendliches Bitten oder Gebet; auf 3 sind sie weit (aber nicht starr) vor dem Körper gestreckt und fallen auf 4 mit dem Körper vorwärts nach unten. Wenn dies geschieht, kippt das Körpergewicht heftig, auf dramatische Weise vornüber, als grabe sich der Körper in den Boden. Das Rückfedern auf (4)-»und« richtet ruckartig den Körper in eine nach vorne gewölbte Schwebehaltung auf, dabei hängen die Arme locker an der Körperseite. Wie wir gesehen haben, mündet diese Schwebehaltung in einen weiteren, dieses Mal nach hinten gerichteten Fall. Auf 5, beim Fall seitrückwärts, fällt die rechte Schulter der Tänzerin über das auswärts gedrehte Bein, und auch ihr rechter Arm zieht seitrückwärts. Beim Rückfedern aus diesem zweiten Fall schwingen rechtes Bein und rechter Arm gleichzeitig in weitem Bogen hoch und nach außen (5-6). Das Bein ist in Hüft-, der Arm in Schulterhöhe, der entstehende Eindruck ist jedoch der eines großen, sich bewegenden Rades: Der Körper schwingt aufgrund der Drehung gegen den Uhrzeigersinn beim Rückfedern, dreht sich auf dem belasteten (linken) Bein, fällt dann weit nach links in eine Haltung, die nicht im Gleichgewicht ist. Wenn Arme und Beine aus dem Schulter- bzw. Hüftgelenk »herausschießen«, zieht sich der Körper seitlich nach rechts oben, der Blick geht ebenfalls nach oben, und der Effekt (und das Gefühl) eines sich drehenden Rades ist erreicht. Das Gewicht muß nun auf 6 vom rechten Fuß aufgefangen werden, auch der Arm sinkt. Beide Arme hängen, nicht schlaff, aus den Schultergelenken, wenn die Tänzerin auf 7-»und«-8 (links-rechts-links) das schwerfällige Gehen-Laufen wieder aufnimmt. Die Arme werden straff in Körpernähe am Becken gehalten. Beim Abschlußsprung (9) springen beide Arme in die Ausgangsstellung zurück.

Anmerkung: Halten Sie die Intensität im ganzen Körper wach — ebenso im Ausdruck des Gesichts. Dies ist ein »rhythmisches Muster ... das aus tiefsten emotionalen Trieben heraus entwickelt wurde«[1], und der Impetus des Tanzes entspringt unserem Wesenskern.

[1] Aus Doris Humphreys Anmerkungen zur Aufführungspraxis von *The Shakers.*

60. PHRASE IN SECHS ZÄHLZEITEN AUS »PASSACAGLIA«

Im letzten Kapitel dieses Buches werden Thema und Struktur von Doris Humphreys bedeutendem Werk nach Johann Sebastian Bachs *Passacaglia und Fuge in c-moll* näher besprochen werden. Die Bewegungen und die Aussage dieser Choreographie sind utopisch und visionär. Die Originalbesetzung, angeführt von Doris Humphrey und Charles Weidman, bestand aus 25 Tänzern und Tänzerinnen. Die Bewegungen, die den Bühnenraum füllen, sind voller Kraft und Würde. Der Grundtenor dieses Werkes ist jedoch nicht dramatisch, sondern lyrisch.

Den folgenden Phrasen in sechs Zählzeiten ist diese ausgeprägt lyrische Grundstimmung eigen, sie entstammen dem ersten Teil der *Passacaglia.* Für den Schüler, der den Charakter der Bewegungen und die Dynamik der Technik vollständig verstanden hat und sie beherrscht, sollten diese beiden Phrasen, obwohl technisch anspruchsvoll, kein unüberwindliches Problem darstellen.

Erste Phrase mit sechs Zählzeiten: Beinarbeit und Richtung der Bewegung

Beschreibung: Eine Phrase mit Drehung und Sprung, zur Übung mehrfach hintereinander ausgeführt. Die Schritte liegen auf 1, 3, 4, 5 und 6; Beginn der Phrase abwechselnd mit dem einen, dann mit dem anderen Fuß.

Bewegungsgang: Als Vorbereitung zur mehrfachen Wiederholung gedacht. Gegen den Uhrzeigersinn mit halber Drehung auf der Peripherie eines großen Kreises, jeweils eine halbe Drehung für jede Phrase mit 6 Zählzeiten. Beginnt die erste Phrase mit 6 Zählzeiten zur Innenseite des Kreises hin, dann beginnt die nächste Phrase mit Richtung nach außerhalb des Kreises.

Tempo: 112 (für das Training empfohlen).

Ausgangsstellung: Zur Mitte des Raums hin gewandt, als stünden Sie auf dem Rand eines Kreises; das Gewicht auf dem linken Fuß, der rechte Fuß ist nach hinten gestreckt, um gleich einen Schritt nach rechts zu setzen.

1. Phrase: (1-6). Einen Schritt mit dem rechten Fuß setzen (1) und gegen den Uhrzeigersinn im Kreis bewegen, dabei auf dem rechten Fuß eine halbe Drehung nach innen zur linken Seite machen, die Drehung verharrt auf 2 in der Schwebehaltung. Das linke Knie ist während der Drehung locker vor dem Körper erhoben. Der Fuß darf nicht höher als etwa die Mitte des Oberschenkels des sich drehenden Beins sein. Der Tänzer ist nun nach außen gerichtet und bewegt sich weiter gegen den Uhrzeigersinn auf dem Kreis entlang. Auf 3 mit dem linken Fuß einen Schritt nach links setzen, dann mit dem rechten Fuß einen kreuzenden Schritt vor den linken

Fuß (4), dabei wird das Knie gebeugt. Dem folgt ein weicher Sprung zur Seite, der Körper ist noch immer nach außen gewandt. Das rechte Bein dehnt sich beim Sprung seitrückwärts, dabei streckt sich das Knie. Das Bein ist auswärts, jedoch nicht nach oben gedreht. Das linke Bein auswärts drehen, bei 5 auf dem linken Fuß landen, dann auf 6 mit dem rechten Fuß vor den linken Fuß kreuzen.

Anmerkung: Bei 3-6 ist der Körper zum Inneren des Kreises hin ausgerichtet.

2. Phrase: (1-6). Wiederholung der Richtung gegen den Uhrzeigersinn, während 3-6 jedoch ist der Körper aus dem Kreis hinaus weisend. Auf 1 mit dem linken Fuß beginnen, eine Drehung nach innen auf die rechte Seite machen, Schwebehaltung auf 2, wenn sich das rechte Knie während der Drehung vor dem Körper in die Luft hebt. Wenn der Körper am Ende der halben Drehung nach innen gerichtet ist, auf 3 mit dem rechten Fuß einen Schritt nach rechts setzen, dann mit dem linken Fuß vor dem rechten Fuß kreuzen (4). Das linke Knie wird beim Kreuzen gebeugt, dem folgt ein weicher Sprung zur Seite. Auf 5 mit dem rechten Fuß landen, auf 6 über den linken Fuß kreuzen.

Erste Phrase mit sechs Zählzeiten: Arme und Körperbewegungen

1. Phrase: (1-6). Wenn das Gewicht für die halbe Drehung nach innen auf den rechten Fuß verlagert wird, zieht der Oberkörper nach links oben, der linke Ellbogen ist, etwa in Höhe des Ohrs, gebeugt. Die linke Hand fällt nah zur linken Schulter. Der Körper ist weit nach rechts geneigt, der Kopf und der rechte Arm weisen nach rechts unten. Vom linken Ellbogen über das Schultergelenk bis zur rechten Hand entsteht so eine diagonale Linie, die Finger der rechten Hand drücken leicht vom Körper weg. Diese Haltung bleibt während der Drehung der verbleibenden Zählzeiten des »Kreuzsprungs« und der Landung unverändert (3-6).

2. Phrase: (1-6). Bei der Wiederholung der Phrase wechseln Arm- und Körperbewegungen zur Gegenseite, mit Schritt auf den linken Fuß für die Drehung nach rechts, usw. Einen Schritt auf den linken Fuß setzen, und eine halbe Drehung nach innen zur Innenseite des Kreises machen. Die Arme sind auf der rechten Seite des Oberkörpers in der zuvor beschriebenen schräg gestreckten Haltung (rechter Ellbogen im Winkel erhoben, Hand nah bei der Schulter, linker Arm diagonal nach unten gestreckt). Wie zuvor, ist der Kopf zum nach unten gestreckten Arm gewandt.

Anmerkung: Auf der nach oben gerichteten Streckung des Rumpfes (auf der Seite des erhobenen Arms), liegt eine stärkere Betonung als auf dem Zug nach unten. Erst dadurch wird die halbe Drehung mit Schwebehaltung auf 2 möglich, da der Körper durch die Streckung nach oben in die Drehung getragen wird.

Erste Phrase in 6 Zählzeiten, *Passacaglia* (2. Zählzeit); (Lane Sayles).

Zweite Phrase mit sechs Zählzeiten

Beschreibung: Eine Vorwärtsbewegung, die mit einer seitlichen Sukzession durch Körper und Arm beginnt, und bei der, in rhythmischer Entsprechung, Arm und Bein auf eben dieser Körperseite erhoben werden; dann ein Durchqueren des Raums. Nach vorne, dann nach hinten gerichtet, beginnt jede Phrase mit einem anderen Fuß, die Schritte auf 1, 4 und 6.

Bewegungsgang: Jede Phrase bewegt sich in gerader Linie von links nach rechts durch den Raum und zurück; der Tänzer wendet sich bei der ersten Einheit von 6 Zählzeiten nach vorne (zum Publikum hin), bei der zweiten Einheit von 6 Zählzeiten nach hinten (vom Publikum weg). (Um den zur Verfügung stehenden Raum optimal auszunutzen, kann die Übung auch diagonal durch das Studio ausgeführt werden.)

Tempo: 112 (für das Training empfohlen).

Ausgangsstellung: (Nur zum Training dieser Szene.) Nach vorne gewandt, auf der äußersten linken Seite des Raums, Gewicht auf dem rechten Fuß, linker Fuß auswärts gedreht vor den rechten Fuß gekreuzt, um auf 1 einen Schritt setzen zu können; Arme fallen locker zur Seite, Körper ohne Anspannung aufrecht, Blick geradeaus.

1. Phrase: (1-3). Kreuzschritt mit dem linken Fuß, das linke Knie beugen, eine wellenförmige seitliche Sukzession (siehe Übung 2) durch den rechten Arm und den Oberkörper beginnen, dabei den Körper in einer Fallbewegung weit nach links neigen (1-3). Steuern Sie diesem seitlichen Fall nicht entgegen, der Körper muß in einem Empfinden des Loslassens seitlich extrem geneigt sein. Während dieser Zählzeiten nimmt das rechte Bein an der Sukzession teil, indem erst das Knie, dann Unterschenkel und Fuß zur Seite erhoben werden, bis der Winkel des rechten Beins dem des rechten Arms entspricht. Auf 3 fällt der Körper in einem spitzen Winkel nach links, Kopf seitlich nach oben gewandt, der Blick geht an der rechten Hand vorbei, der linke Fuß ist im Ballenstand.

(4-6). Auf 4 eine akzentuierte Bewegungsänderung: Ein schnelles Wiederaufrichten aus der seitlichen Fallbewegung bringt den Körper über die aufrechte Mittelposition auf die rechte Seite, dabei neigt sich der Körper weit aus der Taille, wenn das Gewicht auf den rechten Fuß (im Ballenstand) verlagert wird; die rechte Hand, zur Seite gedreht, drückt mit der Handfläche voran, parallel zu Beinen und Oberschenkel nach innen. Der Rumpf ist nach oben gezogen, wenn sich Körper und rechte Schulter nach rechts unten neigen. Der linke Arm bleibt, parallel zu der Hebung, locker gerundet an der linken Seite des Rumpfes. Das Gesicht ist zur Seite gewandt, Blick an der rechten Schulter vorbei nach vorn; das linke Bein mit leicht angehobenem

Zweite Phrase in 6 Zählzeiten, *Passacaglia* (3. Zählzeit); (Carla Maxwell).

Zweite Phrase in 6 Zählzeiten, *Passacaglia* (4. Zählzeit); (Carla Maxwell).

Knie vor dem rechten Bein gekreuzt. Das alles geschieht auf 4; auf 5 bleibt der atemgefüllte Körper so in der Schwebehaltung. Auf 6 mit dem linken Fuß (im Ballenstand) kreuzen, dabei fällt der Körper über rechte Schulter und Taille weiter nach rechts. Während dieser Bewegung entspannen sich die rechte Hand und der Körper, damit man sogleich die Wiederholung der Phrase zur linken Seite anschließen kann.

Übung wiederholen, dazu auf dem rechten Fuß eine halbe Drehung machen, wenn die Sukzession durch die linke Körperseite beginnt; der Fall geht nach rechts. Weitermachen wie oben beschrieben zur anderen Seite hin.

Anmerkung: Die Phrase sollte so lange wiederholt werden, bis daß absolute Sicherheit in der Bewegung erreicht und das Fallmotiv durch die Übung ausgeprägter und gewagter geworden ist. Die feste Stütze des Körpergewichts durch das Standbein, das hingegen niemals steif sein darf, wird durch die »Ganzheitlichkeit« der Bewegung sichergestellt, der Höhepunkt des Energieflusses wird auf 3 der ersten Sukzession erreicht.

Dritter Abschnitt

DIE TECHNIK UND IHR KREATIVES POTENTIAL

7. KAPITEL
RHYTHMUS, DYNAMIK, RAUM — VARIATIONEN TÄNZERISCHER BEWEGUNG

EINLEITUNG

Vom Anfang bis zum Ende einer Unterrichtsstunde sind Geist und Körper um das Erreichen eines ästhetischen Ideals bemüht. Es ist ein schwer erkämpftes Ideal, das nur durch die ausdauernden geistigen und körperlichen Anstrengungen zu erreichen ist, die man mit dem Begriff Disziplin beschreibt. Um Nietzsche zu zitieren: »Es ist kein kleiner Vorteil, hundert Damoklesschwerter über sich zu haben: damit lernt man tanzen, damit kommt man zu ›Freiheit der Bewegung‹.«[1]

Das Ergebnis einer solchen Disziplin sind, nach einer langen Zeit des Trainings, fehlerfreie rhythmische Koordination und hervorragende Körperbeherrschung. Schon das sind beachtliche Leistungen! Kommt dazu noch ein ausgebildetes musikalisches Empfinden und eine Freude an Körperarbeit, dann nähert sich der ausgebildete Tänzer der Perfektion. Für den ernsthaften Tänzer jedoch steht die wichtigste Erfahrung noch aus: die kreative Umsetzung der Technik.

Doris Humphrey hat in einer Passage, aus der bereits am Ende des 2. Kapitels zitiert wurde, ihre Vision von Tanz als »von Vorstellungskraft erhellte Realität« beschrieben. Wenn wir davon ausgehen, daß Realität sich in dem zeigt, was wir täglich sehen, hören, empfinden, fühlen und riechen, dann ist natürliche Bewegung, wie wir sie erleben und beobachten, mit Sicherheit ein empirischer Beweis der Realität. Daher können die auf natürlicher Bewegung basierenden Theorien, die die Grundlage der Humphrey-Technik bilden, eine reiche Quelle der Inspiration für zukünftige Tänzer/Choreographen sein.

[1] Friedrich Nietzsche, *Der Wille zur Macht.* In: Nietzsches Werke in vier Bänden, hrsg. von Gerhard Stenzel. Salzburg 1983, Bd. 2, S. 450f.

Mit der Erläuterung des Bewegungsvokabulars der Humphrey-Technik haben wir bereits den ersten Schritt zur Erforschung des großen Potentials der Technik getan, indem wir viele Übungen durch »Variationen« und neue choreographische Formen erweitert haben. Ein Beispiel für letzteres ist die »Acht« (Übungen 14-19), bei denen die Dynamik des Schwungs verstärkt, der rhythmische Puls variiert und die Gesamtgestaltung der Übung verändert wurden. Sie werden bemerkt haben, daß auch in diesen neuen Sequenzen das Prinzip von Fall und Wiederaufrichten noch immer der wesentlichste Aspekt ist; in der »Acht« wirkt es durch die Ausführung auf beiden Seiten noch intensiver.
Rhythmus, Dynamik und Gestalt — die Doris Humphrey die drei wesentlichen Bestandteile tänzerischer Bewegung nannte — können zu unendlich variierter Abfolge verbunden werden. Wir wollen sie einzeln im Hinblick auf ein Charakteristikum der Humphrey-Technik betrachten: Die Gewichtsverlagerung.

RHYTHMISCHE VARIATION

Wir wenden die *Gewichtsverlagerung »Im Gehen«* an (Übung 4) und ändern den $^4/_4$ Rhythmus folgendermaßen in einen $^9/_8$ Rhythmus:

Rhythmische Zählweise: In 9 Zählzeiten, aber mit Schwebehaltung bei 3. Die Fallbewegung nach vorne und hinten bleibt, wird nun jedoch zu einer Phrase verbunden.

Bewegungsgang: Ein diagonales Durchqueren des Raums.

Tempo: Etwa 88.

Ausgangsstellung: Zur rechten Bühnenecke gewandt. Das Gewicht auf dem linken Fuß, der rechte Fuß nach vorne gestreckt, um auf 1 einen Schritt vorwärts zu setzen. Gegengleich ist der linke Arm nach vorne gestreckt; der rechte Arm ebenfalls gegengleich leicht nach hinten erhoben.

Phrase: Mit dem rechten Fuß einen Schritt nach vorne (1), das linke Bein mit gegengleichem Schwung des rechten Arms weich nach vorne schwingen (2). Die Arme sind etwa in Taillenhöhe, das Knie des erhobenen Beins in Hüfthöhe leicht gebeugt, Unterschenkel und Fuß hängen nach unten. Eine Schwebehaltung auf 3, die den Körper nach vorne zieht, die rechte Ferse verläßt den Boden, wenn sich das Gewicht durch den Körper verlagert. Drei Schritte nach vorne fallen, das Gewicht bei 4 auf dem linken, bei 5 auf dem rechten und bei 6 wieder auf dem linken Fuß auffangen. (Die Bewegung ist die gleiche wie in Übung 4 auf 3-»und«-4.) Die Balance wieder herstellen, bei 7 mit einem rückwärtigen Schritt auf das rechte Bein nach hinten aufrichten. Der Körper ist nun fast aufrecht, der rückwärtige Zug jedoch wirkt noch immer und es folgt ein weiterer Fall zurück auf das linke Bein (das weit auswärts gedreht ist, um das Gewicht zu stützen). Bei 8 fällt das Gewicht auf das linke Bein. Auf dem rechten Fuß mit betontem Wiederaufrichten rückfedern, der kreisförmige Bewegungsablauf bringt Sie auf 9 in die aufrechte Stellung zurück. Sie können nun den Rhythmus wiederholen, dabei mit dem linken Bein beginnen.

Anmerkung: Arme: Während der gesamten Sequenz bewegen sich die Arme ganz natürlich mit dem Körper; nach dem gegengleichen Schwung bleiben die Arme wie bei der ursprünglichen Übung *Gewichtsverlagerung »Im Gehen«* locker an der Körperseite.

DYNAMISCHE VARIATION

Nun wird die Dynamik der *Gewichtsverlagerung »Im Gehen«* durch einen Wechsel der Bewegungsrichtung von vor-zurück zu seitlich drastisch verändert. Diese Sequenz beinhaltet einen extremen Zug aus dem Gleichgewicht, bei dem jeweils ein Bein auf einer Seite hoch in die Luft gestreckt wird, während der Rumpf, im spitzen Winkel weit in die Gegenrichtung gebeugt, das Gleichgewicht zu halten sucht.

Rhythmische Zählweise: In 8 Zählzeiten, auf 2 und 6 halten.

Bewegungsgang: Den Raum in einer geraden Linie von der linken zur rechten Seite der Bühne horizontal durchqueren.

Tempo: Wie oben.

Ausgangsstellung: Nach vorne gerichtet, Gewicht auf dem linken Bein, Arme an der Seite, rechtes Bein hinter dem linken gekreuzt, um auf 1 einen Schritt nach rechts zu setzen.

Phrase: Mit Impuls auf »und«, die Arme vor dem Körper kreuzen und mit dem rechten Fuß, Knie gebeugt, einen Schritt nach rechts setzen; gleichzeitig das linke Bein seitlich hoch in die Luft, den Oberkörper weit nach rechts kippen, während die Arme sich seitlich in Schulterhöhe weit öffnen. Der Oberkörper ist nun in größtmöglicher Dehnung so extrem gekippt, als fiele er. Die Wirbelsäule bleibt gerade, der Kopf jedoch ist nach links — in Richtung der linken Hand — gedreht.

Alles das geschieht auf 1. Die gekippte Schwebe-Streckung beibehalten, möglichst im Gefühl zunehmender Falltendenz nach rechts (2). Dann mit dem linken Fuß vor dem rechten kreuzen (3), dabei das linke Knie beugen; der Körper ist immer noch so weit nach rechts gekippt, als müßte er fallen. In dieser Haltung auf 4 nochmals einen Schritt nach rechts. Nun eine radikale Veränderung der Körperhaltung, indem der linke Fuß *hinter* dem rechten kreuzt (5), und der ganze Körper nach links kippt, dabei das Bein wie auf 1 hochwerfen. Während der Gewichtsverlagerung bei 3-4 fallen die Arme mit dem Körper natürlich in eine gekreuzte Haltung vor den Körper, der Rücken ist leicht gerundet; auf 5 schwingen die Arme wieder nach außen, um die hohe Streckung des rechten Beins auf 6 auszubalancieren, dabei kippt der Körper wieder extrem nach links. Wie schon während 1-2 sind die Arme in Schulterhöhe seitlich gestreckt, der Kopf ist in die Richtung der rechten Hand gedreht. Auf 7 einen Schritt nach rechts auf den rechten Fuß, der Körper richtet sich wieder auf und erreicht langsam die Balance wieder. Die Arme bleiben seitlich, reagieren aber mit dem Körper auf die Schwerkraft. Ein weiterer seitlicher Schritt auf 8 — der linke Fuß kreuzt vor dem rechten — stellt die Balance wieder her; die Arme fallen nun in die gekreuzte Haltung, die Bewegungsfolge kann wiederholt werden. Dabei die Richtung umkehren; setzen Sie mit dem linken Fuß einen Schritt nach links, kippen Sie nach links, usw.

Anmerkung: Bei beiden seitlichen Streckungen (2 und 6) bleiben Schultern, Becken und das gestreckte Bein auf einer Ebene. Das Becken darf nicht nachgeben.

VARIATION IN DER RÄUMLICHEN GESTALTUNG

Allein durch die Verbindung dieser rhythmischen und dynamischen Variationen zu Sequenzen von drei Phrasen für die erste, und zwei Phrasen für die zweite kann mit Änderung der Bewegungsrichtung eine neue Gestalt eingeführt werden. Dabei wird als gegeben vorausgesetzt, daß sich die Gestaltung körperlicher Bewegung, ebenso wie die Dynamik, spontan verändert, wenn rhythmische Variationen in die Bewegung einfließen. Hier jedoch geht es vor allem um räumliche Gestaltung im Sinne von choreographischer Festlegung der Gänge.

Mit dem linken Fuß an der hinteren linken Bühnenecke beginnend, drei Phrasen der rhythmischen Variation im $^9/_8$ Rhythmus diagonal über die Bühne kreuzend tanzen. Wechsel zur dynamischen Variation mit seitlichem Bewegungsmuster: Bewegung zur rechten hinteren Bühnenecke, dabei die Phrase mit 8 Zählzeiten mit dem rechten Fuß beginnen und zweimal tanzen. Am Ende der zweiten Phrase, wenn der linke Fuß auf 8 kreuzt, auf dem linken Fuß nach rechts zur linken vorderen Bühnenecke hin drehen und die erste Sequenz der 9 Zählzeiten mit dem rechten Fuß wiederholen. Diagonal in drei Phrasen mit 9 Zählzeiten fortfahren, zum Schluß ist das Gewicht auf dem rechten Fuß. Erneuter Wechsel zur dynamischen Variation; in dem seitlichen Bewegungsmuster zur linken hinteren Bühnenecke bewegen, dabei die Phrase mit 8 Zählzeiten mit dem linken Fuß beginnen. Am Ende der zweiten Phrase, beim Kreuzen des rechten Fußes auf 8, auf dem rechten Fuß links zur rechten vorderen Bühnenecke hin drehen. Nun können Sie die gesamte Sequenz wiederholen.

Anmerkung: Bei den Drehungen zur gegenüberliegenden Seite schwingen die Arme natürlich mit dem Körper.

VARIATIONEN IN FORM EINER STUDIE

Wählen wir die Übung 20, *Acht mit Seitenwechsel,* und verfolgen wir, wie eine recht einfache Übung zu einer zunehmend komplexen Bewegungsfolge erweitert werden kann, aus der sich eine Studie entwickeln läßt — eine Tanzkomposition en miniature. Wird die Bewegung der *Seitlichen Acht* räumlich und dynamisch erweitert, indem sie mit einem horizontalen Durchqueren des Raums neu phrasiert wird, dann bewegt sich der Tänzer in Wellen von einer Seite des Studios zur anderen. Die Einführung eines synkopierten Rhythmus, einer oder mehrerer Drehungen an verschiedenen Stellen, sowie Zunahme von Tempo und Ausdrucksintensität können die ursprüngliche Bewegungsabfolge der *Acht* erweitern. Diese nachgeordneten Themen können jederzeit durch Teile von Übungen unterbrochen werden, die in Gestaltung und Dynamik kontrastieren, was die Richtung im Raum verändern würde. Schließlich kann die *Acht,* mit weniger raumgreifenden Bewegungen, konzentrierter wieder aufgenommen werden; diese engeren Formen können dann in immer größerem Tempo »explodieren« und zu einem Höhepunkt führen, in dem ein Sprung, ein Fall (oder beides) die Sequenz beenden. Diese Skizze ist natürlich nicht als Anleitung, der Sie präzise folgen sollen, gedacht, sondern lediglich als Beispiel dafür, wie die

Kreisförmige Haltung der Arme (Penelope Hill).

ursprünglichen Bewegungsthemen in phantasievollem Spiel umgesetzt werden können. Ähnlich verhält es sich mit Sukzessionen, Schwüngen, Fall-, Lauf-, Springbewegungen, usw.: auch sie sind inspirierende Ausgangspunkte, die unendlich viele choreographische Weiterungen als Ausdruck individueller Kreativität ermöglichen.

Dynamik im Humphrey-Stil, Schwebe-Streckung (Penelope Hill).

Bewegung aus *A Choreographic Offering* (José Limón), inspiriert von Doris Humphreys Tänzen; (Lane Sayles).

Bewegung aus *A Choreographic Offering* (José Limón); (Lane Sayles).

EPILOG
CHOREOGRAPHISCHES GESTALTEN

Mit dem Tanz *Air for the G String* wurde der erste Auftritt von Doris Humphrey, Charles Weidman und der Concert Group als eigenständiger Compagnie eröffnet. Es war der 28. Oktober 1928 im Civic Repertory Theatre in der West 14th Street in New York.

Rückblickend kann man über *Air for the G String,* getanzt nach Johann Sebastian Bachs heiter-schwebendem »Air« aus seiner *Orchestersuite Nr. 3 in D-dur* sagen, daß diese choreographische Konzeption die spätere Identifikation der Künstlerin mit Nietzsches Bild der apollinisch-dionysischen Elemente im Menschen vorwegnahm. In *Air for the G String* gibt es keine abrupten, sprunghaften Bewegungen. Der Tanz vermittelt in seiner Gesamtheit ein apollinisches Traumbild, in dem philosophische Gelassenheit den Geist umfängt. Die ruhigen Legato-Bewegungen der fünf Tänzerinnen steigen und fallen in rhythmischer Übereinstimmung mit den lang ausgehaltenen Phrasen der Musik. Die Kostüme, deren voluminöse, goldfarbenen Stoffbahnen hinter den Tänzerinnen schwebten und ab und zu das Purpur und Königsblau der enganliegenden Trikots freigaben, erinnerten in Farbe und Form an die Darstellung der Engel in den religiösen Bildern des Fra Angelico.

Die Choreographin ließ in diesen kurzen Tanz mit seinen getragenen Prozessionen und seinen symmetrischen Gruppierungen, die lyrischen Befähigungen eines Naturells einfließen, das »in Leidenschaft empfangen und in Ratio handeln«[1] kann.

Es gibt eine überaus einfühlsame Filmaufzeichnung von *Air for the G String* (Westinghouse, 1934), der die apollinische Anmutung des Tanzes vor der Kulisse des säulenreichen Kreuzgangs einer mittelalterlichen Kirche wiedergibt. Die Poetik dieser Komposition liegt vor allem in Doris Humphreys glänzender Interpretation der Hauptrolle.

Doris Humphreys *Choreographic Valse,* ein Ballett, das später unter dem Titel *La Valse* bekannt wurde, mag dem durchschnittlichen Theaterbesucher der dreißiger Jahre als ungebrochene Nachstellung einer Ballszene aus dem Europa des neunzehnten Jahrhunderts erschienen sein. Die achtzehn Tänzer und Tänzerinnen, darunter Humphrey selbst und Charles Weidman, tanzten in großer Abendgarderobe nach Maurice Ravels symphonischem Gedicht *La Valse* robuste deutsche Ländler und quirlige Wiener Walzer.

Der Schluß dieses Balletts hatte jedoch etwas Irritierendes. Als ob imaginäre Kristallüster plötzlich zerbarsten und ihre Splitter sich überall hin ausbreiteten, griff eine wilde Zügellosigkeit um sich. Mit Ausnahme des Solistenpaares warfen sich alle Tänzer wie von Sinnen über die Bühne, und in dem Augenblick, da unvermittelt und dissonant die Musik abbrach, stürzten sie zu Boden. Erstarrt, in der Bühnenmitte stehend, blickte das verbliebene Paar entsetzt und angewidert auf das rückhaltlose Treiben seiner Gefährten.

Unheilvoll wie die erste Hexenszene in *Macbeth* wirkte auch der nahezu archaisch-primitive Anfang des Balletts. Kaum umrissene Formen, im Halbdunkel auf dem Boden beieinander kauernd, bewegten sich züngelnd wie unruhig flackerndes Feuer.

La Valse war im ganzen eine Herausforderung für ein Publikum, das nicht gewohnt war, im Tanz mehr als Unterhaltung zu sehen. John Martin, Tanzkritiker der *New York Times,* nannte dieses Ballett eine Tanzkomposition, die das überaus dekadente Bild eines Bacchanals zeichne, vorgeblich im Empire angesiedelt. Er erkannte die Absicht der Choreographin, eine Gesellschaft in den letzten Phasen moralischer Auflösung darzustellen.

War *La Valse* ein weiteres Beispiel für Doris Humphreys unbewußtes Wissen um die Wahrheit der menschlichen Doppelnatur, wie sie in Nietzsches *Geburt der Tragödie* beschrieben wird? Aus dieser Perspektive könnte das »Bacchanal«, das am Ende des Stücks angedeutet wird, als die dionysische Flucht in den Rausch des Tanzes interpretiert werden. Ravels Musik war zweifellos Ausdruck des unstillbaren Bedürfnisses der Menschen nach Erregung, wie Doris Humphrey die dionysische Seite der menschlichen Natur beschreibt.

Sowohl das choreographische als auch das musikalische Szenario am Anfang deuten auf ein fatales Ende hin. Nur im Mittelteil des zwölf Minuten dauernden Stücks wird der Versuch unternommen, die konventionelle Fröhlichkeit des Walzertanzens darzustellen, und selbst in diesen Passagen sind Musik und Tänzer von einer makaberen Ausgelassenheit. Die Bilder des Amorphen kehren wie das rätselhafte Murmeln der Hexen in *Macbeth* zurück, um uns zu peinigen.

Langsam, wie aus Schatten heraustretend, werden in der Anfangsszene einzelne Gestalten deutlich. Sie beginnen, auf ländlich-derbe Art zu tanzen. Dann verbeugen sich die Männer formvollendet vor den Frauen, die plötzlich in mustergültige Eleganz und Gesetztheit verwandelt sind. Ein sehr elegant gekleidetes Paar betritt die Szene. Sie trägt ein Kleid im Empire-Stil aus hellroter, glänzender Seide, er ein schwarzes Samtjacket mit hohem Kragen und mit einer gerüschten, weißen Krawatte.

Der Walzer beginnt, alle Tänzer nehmen die korrekte Haltung ein: der Mann umfaßt mit der rechten Hand die Taille seiner Partnerin und legt den linken Arm weit zur Seite aus, um die ausgestreckten Fingerspitzen der Dame zu ergreifen. Während die Paare in Kreisen über die Bühne tanzen und miteinander verschmelzen, werden die Bewegungen sinnlicher. Die Frauen biegen sich beim Tanzen in der Taille zurück, wenn die Männer sie umherwirbeln, dann drehen sie ihrerseits die Männer im Kreis. Das Tempo nimmt zu. Wie unter dem Einfluß einer mächtigen Zentrifugalkraft flimmert binnen weniger Minuten die Szene von wirbelnden, dahinfliegenden, dem Walzerrhythmus hingegebenen Besessenen. Sie sind offenbar »außer sich«, alle Konventionen werden abgeschüttelt. Ausgelassenheit wird zu Überschwang, Überschwang zu zwanghafter Erregung; Musik und Tanz erreichen ihren Höhepunkt und enden in Dissonanz und Auflösung. Dionysos triumphiert.

Doris Humphreys Solosuite *Two Ecstatic Themes* war das unmittelbare schöpferische Ergebnis ihrer Reise auf die Westindischen Inseln im Jahre 1931. Heute können wir sagen, daß diese Soli ihre persönlichsten, ihre lyrischsten Werke in ihrer Tänzerlaufbahn waren. Die Eindrücke dieser Reise in die Karibik sind darin verarbeitet. Zu ihnen gehörten die Lektüre von Friedrich Nietzsches *Geburt der Tragödie* und Havelock Ellis' *The Dance of Life* und — die Begegnung mit dem Mann, mit dem sie ihr weiteres Leben teilte.

Two Ecstatic Themes wurde am 31. Oktober 1931 in der Washington Irving High School in der East 16th Street in Manhattan uraufgeführt. Es geschah im Rahmen eines Programms, das, als Teil einer jährlichen Veranstaltungsreihe, einigen Gruppen des Modern Dance die Gelegenheit gab, ihre neuesten Arbeiten noch vor den alles entscheidenden Auftritten im Zentrum der Stadt aufzuführen. Das Publikum dieser Veranstaltungsreihe war außergewöhnlich aufnahmebereit. In meiner Erinnerung ist der Zuschauerraum sehr groß und die Bühne geräumig.

Doris Humphrey stand, in einem langen, weißen Kleid, aufrecht dem Publikum gegenüber, die Arme in Schulterhöhe ausgestreckt, die Beine in festem Stand gespreizt. Sie wirkte in ihrer metallenen Härte wie unbesiegbar — und sie war es, bis die ersten Akkorde von Nikolaj Karlovic Metners romantischem *Tragedie-Fragment in A-Minor* erklangen und ihre hoch aufgerichtete, schmale Gestalt sich langsam in die Spiralmotive des *Circular Descent* (dem ersten Teil von *Two Ecstatic Themes*) zu neigen begann.

Circular Descent und *Pointed Ascent* (dem zweiten Teil, nach der Musik von Gian Francesco Malipiero) waren Solodarbietungen von Humphreys sich damals formender Theorie von Fall und Wiederaufrichten. Jeder Tanz war eine Bildmetapher: die runden, fallenden Bewegungen des ersten Tanzes erinnerten an die berauschende Erfahrung der dionysischen Entladung; das aggressive Drängen des zweiten Tanzes an das verzweifelte Bemühen, die Sicherheit der apollinischen Stabilität wiederzuerlangen. *Two Ecstatic Themes* war die knappe, expressive Verkörperung dieses zwiegespaltenen philosophischen Grundthemas, das Doris in die Sprache der Bewegung übersetzt hatte. Auch der Titel war in Nietzsches Entwurf verankert — »ekstatisch« bezog sich offenbar auf den überschwenglichen Zustand des dionysischen Ungleichgewichts, wenn aus »Gebärden die Verzauberung (spricht)«.[2]

Weiterer Hinweis ist die im Programmheft abgedruckte Interpretation der Soli, die Doris Humphrey selbst formuliert hatte:

»›Two Ecstatic Themes‹ ist der Schlüssel zu Miss Humphreys Wirken. Der erste Teil vermittelt mit seinen kreis- und spiralförmigen, weichen und sinkenden Bewegungen ein Gefühl des Nachgebens. Der zweite Teil bewegt sich, im Gegensatz zum ersten, in akzentuierter Form zu einem grellen Höhepunkt, der aggressive Zielstrebigkeit verkörpert. Als Ganzes ist es die kontrapunktische Gegenüberstellung von runden und von kantigen Bewegungen, die die beiden untrennbaren Ele-

mente des Lebens und der künstlerischen Gestaltung versinnbildlichen.« [3]

Mit ihren vielfältigen Rhythmen und ihrer raumgreifenden Gestaltung erinnert die Struktur von Humphreys *Passacaglia* an sakrale Architektur. Choreographisch ist ihre Konzeption einer von Menschen erschaffenen Utopia der Einzigartigkeit von Bachs Instrumentalstück ebenbürtig. *Passacaglia,* die Vision einer idealen Welt, deren Bewohner in Frieden miteinander leben, spiegelt die Überzeugung der Choreographin wider, daß die Menschen eine solche Utopie zu erschaffen vermögen. Drei Jahre zuvor hatte Doris Humphrey *New Dance* komponiert, das Abbild einer Welt, »wie sie sein sollte, in der jeder Mensch ein klares und harmonisches Verhältnis zu seinen Mitmenschen hat«. [4] Hier nun nahm diese Vision die Form einer feierlichen Prozession (der Passacaglia) an, der ein kraftvoller Tanz (die Fuge) folgte, der die erhabene Würde des menschlichen Geistes verkörperte.

Passacaglia gelang es oft, sein Publikum zu eigenen visionären Höhen mitzureißen; doch manchmal schwebte sein abstrakter Symbolismus über jenen Zuschauern, die die Musik als zu dominierend für den Tanz empfanden oder die keinen Bezug zu solch differenzierten philosophischen Konzepten herstellen konnten. Die Choreographin war sich der mitunter fehlenden Verbindung zwischen ihrer Tanzkomposition und seinem Publikum bewußt. Sie beschrieb in einem Brief die Erfahrungen, die sie bei den Aufführungen von *Passacaglia* machte, als sie 1939 mit der Humphrey-Weidman Company eine landesweite Tournee unternahm:

»Es war ein Wagnis, mit›Passacaglia‹ auf Tournee zu gehen, es unterschiedslos in Oklahoma, Boston und all den anderen Städten aufzuführen. In diesem Tanz lag die ernste Botschaft des Programms, die ausgerechnet durch Bach vermittelt werden sollte. Bach ist für den Laien ermüdend; für den erfahrenen, ausgebildeten Tänzer überholt; für den Musikkenner sakrosankt. Vor wem also sollten wir mit einem Tanz zu der Musik von Bach auftreten, zudem er noch mit einer philosophischen Aussage befrachtet war? Dennoch gewannen wir viele, die den Tanz vermutlich nicht ganz verstanden, die beim ersten Sehen den verwobenen Details der Fuge unmöglich folgen konnten, und die dennoch etwas von seiner Würde und seinem verzweifelten Mut erfaßten. Am Anfang der Tournee versuchte ich, in den Programmheften die Aussage des Tanzes zu erläutern — ›die Einsätze der Fuge als Beispiel für

die ständige Erneuerung des menschlichen Glaubens‹ — ›sein unverminderter Glaube an das Leben angesichts einer Welt, die unvollkommen ist‹. Dieser Tanz hat mich immer wieder Müdigkeit oder Niedergeschlagenheit oder nichtige Ablenkungen vergessen lassen. Und er hat mich auch stets geängstigt, denn vor allem meine Rolle verlangt Ruhe und Haltung, wenn ich hoch auf einem Kasten oder dicht am Bühnenrand balanciere. Die Choreographin hat es sich selbst schwer gemacht! Wieviel leichter wäre es gewesen, mit ›With My Red Fires‹ auf Tournee zu gehen, das zwar im Vergleich eindimensional und undifferenziert, doch leicht verständlich ist — wie ein Theaterstück, mit einer Handlung und handelnden Personen — und das sehr viel mehr dem entspricht, was Menschen von Tanz zu erwarten gelernt haben . . . Dennoch halte ich ›Passacaglia‹ für meine reifste Arbeit, mit der bisher besten Choreographie.« [5]

Die Aufführung von Doris Humphreys *Passacaglia* »verlangt tänzerisches Können, Poesie und Würde« [6], Eigenschaften einer Choreographin, die über Phantasie und philosophische Erkenntnisse ebenso verfügte wie über eine schöpferische Begabung.

Nach *Passacaglia* (1938) erarbeitete Doris Humphrey, bis zu ihrem Tod im Jahre 1958, nicht weniger als achtundzwanzig Choreographien. Zwölf davon waren für die Humphrey-Weidman Company, dreizehn für die José Limón Dance Company, und vier für das Juilliard Dance Theatre, ein Ensemble, das sie als Mitglied des Lehrkörpers der Juilliard School gegründet hatte. Ihre Suche nach neuen Formen hörte niemals auf.

Zu den Tanzkompositionen für die Humphrey-Weidman Company gehörten solch außergewöhnliche Arbeiten wie *Song of the West* und das ergreifende *Inquest* (in dem Doris zum letzten Male tanzte). Die innovativsten Choreographien dieser späteren Jahre jedoch waren den José Limón Tänzern vorbehalten, deren Künstlerische Leiterin Doris Humphrey von 1946 bis 1958 war. Inspiriert durch die Arbeit mit einem kleinen Ensemble hochqualifizierter Tänzer und Tänzerinnen — José Limón, Letitia Ide, Pauline Koner, Betty Jones, Ruth Currier, Lavina Nielson, Lucas Hoving — wurde ihre Vorstellungskraft um vieles bereichert. Da ist unter den Tanzkompositionen zuerst *Lament for Ignacio Sanchez Mejias* zu nennen, eine gekonnte Mischung aus rezitierter Lyrik, Musik und Bewegung. In der Besetzung mit zwei Tänzern und einer Schauspielerin wurde Federico Garciá Lorcas elegisches Gedicht zu einem dramatischen Theater-

Doris Humphrey in *Square Dance* (Walzer).

stück vor dem musikalischen Hintergrund von Norman Lloyd. Die beinahe zynischen *Ruins and Visions* kamen dennoch zu einem für Humphrey typischen positiven Schluß. Das sinnliche *Ritmo Jondo* hatte eine spanische Kulisse, um spielerisch weibliche und männliche Ansichten über Sexualität und Liebe einander gegenüberzustellen. Das Werk mit dem vielleicht größten humanistischen Anspruch ist *Day on Earth,* da es die Abhängigkeit des Menschen von Arbeit, Liebe und Familie verdeutlicht; mit seinen Bildern einer Traumwelt aus Terror und Begierde, entrückt: *Night Spell.*

Wäre Doris Humphrey jemals an Grenzen gestoßen bei der Verwirklichung und Materialisierung ihrer Gedanken? Ich glaube nicht. Sie sprach in den fünfziger Jahren unvermindert enthusiastisch von den »endlosen Möglichkeiten« menschlicher Bewegung. Sie würde weiter mit ihrem Stoff gearbeitet haben, wie sie es seit fast 30 Jahren getan hatte.

Von den Tänzern und Choreographen, die sich Doris Humphrey verpflichtet fühlen, ist José Limón als Erster zu nennen. In einer Geste der Dankbarkeit schuf er *A Choreographic Offering,* wo er mit großem Geschick Leitmotive aus Doris' früheren Tänzen zusammenfaßte: *Dionysiaques, The Pleasure of Counterpoint, Air on a Ground Bass, Two Ecstatic Themes* und *Passacaglia,* um nur einige zu nennen.

Andere Humphrey-Schülerinnen, die den Tanz in der einen oder anderen Form noch immer bereichern, sind Eleanor King, Sybil Shearer, Katherine Litz, Harriet Ann Gray, Nona Schurman und Beatrice Seckler.

Und da sind jüngere Künstler, deren kreative Arbeit ihre künstlerische Herkunft erkennen läßt: Carla Maxwell, erste Tänzerin der José Limón Company; Daniel Lewis, früher Josés Assistent und jetzt Leiter des Contemporary Dance System; Jennifer Muller und Louis Falco. Diese beiden stützen sich noch immer auf ihre solide Ausbildung in der Humphrey-Limón-Tradition. Muller ist eine formidable Technikerin, die es versteht, die dynamische Dimension des Stils zu erweitern. Aus ihren verschlungenen Mustern spricht eine Hingabe, die typisch dionysisch ist. Auch Falco hat, auf andere Weise, die Technik mit aufregend zu nennenden Leistungen weiterentwickelt.

Die Jungen haben das Erbe angetreten. Ihnen überließ Doris Humphrey bereitwillig und in reichem Maße die geistigen Früchte ihrer

Arbeit, denn sie glaubte daran, daß schöpferisches Tun, mit Disziplin gepaart, der würdigste Ausdruck des Menschen ist.

[1] Nach Leonardo da Vinci, von Doris Humphrey oft zitiert.
[2] Friedrich Nietzsche, *Die Geburt der Tragödie,* a.a.O., S. 596.
[3] Programmheft. Repertory Theatre in Boston. Mass. 14./15. März 1935.
[4] Doris Humphrey Collection, Akte M—25.
[5] José Limón, zitiert in der Labanotation von *Passacaglia.* The Dance Notation Bureau, New York.

NACHWORT ZUR DEUTSCHEN AUSGABE

Ich erachte es als überaus passend — und sehe es als eine Ehre an —, daß dieses Buch über Doris Humphreys Theorie und Technik in deutscher Sprache erscheint — im Lande Johann Sebastian Bachs und Friedrich Nietzsches, die beide zu wesentlichen Inspirationsquellen für die Künstlerin wurden, die eine große Tänzerin und eine bedeutende Choreographin war.

Doris Humphreys Liebe zur Musik führte sie immer wieder zu Bach, in dessen überwältigenden Harmonien und weiten rhythmischen Bögen sie Impulse für ihre Schöpfungen fand. Ihr ausgeprägtes Denkvermögen erfaßte die philosophischen Wahrheiten in Nietzsches Gedanken und verwandelten sie in die dynamische Sprache der Kunst, die jener so hoch schätzte: in Tanz.

Ernestine Stodelle